음식이 정치다

음식이 정치다

송영애

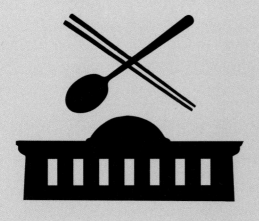

채륜서

음식이 정치고,
정치가 음식이다

사는 게 다 정치라는 말이 있다. 남녀가 인연을 맺는 것도 넓은 의미로는 정치적 행위다. 우여곡절을 겪으면서 관계를 이어가는 데도 정치적 판단이 필요하다. 생각이나 삶의 방식이 서로 크게 다르다는 걸 확인하면 그간의 인연을 단번에 끊기도 한다. 그런 행위도 다분히 정치적이다. 정치인만 정치하는 건 아니라는 말이다.

음식을 먹는 일에도 정치적인 면이 있다. 사실 '음식'과 '정치'의 조합은 좀 생뚱맞다. 까닭은 이렇다. 굶주린 이들의 허기를 채워주는 게 음식이다. 그런데 우리 정치인들은 오히려 배고픈 이들의 궁핍한 삶을 종종 외면한다. 어떤 정치인들은 오히려 가진 자들의 배를 더 불려주는 일도 서슴지 않는다. 자신의 배를 산해진미로 채우기 위해서다. 아이러니하게도 이런 생뚱맞음이 음식과 정치의 조합을 가능하게 만든다.

물론 음식과 정치는 적어도 본질적인 면에서는 공통점이 있다. 음식의 본질은 먹어서 생명을 유지하고 생활에 필요한 에너지를 만드

5

는 데 있다. 정치와 정치인이 존재하는 이유 또한 국민들이 잘 '먹고' 잘살게 만드는 데 있지 않은가. 음식이 정치고, 정치가 음식인 것이다. 이런 것 말고도 우리의 음식과 정치는 닮은 점이 몇 가지 더 있다.

지역색이 뚜렷하다.

우리나라는 국토가 그리 넓지 않은 편인데도 전국 지역마다 토양이나 기후는 조금씩 다르다. 그러다 보니 주로 생산되는 식재료도 차이가 난다. 같은 식재료도 지역마다 맛이 약간씩 다르다. 지역색이 반영된 향토음식이 발달해 온 까닭이다. 서울, 강원, 충청, 전라, 경상, 제주 지역 사람들의 정치적 성향도 제각각이다. 먹는 음식이 달라서일지도 모른다.

연대가 필수적이다.

아무리 훌륭한 식재료도 과일을 빼면 그 자체를 음식으로 먹는 경우는 별로 없다. 콩나물만 해도 생으로 먹지 않는다. 그걸 적당히 데친 다음 소금, 파, 마늘, 참기름 같은 양념을 적절히 섞어야 콩나물 무침이라는 하나의 반찬이 된다. 역사의식이 투철하고 식견이 높은 정치인도 혼자 힘만으로는 역량을 제대로 발휘하기 어렵다. 성향이나 이념이 같거나 비슷한 사람들이 모여서 정당을 결성하는 까닭이다. 연대가 잘못되면 맛이 형편없는 음식이 되거나, 소모적 정쟁만 일삼게 된다.

자극적이어야 살아남는다.

다양한 조리법이 개발되다 보니 오늘날 대부분의 식재료는 본연의 맛보다는 자극적인 양념에 지배되고 있다. 거의 모든 정치인들은 잘못된 역사를 바로잡고 국민들의 삶의 질 향상을 위해 혼신의 노력을 다하겠다면서 선거판에 뛰어든다. 하지만 그들 중 많은 이들은 민생을 돌보기보다는 자신의 기득권 유지에 급급해 하는 모습을 보여서 국민들의 입맛이 달아나게 한다. 다양한 양념과 강한 향신료를 사용해서 요리한 음식에 현혹되듯 자극적인 언사나 온갖 돌출행동으로 여론을 자극시켜야 그 세계에서 밀려나지 않을 거라고 믿는 정치인도 여럿이다.

고유의 맛과 향기가 있다.

소고기와 돼지고기와 닭고기는 맛과 영양성분이 다르다. 커피와 홍차와 쌍화차 또한 독특한 향기와 맛을 품고 있다. 고유의 맛과 향이 살아 있는 음식은 그걸 먹는 사람들의 몸과 마음을 풍요롭게 만든다. 정치인들에게서 풍기는 맛과 향기도 제각각이다. 국민의 삶과 국가 번영을 위해 혼신의 노력을 기울이는 정치인들은 갓 짜낸 참기름처럼 향긋하다. 반대로 제 잇속만 챙기느라 밥그릇 싸움만 벌이는 정치인들 주변은 오래 방치된 음식물 쓰레기통 같다.

시간이 지나면 부패한다.

신선한 식재료로 조리한 그 어떤 음식도 저장을 잘못하거나 지나치게 오래 보관하면 부패해서 먹을 수 없게 된다. 뜻이 순수했던 정치인도 어느 정도 반열에 올라 긴 세월을 두고 권력의 단맛을 보면 초심을 잃고 썩어가는 모습을 우리는 자주 보아 왔다. 부패한 음식을 먹으면 몸에 탈이 난다. 마찬가지다. 부패한 정치인이 펼치는 부패한 정치는 나라의 기강마저 흔들어놓는다. 그런 정치인들이 많은 나라의 국민들은 불행해질 수밖에 없다.

▲ 경상도 사람들이 오랫동안 과메기를 먹어 왔다면, 전라도 토속음식 중에는 홍어삼합이 있다.
과메기는 겨울철 바닷바람에 청어나 꽁치를 얼렸다 녹였다를 반복하면서 말린 것으로, 경북 포항 구룡
포 등 동해안 지역에서 생산되는 겨울철 별미이다. 물미역, 김, 쪽파 등을 곁들여 먹는다. 홍어삼합은
목포가 고향인 김대중 전 대통령이 즐겨 먹은 것으로 알려진 전라남도 향토 음식 중 하나다. 삭힌 홍어,
돼지고기 수육, 묵은 김치에 새우젓으로 간을 맞춰 먹는다. 홍어삼합에 막걸리인 탁주(濁酒)를 곁들인
것이 '홍탁'이다. 김대중 전 대통령이 취임한 직후부터 정치1번지 여의도 일대에는 홍어삼합을 판매하
는 음식점이 우후죽순처럼 생겨나기 시작했다고 한다. 향토음식이 전국적 명성을 얻는 데 지역 출신 정
치인 한 사람의 역할이 컸던 것이다.

　　　정치인도 사람이기 때문에 먹어야 살 수 있다. 정치가 직업인 사
람들은 음식도 보통사람들보다 훨씬 정치적으로 먹을 거라는 다소
뜬금없는 상상에서 이 책의 밥상을 차리기 시작했다.

　　　그들은 누군가와 식사를 할지를 결정하거나 장소와 메뉴를 고르
는 일까지도 다분히 정치적일 거라는 시각이 '밥'이다. 즐겨 먹는 음
식이 정치적 성향을 상징적으로 보여주는 경우도 종종 발견되었으
니 그건 각종 '국'과 '반찬'이 되었다. 음식을 자신의 정치적 신념을
추구하는 데 이용하거나 악용하는 정치인들의 모습은 '숟가락'과 '젓
가락'으로 배치했다.

　　　우리가 일상적으로 먹는 음식과 직간접적으로 관련 있는 과거의
정치적 사건을 가려서 캐거나 따다가 다듬고 조리해서 상을 차리려
고 노력했다. 네티즌들이 정보를 주고받으며 즐겨 요리해 먹는 식재
료나 양념도 빌려다가 상에 올렸다는 것도 미리 밝혀둔다. 그런 이

야기가 글 읽는 맛을 더해주었으면 하는 바람에서였지만, 일부는 레시피가 잘못되었거나 양념을 과도하게 첨가한 반찬도 있을 것이다. 입맛이 다른 독자의 타박은 달게 받아야 하리라. 식감은 좀 거칠어도 잡곡을 듬뿍 넣어 지은 밥이 건강에 좋은 법이라고 이해해주셨으면 좋겠다.

사는 게 정치라는 걸 잘 알면서도 정치와 음식을 연계시키다 보니 역대 대통령이나 임금들을 비롯한 고위 정치인들의 '정치적 음식'을 주로 조리해서 상을 차렸다는 점도 고백해야겠다. 밥상 크기의 한계를 극복하기가 어려웠다는 건 핑계일 수도 있다. 우리네 평범한 사람들의 정치적 삶과 음식에 관한 다양한 이야기를 꼼꼼하게 모아서 밥상을 차리려면 아무래도 적절한 때를 기다려야 할 것 같다.

빠른 시간에 요리한 밥과 반찬을 예쁜 그릇에 담아서 한상 정갈하게 차려준 채륜의 식구들에게 감사드린다.

2016년 봄
송영애

9

차 례

배반의 음식

화합의 음식

음식의 정치

식지(食紙) (출처: 국립민속박물관)

정치인들이 굶어서 문제가 해결된 일은 별로 없었다. 목숨을 담보로 굶겠다는 비장의 카드는 다들 춥고 배가 고팠던 시절에나 효과를 볼 수 있었던 투쟁 방식이다.

- 속이 빤히 보이는 정치 쇼, 단식투쟁은 왜 하는 걸까?

서민들은 정치인들에게 '서민음식'을 강요하지 않는다. 자신들의 삶의 애환을 진정성 있게 이해하고, 더 나은 삶을 위해 혼신의 노력을 다하는 정치인을 간절히 원하는 것이다.

- 족발하고 호떡하고 순대국밥은 정치인들의 서민음식이다

박정희 대통령의 가장 큰 업적으로 비약적인 경제발전을 드는데, 우리 국민들의 배고픔을 면하게 해준 공로는 삼양라면 전중윤 회장이 더 컸던 건 아닐까.

- 정치인들은 라면값도 정확히 모르는 라면 마니아다

임금은 나라에서 일어나는 어려운 모든 일은 자신이 정치를 잘못했거나 부덕해서 생긴다고 여겨서 감선이나 철선, 각선을 몸소 실천했다. 임금들이 밥상으로 정치를 했던 것이다.

- 짐이 부덕한 탓이니 오늘부터 수라상을 들이지 말라

우리 정치인들은 협상이 결렬되면 그 책임을 상대방에게 떠넘기기 일쑤다. 반면 어쩌다 협상이 원만하게 타결될 경우 식사자리로 이어지기도 한다.

- 대통령이 내는 밥은 아무나 얻어먹는 게 아니다

우리의 전직 대통령들도 소갈비로 원기를 키우면 미국의 카터 전 대통령처럼 국가 발전과 세계 평화를 위해 더 많은 일을 할 수도 있지 않을까 싶다.

- 전직 대통령님들께 삼가 대통령갈비를 진상해 올리나이다

속이 빤히 보이는 정치 쇼,
단식투쟁은 왜 하는 걸까?

며칠 굶어서 해결될 일이라면 국민 모두 굶겠다

밥을 안 먹겠다는 것

"너, 오늘 저녁에 밥 안 준다?"

제 고집만 부리는 어린 자식을 달래다 지쳤을 때 아버지나 어머니가 꺼내곤 했던 비장의 카드다. 그 말 한마디는 대부분 약발이 잘 들어서 막무가내로 떼를 쓰던 아이도 눈물을 뚝 그치곤 했다. 보릿고개 넘기기가 만만치 않았던 시절 얘기다.

불과 반세기 전까지만 해도 먹을 게 아예 없거나 모자라서 끼니를 거르는 이들이 적지 않았다. 제대로 먹이지도 못할 거면서 어찌자고 아이들은 또 그렇게들 줄줄이 낳아 길렀는지 모를 일이다.

요즘에는 먹을 게 넘쳐서 문제다. 어려서부터 비만이나 당뇨병 같은 성인병으로 고통받는 아이들도 많다. 그러다 보니 살기 위해서 굶는 이들까지 생겨났다. 먹을 게 모자라서 못 먹던 시절에서 양식이 남아도는데도 안 먹는 시절로 변한 것이다.

그뿐인가. 한둘씩만 낳아 기르다 보니 집집마다 애들이 상전이다. 떼를 써도 자신의 요구를 선뜻 들어주지 않는 부모에게 요즘 아이들은 이런 말로 부모를 협박(?)한다.

"에이, 씨…. 나, 밥 안 먹을 거야!"

그렇게 말하는 아이들은 안다. 그런 식으로 버티면 엄마나 아빠가 해달라는 대로 다 들어줄 테니 제발 밥은 먹어 달라고 애원하리라는 것을…. 말하자면 단식투쟁의 성과인 것이다.

왜놈이 주는 밥은 안 먹는다

면암勉菴 **최익현**崔益鉉(1833~1906)은 무너져가는 조선을 지키기 위해 일제에 무력으로 항거했던 유학자다. 일제의 강압으로 시행된 단발령에도 그는, "상투를 자르는 짓은 우리의 정신을 좀먹는 지름길이니 상투는 목숨과도 바꿀 수 없는 것이다."라는 상소문으로 저항했다.

▲ 최익현 초상(崔益鉉 肖像)
(출처: 문화재청)

"우리에게 이웃 나라가 있어도 스스로 외교하지 못하고 타국을 시켜 외교하니 이것은 나라가 없는 것이요, 우리에게 토지와 국민이 있어도 스스로 주장하지 못하고 타국을 시켜 대신 감독하게 하니 이것은 군주가 없는 것이다. 나라가 없고 군주가 없으니 우리 삼천리 국민은 모두 노예이며 신첩일 뿐이다. 남의 노예가 되고 신첩이 된다면 살아도 죽는 것만 못하다."

을사조약이 체결되었다는 소식을 듣고 최익현은 이렇게 통탄했다. 대일 무력투쟁 의지를 천명하고 의병을 일으켰다가 체포된 최익현은 3년의 감금형을 선고받고 대마도로 끌려갔다. 대마도에 도착한 날 일본군은 자신들이 준 밥을 먹었다는 이유로 최익현에게 일본식대로 머리를 깎으라고 명령했다.

> "내가 일본 밥 두어 숟가락을 먹은 것이 이미 잘못된 일이로구나. 머리를 깎으라는 명령은 조정의 명도 따르지 않았는데 하물며 일본 사람의 말을 들을까 보냐? 이제부터 단연코 일본 밥을 먹지 않으리라."

이렇게 선언한 최익현은 그날 저녁부터 식사를 거부했다. 다음날 그는 상소문을 올려 자신이 단식투쟁을 시작했음을 알렸다.

> "신이 이 땅에 들어온 이후로 한 수저 밥, 한 모금 물이 모두 적의 손으로부터 나오게 된 형세라, 설사 적이 신을 죽이지 않더라도 신은 차마 입과 배를 위해 더럽게 굴 수 없사옵기로 마침내 단식을 결심하여…."

꼬박 이틀 동안 최익현은 식음을 전폐했다. 그 사실을 전해 듣고 일본군 대장이 최익현을 찾아왔다. 그는 통역의 잘못으로 오해가 생겼다면서 머리를 깎으라는 뜻은 아니었다고 정중히 사과했다. 자신이 먹는 쌀이 조선에서 가져온 것임을 안 최익현은 단식을 곧 중단했다. (이 단락은 박은봉의 《한국사 상식 바로잡기》를 참고해서 정리했음.)

밥을 먹지 않는 세 가지 이유

금강산도 식후경이라고 했다. 사흘 굶어 남의 집 담 넘지 않을 사람 없다는 속담도 있다. 먹는 게 남는 거라고, 우리들 대부분은 아무리 바쁜 일을 처리하다가도 밥때가 되면 맛있는 음식 챙겨 먹기에 여념이 없다.

요즘 입에 자주 오르내리는 신조어 중에 '먹방'이라는 말이 있다. 본디 뜻은 불을 켜지 않아 먹처럼 캄캄한 방이다. 신조어 '먹방'은 '먹는 방송'의 준말이다. 유명 쉐프가 출연해서 음식을 직접 요리해 보이거나, 연예인 출연자들이 잘 차려놓은 음식을 맛있게 먹는 장면을 담은 방송을 '먹방'이라고 부르는 것이다. 다들 '맛집'을 하도 밝히다 보니 최근 들어 가장 뜨는 직업 중 하나가 쉐프라고 한다.

고전소설이나 전설 속 이야기들은 대개 '잘 먹고 잘 살았다'로 끝난다. 잘 사는 것의 첫 번째 조건이 잘 먹는 것임은 틀림이 없는 것 같다. 그러니까 잘 못 먹거나 안 먹는 건 잘 못 사는 것이어야 하는데 경우에 따라 실상은 좀 다르다. 지금보다 훨씬 잘 먹고 잘 살기 위해서 밥을 먹지 않기도 하는 것이다. 바로 단식을 두고 하는 말이다.

'단식斷食'은 일정 기간 음식물을 먹지 않는 것을 가리킨다. 단식의 목적은 크게 세 가지로 나누어진다. 종교적 수행, 건강의 유지나 회복, 그리고 정치적 저항이다.

석가모니는 해탈의 고행을 수행하는 동안 보리수 아래서 주기적으로 단식을 시행했다고 한다. 예수가 광야에서 행한 40일간의 금식기도를 가톨릭 신자들은 '사순절'로 기리고 있다. 잘 알려진 것처럼 지금도 무슬림들은 라마단 기간에 식음을 완전히 중단한다. 인도의 자이나교에서는 쌓인 업을 씻기 위해서 단식한다. 그들은 단식을 '신에게 들어가는 문'이라고 믿는다. 단군신화의 웅녀도 마늘 스무 개와 쑥 한 심지 말고는 곡기를 완전히 끊었기 때문에 사람인 처녀로 변신할 수 있었다.

단식은 체내에 쌓인 노폐물이나 각종 독소를 배출하는 효과가 있다. 위장을 비롯한 여러 소화기관의 부담을 줄이고 휴식을 주어서 여러 장기의 기능을 회복하게 만들기도 한다. 단식을 질병 치료 수단의 하나로 처방하기도 하는 까닭이다. 다이어트에 효과를 내기로도 단식만한 것이 없을 것이다. 단식의 종류로는 생수 단식, 효소 단식, 벌꿀 단식, 과즙 단식, 장국 단식, 녹즙 단식 등이 있다. 요즘에는 한 끼나 하루 동안 식사를 하지 않는 간헐적 단식이 각광 받고 있다.

비폭력 저항의 상징인 인도의 마하트마 간디는 영국의 식민지배에 저항하기 위해 18회나 단식투쟁을 했다. 그는 단식으로 국민들의 마음을 움직여 인도 독립의 불씨를 키운 것으로 알려져 있다. 남아프리카 공화국의 넬슨 만델라 전 대통령도 감옥 안에서 죄수들의 인권을 개선하기 위해 단식투쟁을 했다고 한다. 각종 크고 작은 정변으로 점철된 현대사의 질곡을 헤쳐 온 우리 정치인들도 인간의 기본 욕구를 억눌러야 하는 단식을 정치적 요구의 관철 수단으로 삼았던 적이 있다.

"나를 시체로 만들어서 해외로 부쳐라!"

광주민주화운동 3주년을 맞은 1983년 5월 18일, 신군부의 강압으로 정계에서 은퇴한 김영삼 전 대통령이 '민주화 5개항'을 요구하는 성명을 발표하고 단식투쟁에 돌입했다. 그가 말한 민주화 5개항은 언론통제의 전면해제, 정치범 석방, 해직 인사들의 복직, 정치활동규제 해제, 대통령 직선제를 통한 개헌이었다. 그는 당시 가택연금 상태였기 때문에 집에서 단식투쟁을 시작했다.

다음날인 5월 19일에는 상도동계 모임인 '민주산악회' 소속인사 70여 명이 '김영삼 단식대책위원회'를 구성하고 동조 단식에 들어갔다. 당시 미국 망명 중이던 김대중 전 대통령도 현지에서 '김영삼 총재 단식투쟁 전 미국 비상대책위원회'를 결성해서 그의 단식투쟁에 힘을 실어주었다.

김영삼 전 대통령의 단식투쟁 사실이 미국을 비롯한 여러 나라 언론을 통해 전 세계로 알려지자 입장이 난처해진 전두환 정권은 그를 서울대 병원에 강제로 입원시켰다. 당시 민주정의당 권익현 사무총장은 병원을 세 차례나 방문해서 단식 중단을 요청했지만 그는 단호하게 거절했다. 신군부에서 단식을 중단하고 해외 출국을 권유했을 때도 김영삼은 이렇게 일축했다고 한다.

"나를 해외로 보내는 방법이 있다. 시체로 만들어서 부치면 된다."

민주화를 향한 그의 의지와 열망이 얼마나 뜨거웠는지 알 수 있는 대목이다.

그런 가운데도 김수환 추기경, 윤보선 전 대통령, 문익환 목사 등 김영삼 전 대통령의 건강을 염려한 많은 원로 민주인사들의 단식 중단 권유가 이어졌다. 결국 김영삼 전 대통령은 단식 23일째를 맞은 6월 9일, 단식투쟁 중단을 선언하면서 이렇게 말했다.

> "국민 여러분. 나는 부끄럽게 살기 위해 단식을 중단하는 것이 아닙니다. 앉아서 죽기보다 서서 싸우다 죽기 위해 단식을 중단하는 것입니다. 나의 투쟁은 끝난 것이 아니라 이제 겨우 시작을 알렸을 뿐입니다."

당시 김영삼 전 대통령의 단식투쟁은 외국 유수 언론들의 주목을 받으며 국제적인 관심을 끌었다. 군사 쿠데타로 민주주의와 인권을 유린당한 우리나라의 암울한 정치 현실을 세계에 널리 알리는 데도 어느 정도 기여했다. 국민들의 민주화 열망을 증폭시켜서 대학생들의 시위를 전국적으로 확산시키는 계기를 마련하기도 했다.

하지만 거기까지였다. 전두환 신군부 정권은 꿈쩍도 하지 않았다.

TV와 신문 등 각종 언론매체의 보도통제는 계속되었다. 정치범 석방이나 해직 인사들의 복직도 이루어지지 않았다. 김영삼 전 대통령 자신을 비롯한 주요 정치인들의 정치활동 재개나 대통령 직선제 개헌은 그로부터 4년 뒤 전국적으로 확산된 6·10항쟁으로 쟁취했다.

김영삼 전 대통령은 단식 중단 선언 후 영양실조 등의 이유로 6

월 30일까지 약 20일 동안 치료를 받고 퇴원했다. 그의 단식투쟁은 우리 정치사에 한 획을 그은 사건으로, 이후 갖가지 정치적 현안을 두고 벌어지게 되는 정치인들의 단식 시작을 알렸다.

민주주의를 발전시킨 사랑의 무기

1990년 10월 8일 평화민주당 김대중 총재가 지방자치제 전면실시와 내각제 포기를 요구하는 성명서를 발표한 뒤 평민당사 9층 총재실에 자리를 깔고 단식투쟁에 돌입했다. 당시 65세 고령이었던 그는 단식을 계속할 경우 회복불능 상태에 빠질 수도 있다는 의료진의 경고를 받아들여 단식 8일째를 맞은 10월 15일 신촌 세브란스병원으로 옮겨졌다.

10월 20일까지 13일간 계속된 김대중 총재의 단식투쟁은 어느정도 성과를 거두었다. 1991년 6월 30일까지 기초 및 광역 지방의회를 구성하고, 1992년 6월 30일 전에 기초 및 광역 지방자치단체장 선거를 실시한다는 여야합의를 이끌어냈던 것이다. 현재 시행되고 있는 지방자치제는 사실상 그의 공로가 컸다는 것이 정치계의 중론이다.

"남을 사랑할 줄 모르는 독재자에게 단식 같은 사랑의 무기는 아무 소용이 없다."

비폭력저항의 상징적 인물인 인도의 간디가 남긴 말 중 하나다. 그래도 그는 단식이라는 자기희생 행위를 몸소 실천함으로써 인도

21

국민들의 마음은 움직일 수 있었다. 우리의 경우도 마찬가지였다. 엄혹한 군부독재 시절 정치인들의 단식투쟁은 우리나라 국민들의 민주화에 대한 열망을 증폭시켜서 민주주의 발전에 크게 기여한 면이 있다.

단식 '투정'을 부린 전직 대통령

전두환 전 대통령도 단식농성을 벌인 적 있다. 내란죄와 천문학적 금액의 뇌물수뢰죄로 문민정부 시절인 1995년에 구속 수감된 그가 단식농성의 명분으로 내세운 건 '5공화국의 정통성을 지키겠다'는 것이었다. 전두환 전 대통령은 복역 중이던 안양교도소에서 단식을 시작했다. 그의 건강을 염려하는 측근들에게 그는 이런 농담까지 건넸다는 말도 들린다.

"세계 최장 단식기록이 382일이라면서? 그러면 나는 적어도 60일 정도는 할 수 있지 않겠나?"

그런 적극적인 의지를 보이며 시작한 전두환 전 대통령의 단식농성은 오히려 국민적 공분을 샀다. 박관현 씨 유족들의 말이 그걸 대변하고 있다.

('광주의 아들'로 불렸던 박관현 씨는 전남대 총학생회장으로 5·18 항쟁을 주도했다. 그는 1982년 4월 내란 중요임무 종사 혐의로 체포된 뒤 같은 해 10월 12일 '광주 진상 규명'과 '재소자 처우개선' 등을 촉구하며 광주교도소에서 단식투쟁을 했다. 박관현 씨는 수감 중인 재소자가 단식을 한

다는 이유로 징벌방에 격리 수용된 채 서신교환이나 면회자 접견은 물론 목욕 같은 기본적 권리마저 박탈당한 채 단식투쟁을 이어가다가 40일 만에 숨을 거두었다.)

"숱한 악행을 저지른 전두환 씨가 무슨 낯으로 단식을 합니까?"

고 박관현 씨의 누나인 박행순 씨는 전두환 전 대통령이 5공 정통성을 주장하며 단식을 벌이고 있다는 소식을 듣고 치밀어 오르는 분노를 감추지 못했다.

"무릎을 꿇고 반성해야 할 전 씨가 마치 양심수 흉내를 내며 가당찮게 단식 운운한다는 게 어디 말이나 됩니까? 속죄하는 단식을 해도 부족한 판에, 그 사람은 지금 뻔뻔스러운 저항으로 국민과 역사를 우롱하고 있는 겁니다. 단식은 독재에 맞서 싸울 무기가 목숨밖에 없는 민주인사들의 마지막 저항수단입니다. 양민의 피를 담보로 정권을 찬탈한 학살자에게는 전혀 어울리지 않아요."

국민적 공분은 아랑곳하지 않고 안양교도소에서 단식을 이어가던 전두환 전 대통령은 서울대학교병원으로 이송되었다. 식중독 증세를 보였기 때문이었다. 그런데 음식을 안 먹는 단식을 한다는 사람이 어떻게 식중독에 걸릴 수 있었는지 의문이다.

서울대학교병원으로 이송된 전두환 전 대통령은 부인 이순자 여사의 권유로 쌀뜨물 단식을 시작했다. 백담사에 머물 때 스님들이 단식하는 모습을 보았던 것이다. 그런 식으로 단식을 이어가던 어느 날 전두환 전 대통령은 심한 설사와 탈수증세로 화장실에서 정신을 잃고 쓰러져 응급조치를 받았다. 링거 주사를 맞은 뒤 비로소 의식을 회복한 그는 깨어나자마자 이런 식으로 한탄했다고 한다.

"어이쿠, 내가 이거 기어코 주사를 맞고 말았구만. 단식을 더 하려고 했는데 겨우 설사병 때문에 뜻을 못 이루다니….."

전두환 대통령 시절에 김영삼 전 대통령이 단식투쟁을 했는데, 그때는 정반대 양상이 벌어졌다. 역사의 아이러니다.

그런데 전두환 전 대통령은 단식농성을 벌여서 5공화국의 정통성을 제대로 찾았는지 의문이다. 전두환 전 대통령의 단식을 민주인사들이 절박한 심정으로 벌인 단식 '투쟁'과 비슷한 급으로 쳐준 국민들조차 그리 많지 않았던 걸 감안하면 결과는 뻔할 것이다.

오히려 국민들은 그의 단식을 '투쟁'은커녕 '농성' 수준도 못되는, 단식 '투정'으로 여겼던 건 아닐까. "에이, 씨…. 나 이제부터 밥 안 먹을 거야!" 하는 식의….

밀레니엄 시대 정치인들의 단식 농성

20세기 전유물로 여겼던 단식농성은 평화적 정권교체를 통해 민주정부가 수립된 밀레니엄 시대에 들어서도 여기저기서 지속적으로 이어졌다.

2003년 11월 26일에는 당시 제1당인 한나라당 최병렬 대표가 노무현 대통령의 측근비리 의혹사건 특검법안 거부권 행사 철회를 요구하며 단식농성을 벌였다. 최병렬 대표는 60대 중반의 적지 않은 나이임에도 '무기한 단식투쟁'이라는 극단적 배수진을 쳤다.

2004년 9월에는 김근태 의원이 '민주당 분당사태에 석고대죄한다'며 사흘간 단식농성을 벌인 뒤 열린우리당에 합류했다. 같은 해 11월에는 열린우리당 임종석 의원이 정부의 이라크 전투병 파병 결정에 반대하며 13일간 릴레이 단식농성을 벌이기도 했다.

참여정부 말기인 2007년 3월에는 민주노동당 문성현 대표, 열린우리당 천정배 의원, 김근태 전 의장, 무소속 임종인 의원이 한미 FTA 협상 중단을 요구하며 단식농성을 벌였다. 특히 천정배 의원은 25일, 문성현 대표는 26일간 단식함으로써 김영삼 전 대통령이 어렵게 수립해 놓은 기록을 바꿔놓았다.

단식농성을 가장 오래 한 정치인은 제주 출신 민주노동당 현애자 의원이다. 제주 해군기지 건설 계획 철회를 요구하며 2007년 6월 7일부터 단식을 시작한 현 의원은 27일간 지속한 단식농성을 끝내면서 다음과 같은 내용의 성명서를 발표했다.

"그동안 마음으로 성원해 주신 모든 분들께 감사드립니다. 투쟁은 계속됩니다. 한반도 평화를 위한 싸움에 함께해 주시리라 믿습니다."

"굶으면 학실히 죽는데이"

스스로 목숨을 끊는 것은 개인이 벌일 수 있는 가장 극단적인 저항이나 투쟁 방식이다. 일본 무사들은 주로 할복했다. 우리 경우는 분신이나 투신해서 자살한 이들이 많았다.

단식은 그다음 가는 저항 방식이다. 생명을 담보로 자신의 뜻을 들어주지 않는다면 죽을 수도 있다는 강력한 의지의 표현이 단식이었던 것이다. 그렇지만 단식투쟁하다가 실제로 목숨을 잃은 경우는 앞서 말한 박관현 씨 말고는 없었던 것 같다.

우리 속담에 겉 다르고 속 다르다는 말이 있다. 사자성어로는 표리부동表裏不同이 그에 해당되겠다. 둘 다 겉으로 드러난 행동과 감추어진 행동의 차이, 혹은 생각과 행동이 같지 않음을 단적으로 보여주는 말이다.

1983년에 벌인 김영삼 전 대통령의 단식투쟁이 민주화를 열망하는 비폭력 투쟁의 상징으로 국민적 관심이 높아질 무렵 항간에 재미있는 소문 하나가 떠돌았다. 김영삼이 단식투쟁 중에 당시 모 제과사에서 만든 보름달 빵하고 우유를 몰래 먹다가 위로차 방문한 문익환 목사에게 발각(?)되었는데, 그 일로 문익환 목사가 김영삼의 진정성을 의심하고 있다는 것이었다.

물론 그 소문은 정확하게 확인된 건 아니다. 그렇다고 이해할 수 없는 것도 아니다. 민주화를 위한 살신성인의 뜻을 내세웠다 해도 그 또한 사람인지라 얼마나 배가 고팠으면 그렇게까지 했을까 싶은 것이다.

한나라당 최병렬 대표의 단식농성이 8일째 되던 날, 단식의 대선배인 김영삼 전 대통령이 농성장을 찾아 이런 말 한마디를 넌지시 건넸다고 한다.

"이 보라, 최 대표. 굶으면 학실히 죽는데이…."

그래서였을까. 당시 사건을 취재하던 기자들 사이에서는 최병렬 대표가 밤에 몰래 곰국 먹는 걸 봤다는 소문이 떠돌기도 했다. 나중에 그가 먹은 것은 곰국이 아니라 쌀뜨물이었다는 게 밝혀졌다. 위장을 보호하기 위해서라는 궁색한 변명이 이어졌다. 어쨌든 그 일을 계기로 '쌀뜨물 단식'이라는 말이 퍼졌다. 무기한 단식을 선언했던 최병렬 대표는 겨우(?) 10일 만에 단식을 중단했다.

최병렬 대표의 단식 때 어느 대학교에서는 학생들이 "나라를 구하겠습니다"라는 구호를 걸고 '최병렬 비웃기, 정치개혁 과식 투쟁'을 벌이기도 했다. 차떼기로 불법 정치 자금을 받은 정당의 대표가 국정현안을 내팽개치고 단식투쟁이나 한다면서 그걸 비꼬았던 것이다.

그 사건에서 힌트라도 얻었던 걸까. 2014년에 세월호 특별법 제정을 촉구하면서 '유민 아빠' 김영오 씨 등 유가족들이 단식투쟁을 벌일 때도 비슷한 장면이 벌어졌다. 광화문 광장 건너편에 모인 보수단체 어버이연합 회원들이 유가족들의 단식투쟁을 조롱하려고 '짜장면 몰래 먹기 퍼포먼스'라는 걸 벌였다. 그들은 졸지에 혈육을 잃은 유가족들에게 애도를 표하던 많은 국민들의 빈축을 샀다.

정치인의 단식투쟁 매뉴얼

먹는 게 남는 거라는 말이 있다. 세상살이에서 먹는 즐거움이 으뜸이라고 여기는 이들도 적지 않다. 으뜸까지는 아니어도 하고 여러 즐거움의 두세 번째 안에는 틀림없이 들어간다는 말에 우리들 대부분은 기꺼이 동의한다. 그런 즐거움을 자신의 의지로 끊어내는 게

▲ 모 제과회사에서 1976년에 처음 출시한 보름달 빵이다. 카스테라처럼 식감이 부드러워서 중년층 이상에게는 단식 중 허기를 채우기에 부족함이 없어 보인다.

▼ 당시 한나라당 최병렬 대표가 단식농성을 벌이면서 몰래 먹은 것으로 세간의 의혹을 받았던 '곰국'의 다른 이름은 '곰탕'이다. 곰국은 소고기와 소의 내장을 넣고 끓인 국이다. 넓은 의미로는 소머리, 사골, 도가니, 양지머리, 내장 등을 함께 섞거나 어느 한 부위의 고기를 밤을 새워가며 푹 고아 우려낸 국물을 가리킨다. 곰국은 특유의 구수한 맛과 영양이 풍부해서 대표적인 보양음식으로 알려져 있다. 만약 그때 의혹이 사실이라면 최병렬 대표는 숟가락으로 국물만 떠서 먹었을까, 아니면 그 안에 든 고기까지 초고추장에 찍어서 맛나게 먹었을까.

단식이다.

금정산·천성산 구간 경부고속철도 터널공사를 반대하며 2003년부터 2005년까지 모두 다섯 차례에 걸쳐 수백일 동안 단식투쟁을 벌인 지율 스님이나, 세월호 특별법 제정을 촉구하면서 단식했던 '유민 아빠' 김영오 씨 같은 경우도 있지만 우리는 단식투쟁 하면 정치인의 모습을 맨 먼저 떠올리게 된다.

정치인의 단식투쟁이 소기의 목적을 달성하기 위해서는 몇 가지 지켜야 할 원칙 같은 게 있을 것 같다. 그간 우리 정치인들의 사례를 통해 몇 가지 정리해 보았다. 언필칭 '단식투쟁 매뉴얼'이다. 단식투쟁을 통해 짧은 시간에 자신의 존재감을 확실히 드높이려고 기회를 호시탐탐 엿보고 있는 정치인들에게 참고가 좀 되었으면 한다.

첫째, 목적과 명분이 뚜렷해야 한다. 일단 한번 해보다가 아니면 말고 하는 자세로 섣불리 단식투쟁을 시작했다가는 원하는 성과를 얻기도 힘들 뿐 아니라 애꿎은 뱃속만 버리기 십상이기에 하는 말이다. 김영삼 전 대통령이 단식투쟁을 선언할 당시 신군부 정권에 요구했던 민주화 5개항에 뜻있는 많은 국민들은 응원의 박수를 보냈다. 김대중 전 대통령도 풀뿌리 민주주의라고 불리는 지방자치제 전면실시라는 뚜렷한 명분을 갖고 단식했기 때문에 소기의 성과를 이끌어낼 수 있었다. 전두환 전 대통령은 두말할 것 없이 정반대였다. 한나라당 최병렬 대표의 경우도 크게 다르지 않았다. 그가 벌였던 단식농성은 불법 정치자금을 차떼기로 받은 정당의 이미지를 탈색하고 여론의 뭇매에서 교묘히 벗어나 어떻게든 국면을 전환시켜보려고 하는 몸부림 아닌가 하는 국민적 의혹만 사고 말았다.

둘째, 타협의 의지를 갖고 시작해야 한다. 그런 최소한의 여지도 없이 단식투쟁을 시작했다가 상대편에서 요구사항 중 어느 것 하나도 들어주지 않으면 그야말로 진퇴양난에 빠지기 십상이다. 자칫 잘못하면 세간의 웃음거리로 전락할 수도 있다. 비록 자신의 요구를 관철시키지 못하더라도 뜻을 세상에 알린 것만으로 만족할 줄도 알아야 한다. 주변 여론을 봐가면서 적당한 때가 오면 단식을 중단하는 것도 필요하다. 대신 조건이 하나 있다. 단식투쟁이 진행되는 동안에는 아무리 배가 고파도 '진짜'로 굶어야 한다.

셋째, 언론 플레이를 잘 해야 한다. 아무도 관심을 가져주지 않거나, 국민들이 단식 사실조차 모르고 있다면 헛발질하는 꼴이 되고 만다. 1983년 김영삼 전 대통령이 단식투쟁을 벌일 당시 우리나라 언론은 군부정권의 통제를 받고 있었다. 그래서 측근들이 적극 나서서 단식투쟁 사실을 알리는 유인물과 전단지를 뿌렸다. 당시 김영삼 전 대통령의 부인 손명순 여사는 그와 별도로 외신 기자들에게 일일이 전화를 걸어서 남편의 단식투쟁을 알렸다. 거기에 미국 망명 중이던 김대중 전 대통령까지 적극적으로 나섰기 때문에 김영삼 전 대통령의 단식투쟁은 국제사회의 관심을 얻을 수 있었다.

넷째, 단식투쟁을 할 만한 대중적 인지도가 높아야 한다. 김영삼이나 김대중 전 대통령처럼 우리나라 민주발전을 위해 헌신해 왔거나, 국민의 신뢰를 받는 정당의 대표쯤 되는 사람이어야 한다. 단식투쟁을 하는 데 무슨 자격조건 같은 걸 따진다는 게 어떨지 모르겠다. 알고 보면 내 몸의 건강을 담보로 벌이는 단식투쟁도 아무나 하는 게 아니다.

단식투쟁을 향한 불편한 시선들

분신이나 투신은 생명을 저항 수단으로 삼는 행위다. 노동삼권 보장을 외치면서 자신의 몸을 불살랐던 전태일 열사나, 광주학살 진상규명을 요구하며 할복하고 옥상에서 뛰어내린 조성만 열사 같은 이들이 거기에 해당된다. 그에 비해 단식투쟁은 생명을 당장 거는 건 아니지만 자신의 몸을 담보로 뜻을 관철시키려는 행위라는 점에서 닮은 점이 있다.

단식은 잘만 하면 건강에 도움이 되는 측면도 있다. 하지만 그것도 지나치게 오래 지속하면 생명에 위협을 받을 수도 있다. 그렇다면 어째서 우리 정치인들은 그런 극단적 투쟁 방식을 자주 동원했던 걸까. 답은 뻔하다. 말로는 안 되니까, 대화조차 거부하니까, 참고 있자니 분통이 터져서 견딜 수 없으니까, 그래서 달리 방법을 찾을 수 없었기 때문이라고 할 테니까.

그런 항변에 전적으로 동의할 수는 없지만, 단식투쟁이 적어도 '불통'의 시대적 산물임에는 틀림이 없는 것 같다. 강자는 힘으로 밀어붙이고, 약자는 속수무책으로 당할 수밖에 없었던 정치사회적 현실이 수많은 정치인들로 하여금 단식투쟁이라는 극단적 투쟁 방식을 선택하게 만든 측면도 있었던 것이다.

돌이켜보면 정치인들이 굶어서 문제가 해결된 일은 별로 없었다. 아무리 굶어도 뜻을 관철시키는 게 불가능한 이슈를 내세워 단식투쟁을 해왔기 때문인 건 아닌지 모르겠다. 물론 굶어서 해결만 될 수 있다면 정치인 아니라 국민 전체가 나서서 단식을 했을 것이다.

목숨을 담보로 굶겠다는 비장의 카드는 다들 춥고 배가 고팠던 시절에나 효과를 볼 수 있었던 투쟁 방식이다. 먹거리가 풍족해진 오늘날에는 별로 적절하지 않다.

이제 세상이 달라졌다. 적어도 과거 군사독재 시절에 비하면 우리 정치도 많이 성숙되었다. 민주주의도 웬만큼 정착이 된 듯하다. 시민의식도 꽤 높아졌다. 무엇보다도 국민들은 이제 정치인들의 단식투쟁에 여간해서는 응원을 보내지 않는다. 오히려 "나, 밥 안 먹을래!" 하면서 어린아이처럼 투정부리고 떼쓰는 모습으로 비치기 십상이다.

> "국회의원도 무노동 무임금 적용하자."
> "단식투쟁의 기본은 최저 30일, 중간에 영양주사 맞으면 무효…."
> "단식은 인체의 면역기능을 높여주는 등 건강에 유익할 수 있지만, 5일 이상 무리하게 하면 오히려 몸을 망칠 수도 있다."
> "제대로 못 먹고 사는 사람들이 얼마나 많은데 단식투쟁? 아, 나도 저 아저씨처럼 마음 편하게 단식이나 좀 해봤으면 좋겠다."

어느 국회의원의 단식투쟁 뉴스에 달린 댓글 중 일부다. 그나마 어조가 과격하지 않은 걸로만 몇 개 가려 뽑은 것이다. 이보다 원

색적인 비난이 얼마나 많을지, 여차하면 단식투쟁을 하려고 단단히 마음을 먹고 있는 정치인들이라면 한 번쯤 직접 확인해 보았으면 한다.

족발하고 호떡하고 순대국밥은
정치인들의 서민음식이다

선거를 앞둔 정치인들의 서민 코스프레

배고프면 순대국밥을 먹는다고?

눈 내리는 한겨울 재래시장 골목 어느 순대국밥 집이다. 후덕해
보이는 백발 파마머리 할머니가 순대를 썬다. 그 할머니가 김이 하
얗게 피어나는 솥에서 뚝배기에 순댓국을 퍼 담다 말고 출입문 쪽을
바라보면서 이렇게 말한다.

"허, 오밤중에 웬일이여? 배고파?"

목소리가 겉으로는 퉁명스러워도 정겹다. 마치 야간자습을 끝내
고 돌아온 손자를 맞이하는 듯하다.

"맨날 쓰잘데기 없이 쌈박질이나 하고, 에이! 우리는 먹고살기
힘들어 죽겠어!"

뚝배기를 식탁에 함부로 내려놓으면서 할머니는 한마디 더한다.

"청계천 열어놨으니 이번엔 뭐 해낼 겨?"

그 말에는 아랑곳하지 않고 '일꾼' 차림의 한 사내가 참 서민스
럽게 국밥을 떠먹는다. 하루 종일 밥 구경도 못한 사람 같다.

"밥 더 줘?"

▲ 이런 순대국밥을 맛있게 먹는 모습을 연출해서 제작한 홍보 영상은 이명박 후보가 대한민국 제17대 대통령으로 당선되는 데 적잖이 기여했다는 평가다.

할머니가 또 묻는다. 여전히 반말 투다. 그때 어디선가 이런 멘트가 흘러나온다.

"이명박은 배고픕니다. 누구나 열심히 땀 흘려 성공할 수 있는 시대, 국민 성공시대를 열기 위해 이명박은 밥 먹는 시간도 아깝다고 생각합니다."

거기에 할머니의 목소리가 덧대진다.

"밥 처먹었으니께 경제는 꼭 살려라, 잉? 알겠냐?"

식사를 마친 이명박 후보의 얼굴이 비로소 환해진다. 공사판에서 철근을 나르다 온 사내처럼 표정이 더할 수 없을 만큼 순박하다. 순대국밥 집 앞에서 다정한 모자지간처럼 서로를 안고 손을 맞잡은 이명박 후보와 할머니의 모습이 클로즈업되면서 마무리 멘트가 이어진다.

"경제를 살리겠습니다. 실천하는 경제 대통령, 기호 2번 이명박이 해내겠습니다."

국민 성공시대를 열기 위해 열심히 일하느라 밥 먹는 시간도 아까워서 늘 배가 고팠던, 수백억 원대 재력가이기도 한 이명박 후보는 그날 시장 할머니가 내준 순대국밥을 말아먹고 대한민국 제17대 대통령에 당선되었다.

'뼛속같이 서민'인 이명박 대통령은 십여 명의 사복 경호원을 대동하고 가끔 재래시장을 찾아 거리에서 파는 꼬치 어묵을 '서민처럼' 맛있게 먹는 모습을 연출했다. 또 취임 10개월쯤 후인 2008년 12월 4일 새벽에 민생탐방을 하겠다면서 가락동 시장을 찾은 이명박 대통령은 야채상을 하는 박부자 할머니에게 자신의 목도리를 벗어서 직접 둘러주는 훈훈한 미담의 주인공이 되기도 했다.

이명박 대통령 재임 기간에 전국의 재래시장 곳곳에서는 '노점상 없는 깨끗한 거리'를 표방한 행정당국의 무차별적인 단속으로 떡볶이와 어묵을 팔던 수많은 노점상들이 삶의 터전을 빼앗겼다. 대통령으로부터 목도리를 선물 받고 몸 둘 바를 몰라 했던 박부자 할머니는 경기가 갈수록 나빠져서 결국 평생 해오던 장사를 그만두었다고 한다. 하지만 이명박 대통령한테 선물로 받은 목도리만은 사람들이 구경 좀 하자고 해도 보여주지 않고 집에 잘 모셔둘 정도로 아꼈

시장이나 길거리 포장마차에 들르면 언제든 값싸게 사먹을 수 있는 꽈배기, 도넛, 꼬치어묵. 특히 꼬치어묵은 이명박 전 대통령이 즐겨 먹었던 것으로 알려졌는데, 아이러니하게도 길거리에서 이런 음식 장사로 생계를 유지하던 많은 노점상들이 그의 재임 기간에 무차별적 행정단속으로 삶의 터전을 잃었다.

다는 후문이다.

경제는 꼭 살려 달라면서 할머니가 내준 순대국밥을 맛있게 먹었던 이명박 대통령은 5년 재임 기간에 4대강 사업을 무리하게 밀어붙여서 국가 예산을 낭비하고, 친재벌 경제정책으로 일관해서 서민 경제를 더욱 어렵게 만들었다는 평가를 받고 있다.

서민 음식 따로 귀족 음식 따로

제19대 총선을 20일 앞둔 2012년 3월 22일 오전, 박근혜 새누리당 비상대책위원장이 선대위 출범 후 처음으로 경기도 군포시에 있는 한 재래시장을 찾았다. 소위 친서민 행보를 적극 보여주자는 게 목적이었을 것이다. 옷차림도 여느 중년 여인처럼 수수했다.

그날 박근혜 위원장은 다른 때와 달리 어느 길거리 음식점 앞에서서 수행원들과 함께 음식을 직접 먹어보기도 했다. 박근혜 위원장이 맛본 음식은 재래시장에서 흔히 만들어 파는 도넛, 생선전, 핫바, 족발이었다.

이것저것 조금씩 맛을 본 박근혜 위원장은 족발이 담긴 접시를 가리키며 주위의 수행원들과 시장 상인들 모두 잘 들으라는 듯이 매우 친근하고 겸손한 어조로 이렇게 말했다.

"이게 서민 음식이에요."

'서민庶民'은 '아무 벼슬이나 신분적 특권을 갖지 못한 일반 사람'을 가리키는 말이다. 사회적 지위도 보잘것없을 뿐 아니라 수입도 적어서 풍족하게 살지 못하는 사람이 바로 서민이다. 한마디로 사회적으로나 경제적으로 하류층에 해당하는 사람이 서민인 것이다.

서민의 반대말은 뭘까. 명확하게 정해진 건 없다. '상류층'이거나 '특권층'이라는 말 정도가 해당될 수 있을지 모르겠다. 사회적으로 높은 지위에 올라 있어 그에 따른 온갖 특권을 누리고 있거나, 평생 쓰고도 남을 만큼 재산이 많은 사람이니까.

그날 재래시장을 방문한 자리에서 나온 '서민음식'라는 말의 속뜻은 무엇일까. 상류층 사람들은 평소 이런 음식을 좋아하지 않는다, 이런 건 주머니 사정이 넉넉하지 않은 사람들이나 부담 없이 사먹을 수 있는 음식 아니냐, 뭐 그런 뜻이었을까?

그렇다면 상류층에 들지 못하는 서민들은 길거리에서 파는 값싼 '음식'을 젓가락이나 손으로 집어먹고, 상류층 사람들은 호텔 식당 같은 데서 희귀한 식재료로 조리한 '요리'를 장식이 화려한 넓은 접시에 얹어 포크나 나이프로 식사 문화를 즐기는 것인가.

고위급 정치인이나 재벌이 재래시장에서 족발 안주에 소주를 마시는 건 소박하고 정겨운 모습이고, 서민이 어쩌다 큰맘 먹고 고급 레스토랑에 가서 와인잔을 기울이는 건 호기를 부리는 것인가.

호텔 레스토랑에서 스테이크 몇 조각에 와인 한두 잔 마셨다고 서민이 상류층 될 수 없듯, 고위 정치인이 재래시장에서 파는 족발이나 호떡 몇 입 먹었다고 당장 서민의 삶을 이해할 수 있는 건 아닐 것이다.

서민 음식을 먹으면 서민이 되나?

2011년 10월 22일, 서울시장 보궐선거를 앞두고 새누리당 나경원 후보가 노량진 수산시장을 방문했다. 불과 이틀 전에 터진 '1억 원짜리 피부관리' 건으로 세간의 의혹을 받고 있었기 때문에 심경이 대단히 불편했을 때였다.

시장에 들어선 나경원 후보는 만나는 시장 상인들에게 "요즘 장사가 잘 되세요?", "오늘 많이 파셨어요?" 하는 식의 질문을 친근하게 던지며 친절하게 악수를 나누고 다녔다. 그러던 중 어느 생선 가게에 들렀는데 거기서 나경원 후보는 횡액에 가까운 일을 당하고 말았다. 생선가게 주인아주머니가 나경원 후보 입에 손질도 하지 않은 개불을 들이댔던 것이다.

'개불알'을 떠올리게 해서 그 이름뿐 아니라 생김새까지 망측스럽기 짝없는 개불은 횟집 어디서나 나오는, 그야말로 서민 음식 중 하나라고 할 수 있다. 개불은 내장을 모두 긁어내고 두툼한 껍질을 잘게 썰어서 초고추장이나 겨자 간장소스에 찍어 먹는 음식이다.

미리 동원한 방송 카메라는 눈앞에서 돌아가고 있었을 것이다. 자신의 모습을 바라보고 있는 시장 상인들이나 '서민'들의 눈길도 한둘이 아니었을 것이다. 서민들의 궁핍한 삶을 살뜰히 챙기는 미래의 여성 서울시장 모습도 보여줘야 했을 것이다. 결국 나경원 후보는 거의 울상을 지으며 통 개불을 먹을 수밖에 없었던 것이다.

그날 손질도 안 된 통 개불을 나경원 후보 입에 넣어준 그 '서민' 아주머니는 속으로 어떤 생각을 했을까. 나경원 후보는 또 남들 다

▼ 한입 덥석 먹기에는 썩 내키지 않는 음식이다. 시각적으로도 퍽 망측스럽다.

▼ 오이는 우리에게 매우 친근한 채소 중 하나다. 손가락 크기로 잘라서 고추장에 찍어 먹기도 하고, 오이소박이김치를 담그기도 한다. 야채샐러드에 빠지지 않으며, 특히 냉면을 비롯한 각종 음식의 고명으로도 두루 쓰인다. 이 오이는 수분과 비타민C가 풍부하기 때문에 오이마사지를 하면 기미나 주근깨를 완화시켜줄 뿐 아니라 피부미백 효과도 탁월한 것으로 알려져 있다.

지켜보는 자리에서 졸지에 개불을 통째 씹었으니 선거용 멘트를 구사하기에는 그 맛이 영 별로였을지도 모르겠다.

서민들은 오이를 씻어 먹는다

2002년 제16대 대선에 출마한 한나라당 이회창 후보의 가장 큰 약점은 서민과 동떨어진 귀족 이미지였다. 더구나 선거운동 기간에 호화빌라와 며느리의 원정출산 문제가 불거지는 바람에 이회창 후보의 지지율은 곤두박질치기도 했다. 그걸 만회하려고 이 후보는 점퍼 차림으로 유세장을 누비고 다니면서 소위 '서민행보'라는 걸 시작했다.

평소 잘 가지 않던 시장 골목 허름한 해장국집에서 식사하고, 지방의 장급 여관에서 잠자는 모습을 보여주는가 하면, 전교 305등을 했던 중학교 성적표까지 언론에 과감하게 공개했다. 그런 행보를 통해 지지율을 끌어올릴 무렵 '흙오이 사건'이 터졌다.

선거운동이 한창이던 어느 날 이회창 후보는 가락동 농수산물 시장을 방문했다. 그 자리에서 시장 상인들과 김치찌개에 소주잔을 기울이던 이 후보는 제대로 씻지 않아서 흙이 묻어 있는 오이를 덥석 물더니 와작 씹어 먹었다.

한나라당 캠프에서는 그날의 일을 언론에 대대적으로 홍보했다. 하지만 당시 민주당 김현미 부대변인은 그 소식을 듣고 이렇게 일침을 가했다고 한다.

"진짜 서민들은 씻어서 먹는 오이를, 시장에서 씻지 않고 먹은 게 무슨 대단한 서민행보인 양 선전을 하는데, 진짜 서민들은 오이를 씻어서 먹는다."

3,500원짜리 '시진핑 만두세트'

2013년 한 해가 저물어가던 12월 28일 정오 무렵, 시진핑 중국 국가주석이 베이징 시내의 한 만두가게에 나타났다. 그는 연말을 맞아 베이징의 난방 공급 회사와 양로원 등을 차례로 방문해서 민생을 직접 살피고 다니는 중이었다.

점심시간이어서 만두가게에는 시민들 7~8명이 줄을 서서 차례를 기다리고 있었다. 시진핑은 그 줄의 맨 뒤에 섰다.

"총서기님 아니세요?"

그를 알아본 누군가가 놀라면서 물었다. 시진핑 주석은 빙긋 웃었다. 차례와 상관없이 먼저 식사주문을 하셔도 된다고 종업원이 권했지만 그는 정중히 사양했다.

시진핑 주석을 알아본 시민들이 그에게 앞 다퉈 반갑게 인사를 건넸다. 핸드폰을 꺼내 사진을 찍는 이들도 있었다. 어떤 여성은 아이와 함께 사진을 찍기도 했다. 여러 사람이 다가가 시진핑 주석에게 악수를 청하고 사진을 찍었는데도 그걸 제지하는 사람은 아무도 없었다.

자신의 차례가 되자 시진핑 주석은 점원에게 만두 여섯 개 한 접시와 간 볶음, 갓 무침을 주문하고 주머니에서 25위안을 종업원에게 건네준 다음 4위안을 거스름돈으로 받았다. 21위안(우리 돈 약 3,500

원)짜리 식사였던 것이다. 주문한 음식이 나오자 시진핑 주석은 식판을 직접 들고 가서 빈 테이블에 앉았다.

"저희 집 음식 맛이 어떻습니까?"

만두가게 사장이 마늘즙과 고추장을 갖고 와 맞은편 자리에 앉으며 조심스럽게 물었다.

"만두가 아주 맛있습니다. 식당 환경도 아주 깨끗하네요. 그런데 이런 음식 재료는 모두 어디에서 가져옵니까?"

그 말을 듣자마자 사장은 핸드폰을 꺼내더니 시진핑 주석에게 사진 한 장을 보여주었다.

"저희 집의 모든 식재료는 바로 이 농장에서 직접 가져옵니다."

"그렇군요. 음식은 사람들이 안심하고 먹을 수 있도록 만드는 것이 가장 중요하다고 생각합니다. 아, 그런데 이 간 볶음은 식감이 좀 뻑뻑한 것 같습니다."

깜짝 놀란 사장이 다시 만들어 오겠다고 하자 시진핑 주석은 괜찮다고, 손님들이 좋아하면 된다고 말했다. 그날 만두가게에서 시진핑 주석이 식사를 마치기까지는 20분 정도가 걸렸다.

"총서기께서는 음식을 하나도 남기지 않고 반찬까지 모두 드셨습니다. 그분은 우리들을 대하는 태도가 조금도 권위적이지 않았어요. 뭐랄까, 사람을 끌어들이는 힘 같은 게 느껴졌습니다."

시진핑 주석이 만두가게를 떠난 뒤 종업원은 기자들에서 그렇게 말했다고 한다.

그날 일은 SNS를 통해 베이징은 물론 중국 여러 도시로 급속히 퍼져나갔다. 시진핑 주석이 먹었던 칭펑만두慶豊包子 역시 폭발적인 인기를 얻기 시작했다. 그가 다녀간 만두가게 앞에서는 다음날부터 400여 명이 번호표를 들고 줄을 서서 기다리는 진풍경이 벌어지기도 했다.

칭펑만두 가게를 찾는 손님들은 시진핑 주석이 먹었던 것과 똑같은 음식을 찾았다. 칭펑만두에서는 만두 여섯 개, 간 볶음, 갓 무침을 하나로 묶어 '시 주석 세트메뉴'까지 만들었다. 칭펑만두의 매출과 가맹점 수도 폭발적으로 증가했다. '시진핑 만두 효과'를 톡톡히 본 셈이다. 중국 베이징에서 국경절 연휴기간(10월 1~7일)에 그 세트메뉴는 무려 1,200만 개나 팔렸다고 한다.

시진핑 주석이 들렀던 칭펑만두 가게는 베이징을 찾는 여행객들의 순례 코스가 됐다. 베이징의 한 신문은 그 만두가게가 '시진핑 삼촌 여행 루트'가 됐다고 보도하기도 했다. 그건 시진핑 주석이 단지 그 만두가게에서 음식을 먹었기 때문에서만은 아닐 것이다.

시진핑 주석에게는 중국인들이 붙여준 애칭이 하나 있다. 바로 '시진핑 삼촌習大大'이다. 그 말은 시진핑 주석이 취임 후 일관되게 펼쳐온 친민정책親民政策에 많은 중국인들이 무한한 애정과 신뢰의 박수를 보내고 있다는 증거다.

백악관 회의실은 햄버거 가게에도 있다

2009년 5월 어느 날 버락 오바마 미국 대통령이 NBC 특별 프로그램을 촬영하던 중 점심을 먹으려고 워싱턴 D.C.의 파이브 가이즈

◀ 순대에 오뎅국물이라면 몰라도, 포크와 나이프로 스테이크를 직접 썰면서 와인을 곁들여 마시는 건 서민들에게 그리 익숙하지 않다.

▼ 박정희 전 대통령은 막걸리를 즐겨 마신 것으로 알려졌다. 그런데 그의 마지막 연회 자리에서 발견된 술은 양주였다. '낮에는 막걸리, 밤에는 양주'였단 말인가.

Five Guys라는 햄버거 가게에 들렀다. 대통령의 깜짝 방문이었다. 그는 다른 손님들처럼 줄을 서서 차례를 기다렸다가 햄버거를 주문했다. 그날 이후 햄버거 가게 파이브 가이즈는 '오바마 대통령이 먹은 햄버거'로 유명세를 타기 시작했다.

오바마 대통령은 2010년 미국을 방문했던 드미트리 메드베데프 Dmitry Medvedev 러시아 대통령과 함께 워싱턴 D.C.의 포토맥 강변에 있는 단골 햄버거 식당 레이스 헬 버거Ray's Hell Burger에서 점심식사를 했다.

두 정상은 4인용 나무 테이블을 가운데 두고 자신의 입맛대로 각각 주문한 햄버거를 맛있게 먹었다. 대신 감자튀김은 하나만 주문해서 사이좋게 나눠먹었다. 햄버거 가게가 양국 정상의 오찬장이었던 셈이다. 미국과 러시아 양국 정상이 친구처럼 마주앉아 햄버거를 먹는 모습은 엄청난 화제를 모았다. 그 모습을 담은 사진이 '올해의 사진'으로 선정되기도 했다.

2014년 5월에도 오바마 대통령은 바이든 부통령과 함께 백악관 근처에 있는 햄버거 가게 쉑쉑을 찾았다. 그 햄버거 가게 방문은 공식 일정에 없었다. 그날 오바마 대통령은 근처 재개발 공사장에서 일하는 건설 노동자들을 햄버거 가게에 초대했다.

오바마 대통령은 그들과 햄버거를 함께 먹으면서 노동자들의 최저임금을 시간당 7.25달러에서 10.10달러로 올려야 한다고 역설했다. 햄버거 가게를 백악관 집무실이자 회의실로 이용했던 것이다.

파이브 가이즈Five Guys와 쉑쉑Shake Shack은 미국을 찾는 여행객들이 즐겨 찾는 '뉴욕의 2대 햄버거 가게'로 유명세를 타고 있다.

우리나라의 경우도 대통령이 즐겨 찾은 맛집으로 유명세를 탄

음식점이 여러 곳 있다. 그런 집들은 공통점이 있다. 음식점 메뉴가 서민들 누구나 큰맘 먹지 않고도 사 먹을 수 있는 칼국수, 삼계탕, 해장국 등이라는 사실이다. 우리나라나 중국, 미국 할 것 없이 대통령들도 음식으로 서민 코스프레를 해 왔던 것이다.

꼭 서민음식을 먹으라는 게 아니다

"빵을 달라, 아니면 죽음을….."

프랑스 시민혁명 당시 시위에 참가한 시민들은 그렇게 외쳤다. 당시 왕이었던 루이 16세의 부인 마리 앙투아네트Marie Antoinette(1755~1793)는 그 말을 듣고 이렇게 말했다고 한다.

"빵이 없으면 케이크를 먹으라고 하세요."

앙투아네트는 그 얼마 후 단두대에서 처형되었다.

정치인의 책무는 국민에게 빵, 우리 식으로는 밥을 주는 것이다. 국민의 안전을 보장하고, 국민들이 윤택한 삶을 살아갈 수 있도록 법을 제정하고 정책을 추진하는 게 모든 정치인의 본분이다. 그것이 상식이고 원칙이다.

정치인들이 재래시장에서 족발이나 순대국밥을 먹는다 해도 하루아침에 서민의 실정을 제대로 이해할 수 없으리라는 것쯤은 이 땅의 서민들 누구나 안다. 그게 카메라 앵글에 맞춰 연출한 서민 코스프레라는 것 또한 초등학생들도 모르지 않는다.

'선민選民'은 자신들만이 하느님의 선택을 받았다는 뜻으로 이스

라엘 사람들이 썼던 말이다. 이건 우리 사회의 특권층을 가리키는 말로도 쓰일 수 있다. 선거 때마다 재래시장을 방문해서 '서민음식'을 맛보는 고위급 정치인들이 거기에 해당된다.

　서민들은 정치인들에게 '서민음식'을 먹으라고 강요하지 않는다. 그들이 '선민음식'을 먹는다 해도 탓하지 않는 게 우리나라 사람들의 보편적 정서일지도 모른다. '서민의식'을 가져달라는 것도 아니다. 다만 자신들이 겪고 있는 삶의 애환을 진정성 있게 이해하고, 더 나은 삶을 위해 혼신의 노력을 다하는 '선민의식'을 가진 정치인을 이 땅의 서민들은 간절히 원하는 것이다.

정치인들은 라면값도 정확히 모르는 라면 마니아다

라면은 서민들의 삶을 이해하는 척도

장관님께서 드신 왕뚜껑 사발라면

"교육부 장관님 오셨습니다."

수행원으로 보이는 사람이 진도 실내체육관으로 들어서면서 세월호 실종자 가족들에게 서남수 장관의 방문 사실을 알렸다. 그 말을 듣고 실종자 가족 중 한 사람이 즉석에서 퉁명스럽게 대꾸했다.

"교육부 장관님이 오셨으니 우리더러 어떻게 하라고요?"

그 말을 듣고 수행원이 머쓱해하고 있는데 서남수 장관 일행이 실내체육관으로 들어섰다. 서남수 장관은 실종자 가족을 비롯한 의료진과 악수를 나누면서 몇 마디 위로의 말을 건넸다. 바로 그때 평소 이런저런 인연으로 친분이 돈독한 박준영 전남지사가 그에게 다가왔다.

"급히 내려오느라 끼니도 제때 못 챙기셨을 텐데, 컵라면으로라도 요기를 하시지요."

박준영 지사의 말을 듣고 보니 아닌 게 아니라 서남수 장관은 아까부터 몹시 시장했다.

▲ 당시 서남수 장관이 팽목항 진도체육관에서 먹은 김치 왕뚜껑 사발면. 소비자가격이 1,000원도 안된다.

"그래도, 어떻게….."

미리 준비해 두었는지 근처의 테이블을 보니 큼지막한 왕뚜껑 사발면 하나가 놓여 있는 게 아닌가. 조금 전까지 구급의약품이 어지럽게 놓여 있던 자리였다. 서남수 장관은 잠시 난감한 표정으로 체육관 안을 둘러보더니 준비된 의자에 앉아 나무젓가락을 둘로 쪼갰다.

얼마나 배가 고팠을까. 서남수 장관은 주변을 살필 겨를도 없이 의자에 허리를 잔뜩 구부리고 앉아 그 사발면을 맛나게 먹었다.

금강산도 식후경이라 했으니, 배가 고프면 라면이라도 먹고 싶은 게 인지상정이다. 하지만 그것도 때와 장소를 가릴 줄 알아야 한다. 차디찬 체육관 바닥에 망연자실 쓰러져 있는 실종자 가족들이 보는 앞에서 버젓이 라면을 먹었으니 그만하면 말 다했다.

그런 장면이 일본의 한 TV 방송에까지 생생하게 소개되었으니 그날 서남수 장관은 애꿎은 라면 때문에 국민적 공분을 사고 급기야 나라 망신까지 톡톡히 시켰다. 자신이 라면 먹는 장면을 카메라에 담은 이가 그는 또 얼마나 원망스러웠을까.

하지만 어쩌랴. 별도로 끓일 필요 없이 뜨거운 물만 부으면 먹을 수 있는 컵라면의 신속성을 탓할 수도 없고…. 어쨌든 그날 이후 서 장관은 어쩌다 라면이 눈에 띌 때마다 어떤 생각을 했을지 자못 궁금하다.

▼ 서민들에게 라면 한 그릇은 한 끼 식사로 손색이 없으며 그 국물로 술 속을 달래는 사람들도 적지 않다.

라면, 그 탁월한 한 끼 식사

인스턴트 라면이 우리나라에서 처음 생산된 게 1963년이다. 벌써 50년 넘게 지났다. ㈜삼양라면 설립자인 고 전중윤 회장이 배고픈 국민들을 위해 일본 묘조식품明星食品 사장을 직접 찾아가 여러 번 간청하고 설득한 끝에 생산기술 일부를 전수 받았던 것이다.

보릿고개로 대변될 만큼 식량난이 심각했던 시절이어서 정부 차원의 엄청난 홍보 덕택에 라면 소비량은 그야말로 기하급수적으로 늘었다. 박정희 대통령의 가장 큰 업적으로 비약적인 경제발전을 드는데, 우리 국민들의 배고픔을 면하게 해준 공로는 삼양라면 전중윤 회장이 더 컸던 건 아닐까 싶다.

2014년 기준으로 우리나라 국민은 1년에 평균 약 74개의 라면을 먹는다고 한다. 당연히 전 세계 1위다. 밥을 뺀 한 끼 식사로는 으뜸일 것이다. 가히 라면공화국이라고 불러 손색이 없을 정도다.

라면의 가장 큰 장점은 값이 싸다는 것이다. 조리비용까지 합쳐도 천 원 남짓이니 짜장면보다 네다섯 배 싸다. 기껏해야 10분 내외로 조리 시간이 짧다는 것 또한 가격 못지않은 장점이다. 더구나 컵라면은 뜨거운 물만 있으면 앞서의 서남수 장관처럼 때와 장소를 가리지 않고 먹을 수 있다.

주머니 사정도 여의치 않고 식사시간까지 절약해야 하는 서민들에게 라면은 없어서는 안 될 메뉴다. 공부에 지친 중고등학생들이 편의점에 삼삼오오 둘러앉아 컵라면을 먹고 있는 모습은 이제 조금도 낯설지 않은 풍경이다. 속풀이용으로는 라면만한 게 없다고 주장

라면은 제2의 쌀입니다!

여러분의 삼양식품에서 생산되는 모든 제품은 미국의 검사기구인 F. D. A.에서 영양식품으로 공인되어 미국을 비롯한 구미각국에 국제식품으로 등장하여 대인기리에 판매되고 있으며 엄격한 미8군 위생시험에도 합격하여 미8군 PX에서도 인기를 독점하고 있읍니다. 이는 오로지 과학적인 엄격한 품질관리와 우수한 시설에 100% 천연원료를 사용하는 가장 안전한 영양식품이기 때문입니다.

자매품
특제라면, 카레라면, 칼국수, 뉴-면, 어리이면, 궁중탕면, 베이비푸드, 국 스-프.

삼양식품은 정부가 품질을 보증하는 우수식품 (S·F)으로 지정되었으며 생산 포장시설이 자동화 되어있어 완벽한 위생관리와 좋은 원료 및 제품 검사에 합격 하였읍니다.

삼양식품공업주식회사
서울특별시 중구 을지로 3 가118 - 4
TEL (대표) 27 - 2222

▲ 우리나라 최초의 라면
(제공: 삼양식품㈜ 홍보팀)

▲▼ "라면은 제2의 쌀입니다!", "즉석국수"라고 적힌 문구가 눈에 띈다.
(제공: 삼양식품㈜ 홍보팀)

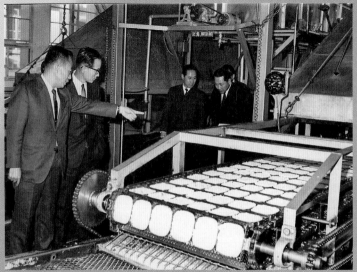

◀ '라면업계 대부', '식품 황제'로 불리는 이건(以建) 전중윤(全仲潤) 회장(왼쪽 끝)은 회사 설립 초기부터 인간존중 경영방침을 끝까지 고수했다. 박정희 전 대통령이 세무조사를 지시하지 않은 기업은 유한양행과 삼양라면뿐이었다고 한다. 1989년 공업용유지 파통 때 전격 세무조사를 실시했던 세무서 직원들이 "삼양라면처럼 털어서 먼지 안 나는 회사는 처음 보았다."라고 하면서 빈 손으로 돌아선 일은 지금도 많은 사람들 입에 자주 오르내리고 있다.
(제공: 삼양식품㈜ 홍보팀)

하는 술꾼들도 적지 않다.

물론 장점만 있는 건 아니다. 전문가들은 건강에 좋지 않은 나트륨 함량이 지나치게 높다는 점을 든다. 면을 기름에 튀겨내는 라면은 고칼로리 식품 중 하나이기도 하다. 먹는 모양새가 점잖지 못하다고 믿는 높은 사람들도 적지 않다.

라면은 계란을 넣고 끓여야 제맛

세월호 침몰 사건 발생 5일째인 2014년 4월 21일, 청와대 춘추관에서 열린 기자회견 자리에서 어느 출입기자가 민경욱 청와대 대변인에게 물었다.

"팽목항 사고 상황실에서 기념촬영을 해서 물의를 일으킨 안전행정부 공무원은 사표를 수리했는데 라면을 먹은 교육부 장관은 어떻게 되는 겁니까?"

그 물음에 대해 민경욱 대변인은 이렇게 답변했다고 한다.

"사실 서남수 장관이 그날 라면에 계란을 넣어서 먹은 것도 아니고, 끓여서 먹은 것도 아니지 않습니까? 더구나 팔걸이의자에 앉는 바람에 쭈그리고 먹은 건데, 또 그게 사진으로 찍히고…, 아무튼 국민 정서상 모든 것을 조심했어야 하는 건데 그렇게 되었습니다."

아하, 그렇겠구나. 하긴 라면은 역시 계란을 풀어 넣고 끓여야 제맛이 난다고 생각하는 사람들이 적지 않긴 하다.

정치인들이 제구실을 못하면 국민들의 삶은 고단해진다. 그걸 달래기 위해 밤마다 폭음하는 이들도 많아진다. 간밤에 마신 술 때문에 쓰린 속을 달래주기로 말하면 이런 해장국들이 그 어떤 정치인들보다 훨씬 요긴할 때도 있을 것이다.

라면값도 모르면서 정치하세요?

안철수 의원은 자칭 라면 마니아다. 아주 오래전부터 새로 출시되는 라면은 꼭 사 먹었다고 자신이 쓴 책을 통해 밝혔을 정도다. 그 좋아하는 라면 때문에 안철수 의원이 잠시 곤혹스러운 지경에 놓인 적이 있다.

재보선을 통해 국회의원이 된 안철수 의원은 2013년 6월 3일 국회 의원회관 제2세미나실에서 무소속 송호창 의원, 전국 '을乙' 살리기 비상대책위원회, 경제민주화국민운동본부와 함께 정책간담회를 열었다. 민생 난제의 생생한 현실을 당사자들로부터 직접 듣겠다는 취지에서였다.

열띤 토론이 진행되는 도중 의사발언권을 얻은 김진택 농심특약점 대리점협의회 대표가 즉석에서 라면박스를 뜯더니 라면 다섯 개가 들어 있는 봉지를 들어 보이며 안철수 의원에게 이렇게 물었다.

"이거 얼마인지 아세요? 모르세요?"

"천원이요?"

돌발 질문에 적잖이 당황한 안 의원은 자신 없는 투로 대답했다. 그러자 어이없어하는 표정을 지으며 김진택 대표가 이런 식으로 비아냥거렸다.

"천원이요? 이거요, 서민들이 매일 먹는 겁니다. 안철수 의원님 모르세요? 이젠 아셔야 합니다. 국회에서만 한다고 되는 게 아닙니다."

(참고로 역사와 전통을 자랑하는 삼양라면은 2015년 기준 권장소비자

가격이 한 봉지에 760원, 라면 시장의 대표주자 자리를 지키고 있는 농심 신라면은 780원이다.)

돌발사태로 간담회장 분위기가 썰렁해졌을 것임은 불문가지일 터, 그 일을 적시해서 변희재 미디어워치 대표가 트위터에 이런 글을 올려서 네티즌들의 주목을 끌기도 했다.

> "저도 생필품에 대해 거의 알지 못하지만, 버스비와 라면값은 정확히 알아요. 왜냐하면 매일 버스를 타고, 매일 라면을 먹으니까요. 그러니 안철수와 정몽준이 버스도 안 타고 라면도 안 먹는다는 건 확정적 사실이겠죠? 정몽준이 버스비 몰랐던 건 천하의 죽일 놈으로 몰아붙이더니, 안철수가 라면값 하나 모르는 건 때 묻지 않은 순수함으로 찬양하나 보죠. 이런 친노종북이들의 역겨운 이중 잣대는 이제 더 이상 논란거리도 아니에요."

끓인 라면만 봐도 행복했던 대통령

국민의 정부 시절 청와대 비서관을 지낸 윤태영의 《기록》에 따르면 노무현 전 대통령은 청와대 주방에서 나온 음식을 타박한 일이 없으며 소탈한 음식에 익숙했었다고 한다.

그에 따르면 노무현 전 대통령은 해외 순방을 나가면 특별히 한식을 주문하지 않고 그 나라 음식에 적응하려고 노력하는 편이었다. 방문 국가의 음식이 입에 영 맞지 않을 때는 종종 라면을 찾기도 했다.

비행기 안에서도 부인인 권양숙 여사와 마주앉아 라면을 맛있게 먹기도 했던 걸 보면 그는 생긴 모습이나 살아온 과정만큼이나 식성도 참 소탈했던 모양이다.

노무현 전 대통령을 측근에서 모셨던 비서관 중 한 사람은 또 이런 회고담을 들려주었다.

"대통령께서는 외국에 가실 때 비행기 안에서 라면 반개를 즐겨 드셨습니다. 하나를 끓여서 두 그릇에 나눠 갖고 권 여사님하고 반반씩 드셨던 거지요. 하나를 다 드시면 포만감이 커지고, 그러면 방문국에서 내주는 음식을 제대로 못 드시니까, 그건 예의가 아니라고 생각하셨던 거지요…."

우리나라에서 생산되는 라면의 종류는 과연 몇 가지나 될까. 2015년 기준으로 삼양과 농심 등 10여 개 업체에서 라면을 생산하고 있는데, 그 종류가 무려 200가지가 넘는다고 한다. 그렇다면 혹시 이런 라면 이름을 들어보았는지 모르겠다. '노무현라면'이라고….

노무현라면

라면.
가정법.
영어로는 if.
그래서 노무현라면을 먹으면
때 늦은 가정법을 자꾸 사용하게 됩니다.

당신이 대한민국을 조금만 덜 사랑하셨더라면, 당신이 대한민국 정치를 빨아
헹구려하지 않았더라면, 당신이 대한민국 언론을 나 몰라라 포기하셨더라면,
당신이 대한민국 검찰에 쥐똥만한 기대도 하지 않았더라면, 당신이 당신의 국
민을 요령껏 적당히 사랑하셨더라면...... 당신은 지금 이 맛있는 라면을 저랑 나
눠드셨겠지요. 냄비뚜껑을 서로 차지하려고 다투다 라면을 쏟을 뻔 했겠지요.
라면을 다 드시면 라면만큼 맛있게 담배 한 대를 피우셨겠지요.

당신의 고집이 밉습니다. 바다를 포기하지 않는 강물 같은 그 고집이 밉습니다.
당신의 주소를 하늘나라로 바꿔버린 바보 같은 그 고집이 밉습니다. 당신의 원
칙과 철학과 애국심 모두 다 밉습니다. 당신은 라면에 공깃밥 말아먹듯 그렇게
대충 섞여 사셨어야 했습니다. 남들처럼 김치를 내놓지 않으면 한 젓갈도 못 먹
겠다고 버티며 사셨어야 했습니다. 손녀에게 라면 한 그릇 끓여주는 기쁨을 포
기하지 말았어야 했습니다.

죄송합니다. 괜한 투정이었습니다. 라면 먹다 반찬투정 하듯 괜히 투정을 부려
본 겁니다. 라면에 무슨 반찬이 필요하겠습니까. 아쉽지만 안타깝지만 화가 나
지만, 고집 부려주셔서 고맙습니다. 원칙 지켜주셔서 고맙습니다. 노무현답게
살아주셔서 고맙습니다.

아직도 온기가 느껴지는 노무현라면.
이 라면이 불어터지지 않도록 당신의 고집을 저희가 잇겠습니다.

당신의 마음속에 있는 가게입니다

짐이 부덕한 탓이니
오늘부터 수라상을 들이지 말라

국민들과 배고픔을 나눌 줄 아는 정치인

반찬을 세 가지로 줄이시오

"올 한 해 동안 물가는 오르고, 실업자는 늘어날 것입니다. 소득은 떨어지고, 기업의 도산은 속출할 것입니다. 우리 모두는 지금 땀과 눈물과….."

노정치인은 말을 제대로 잇지 못했다. 한없이 엄숙한 자리였지만 그의 눈에는 눈물방울이 일렁이고 있었다. 잠시 뒤 그는 울먹이는 목소리로 힘겹게 말을 이었다.

"…고통을 요구받고 있습니다."

IMF 국가부도 사태 속에서 평화적 정권교체를 통해 대통령에 취임하게 된 그는 국가재건의 막중한 책무를 느끼며 앞으로 벌어지게 될 구조조정 과정에서 고통받게 될 국민들을 생각하다가 목이 메었던 것이다. 그 특유의 카랑카랑하고 논리 정연한 연설이 이어졌다.

"잘못은 지도층들이 저질러놓고 고통은 죄 없는 국민이 당한 것을 생각할 때 한없는 아픔과 울분을 여러분과 같이 금할 길이 없습

니다…. (중략) …저는 황금보다 더 귀중한 국민 여러분의 애국심을
한없이 자랑스럽게 생각한다는 것을 여러분께 말씀드리면서…, 여
러분 정말로 감사합니다."

"청와대 처음 근무해서 반찬 가짓수를 많이 했어요. 그런데 딱
하루 지나니까 (김대중 대통령께서) 저를 부르시더니, IMF 시기에 왜
이렇게 먹지도 않는 음식을 많이 깔았냐, 좀 줄여라, 세 가지로 줄여
라…."

국민의 정부 때 청와대 비서실 조리팀장을 지냈던 문문술 씨의
회고는 계속됐다.

"식사를 하시면서 가끔 그러십니다. 요즘 물가는 어떠냐, 시장에
는 가 봤느냐, 뭐가 많이 가격이 올랐더냐, 또 반찬을 이렇게 보시면
서 양파 값은 좀 어떻더냐, 뭐 그런 걸 자주 질문을 하셨지요…."

조선시대 임금의 12첩 반상

오늘날 우리는 대부분 아침, 점심, 저녁으로 나누어 삼시 세끼
를 먹는다. 그런데 조선시대까지만 해도 아침과 저녁 두 끼를 먹었
다. 임금도 아침수라와 저녁수라를 들었다. 대신 수라 말고도 초조
반, 낮것상, 야참을 받았다. 하루에 다섯 번으로 나누어 식사와 간식
을 했던 것이다.

아침수라와 저녁수라는 12첩 반상으로 이루어진, 말하자면 정식
밥상이었다. 이른 아침에 죽이나 미음 같은 것으로 밤사이 허기진

배를 다스린 게 초조반이다. 낮젓상은 국수나 떡 등으로 차려냈다. 야참으로는 식혜나 과자같이 간편한 음식을 먹었다.

조선 왕조시대 임금은 요즘말로 '최고 존엄'이었다. 임금이 먹는 모든 음식은 재료나 조리 과정, 상차림까지 정성을 다했다. 특히 수라상을 차리는 데는 각 지방의 특산품으로 이루어진 품질 좋은 먹거리가 재료로 쓰였다. 임금의 수라상에 오를 음식은 맛뿐 아니라 건강까지 고려해서 조리했음은 물론이다.

수라상을 받을 때마다 백성들의 노고를 떠올리며 감사하는 마음을 가진 임금도 많았으리라. 각 지방에서 가져온 식재료의 상태를 보면서 그 지역의 경제상황을 가늠하려고 노력한 임금도 있었을 것이다. 세종 16년(1434년) 5월 4일에는 식사를 마친 세종이, "이미 처음으로 나온 물건 이외에는 때아닌 진상을 하지 말라고 명하였는데,

이제 어찌 이 물건을 올렸느냐."라고 하면서 진상의 수를 줄일 것을 명했다는 기록도 있다.

이 모든 게 짐의 탓이로다

조선시대 임금의 수라상은 각종 고기와 채소로 조리한 반찬이 차려졌다. 그것이 12첩 반상이다. 그런데 일 년 열두 달 상차림이 똑같았던 건 아니다. 반찬의 가짓수를 줄이기도 하고, 특정 반찬을 빼는가 하면, 아예 수라상을 받지 않는 일도 있었다.

'선膳'은 '반찬'을 이르는 한자말이다. 그 말에서 비롯된 것이 '감선'과 '철선'과 '각선'이다.

나라에 가뭄이나 홍수 같은 자연재해가 발생하여 흉년이 들면 임금은 수라상의 반찬 가짓수를 줄이라고 명하였다. 그게 감선減膳이다. 국상國喪이나 선왕의 기일이나 전쟁 중에는 고기반찬의 수를 줄이거나 빼는 철선撤膳을 했다. 신하들이 당파싸움에 빠져 임금으로서의 영이 잘 서지 않는다 싶을 때는 아예 수라상을 받지 않았다고 한다. 각선却膳이다.

임금은 나라에서 일어나는 어려운 모든 일은 자신이 정치를 잘못했거나 부덕해서 생긴다고 여겼다. 조선시대 임금들은 감선이나 철선, 각선을 몸소 실천함으로써 한 나라 만백성의 어버이로서의 권위를 세우고 왕권을 바로잡기 위해 노력했다. 말하자면 임금들이 밥상으로 정치를 했던 셈이다. 그중에서도 가장 자주 실행한 것은 역시 감선이었다.

우리나라 역사상 감선을 처음으로 시행한 임금은 신라 소지왕이다. 재위 14년째를 맞은 서기 492년에 봄과 여름에 걸쳐 전국적으로 가뭄이 계속되자 소지왕은 임금인 자신이 부덕해서 백성들이 고초를 겪는 것이라고 하면서 스스로 음식을 줄이고 반성하는 모습을 보여 민심을 달랬다고 한다.

고구려와 백제의 임금들 중에도 감선을 시행한 왕은 더러 있었다. 하지만 임금들의 감선이 주로 시행된 시기는 유교 이념이 지배했던 조선시대에 들어서다.

조선시대 임금들의 감선

조선왕조에서 중요시된 의례적 관행의 하나인 감선의 배경은 '천인감응론天人感應論'이다. 모름지기 한 나라의 군주는 가뭄이나 홍수 등 자연재해가 발생하면 그걸 잘못된 정치에 대한 하늘의 경고 및 견책으로 받아들이고 반성하는 자세를 보여야 한다는 것이다.

조선을 건국한 태조 이성계는 7년 재위 기간에 한 번도 감선을 하지 않았다. 다만 말년에 이르러서는 고기반찬을 빼고 식사를 했다는 기록이 있는데, 그건 종교적인 이유에서였다.

감선을 관행화한 임금은 제3대 태종이었다. 태종은 즉위 2년을 맞은 해에 전국적으로 가뭄이 심해서 처음 감선을 시행했는데, 재위 기간에 감선을 15회 했다. 태종 4년(1404년) 7월 20일에는 수재水災

를 근심하여 눈물을 흘리고 철선했다는 기록도 있다.

세종도 16회 감선했는데, 그때는 새로운 감선 방식을 도입했다. 반찬의 가짓수만 줄인 것이 아니라 낮것상을 아예 받지 않는가 하면 금주禁酒까지 곁들였다. 세종의 적극적이고 금욕적인 태도는 문신관료들의 지지와 존경을 확보해서 왕권을 강화하는 데 도움이 되었다.

세종의 뒤를 이어 즉위한 문종은 '기월철선忌月撤膳'의 관행을 도입했다. 선왕들의 기일이 들어 있는 한 달 동안은 고기반찬을 아예 들지 않았던 것이다.

세조는 14년 재위 기간에 단 두 차례만 감선했다. 사육신 사건의 영향으로 문신관료보다 무인의 기질을 높이 평가했던 그는 유난히 술자리를 즐겨서 공신들과 함께 밤늦도록 흠뻑 취함으로써 군신 간의 결속을 다지는 통치 방식을 취했기 때문에 금주도 고작 한 차례만 시행했다. 물론 세조는 감선과 금주를 병행한 적도 없다.

▲ 조선왕조실록 태백산사고본(朝鮮王朝實錄 太白山史庫本)
(출처: 문화재청)

성종은 재위 25년 동안 21회나 감선했다. 어느 신하가, "지난번에 가뭄 때문에 감선하였는데 이제 때맞추어 이미 비가 내렸으니 복선復膳하소서." 하고 청하니 성종은 "음식이 입에 맞으면 그만이지, 어찌 반드시 많아야 하겠는가?"라고 하면서 감선을 이어갔다.

성종은 가뭄 때문에 감선을 시작하면 전국적으로 완전히 해갈될 때까지 중단하지 않았다. 성종은 근신을 스스로 실천하면서 백성의 어려움을 함께 나누고자 하는 감선의 의미를 잘 알고 있었던 임금이다.

군주독재체제로 전환시킨 연산군은 선왕들이 받들어 온 천인감응설을 전면 부정했다. 그는 가뭄이나 홍수 같은 자연현상을 순전히 우연의 산물로 여겼다. 감선 따위로 군주가 자연과 신하와 백성 앞에서 몸을 낮추는 자세를 보일 필요는 없다고 생각한 연산군은 먹고 싶은 것은 무엇이든 가리지 않고 먹는 것이 임금의 당연한 권한이라고 생각했다.

연산군은 음식으로도 폭군 행세를 했다. 그는 소의 태아까지 먹었다. 특히 정력에 좋다고 해서 흰 말고기까지 자주 찾았다고 한다. 그리고 지방의 관리들에게 계속해서 많은 음식들을 진상하라고 명령했다. 다음과 같은 기록이 그걸 잘 말해준다.

"사슴 꼬리와 혀를 계속 올려 보내도록 생산지 고을에 급히 글을 보내라." (연산군 5년, 1499년 10월 7일)

"귤과 유감乳柑(운향과에 딸린 나무. 열매는 밀감보다 약간 신맛이 남)은 비록 철이 지났지만, 만약 따서 저장한 것이 있으면 있는 대로 올리고, 나무에 달린 것이 있으면 가지가 붙어 있는

채로 올리라."(연산군 8년, 1502년 3월 11일)

"왜전복이 있다 하니 구입해서 바치도록 하라. 이뿐 아니라 모든 특이하고 맛난 것은 널리 구해서 바치라."(연산군 11년, 1505년 7월 24일)

절대왕권을 휘둘렀던 연산군의 군주독재체제는 반정으로 무너졌다. 뒤를 이은 중종과 명종은 연산군의 폭정과 차별화하기 위해서라도 감선을 시행할 수밖에 없었다. 하지만 이때는 이미 선왕들이 해오던 전통이니 하는 수 없이 형식적으로만 따르는 분위기가 팽배했다. 국가적 재난이 발생해도 군주로서 최소한의 성의표시만 했다. 이런저런 핑계로 미루는가 하면, 가뭄이 그치지도 않았는데 감선을 서둘러 마치기도 했다.

선조 임금 이후 국가 전반의 거의 모든 권력을 장악한 사림파는 소인과 차별화된 군자의 도리를 강조하여 군주인 임금의 호사스러운 생활을 견제했다. 선조 임금은 임진왜란과 병자호란 등의 전란으로 실추된 왕실의 위상을 회복하고 체제의 정당성을 바로잡기 위해서 감선을 다시 관행화해 나갔다.

영조 대에 이르러 감선은 이전과 다른 방식으로 행해졌다. 선대 임금들의 감선이 문제가 해결될 때까지 무기한으로 행해졌던 데 반해 3일, 10일, 20일 등으로 미리 기한을 정하고 감선을 했던 것이다. 그런 방식의 감선이 정착된 것은 정조 임금 때였다. 이 시기에 감선을 시행한 횟수는 역대 최고를 기록했지만 실제로 행한 날짜의 총량이 훨씬 적은 까닭이다.

영조와 정조 임금은 감선을 정쟁 수단으로 활용하기도 했다. 말을 듣지 않는 신하들에 대한 항의 표시로 감선을 했던 것이다. 영조는 자신이 지시한 탕평을 신하들이 제대로 받아들이지 않는다면서 감선했다. 사안이 중대하지 않은데도 사사건건 '과인의 부덕'을 앞세워 감선하는 바람에 효과는 점점 떨어질 수밖에 없었다.

조선말의 고종은 시대적 영향으로 서양음식을 먹고 서양음악을 들었던 임금이지만 감선도 22회나 시행했다. 조선 임금이 마지막으로 감선한 건 순종 2년(1909년) 6월 27일이었다.

조선시대 임금들에 의해 행해진 감선의 정치적 기능과 효과를 정리하면 크게 세 가지다.

첫째, 체제유지를 위한 상징적 행위였다. 임금의 감선은 유교적 정치이념에 충실한 문신관료들에게 '금욕적이고 수양에 힘쓰는 군주'라는 인상을 심어주는 데 도움이 되었다. 천재지변의 고통에 시달리는 백성들에게는 또 '백성들과 고통을 나눌 줄 아는 인자한 군주'라는 인식을 갖게 만들었을 것이다.

둘째, 군신간 정치관계에서의 리더십을 확보하는 수단이었다. 왕조체제의 신료집단은 백성의 일원이면서 동시에 임금의 동료이자 경쟁자인 지배집단의 일원이었다. 조선 임금들이 감선에 적극 나섰던 건 신료들에게 감동을 주고 그들로부터 신임을 이끌어내어 왕권을 강화하기 위해서였다.

셋째, 신권에 대한 견제와 억제책이었다. 감선은 왕권을 압박하는 신하들을 견제하고 그들의 권력을 억제하는 방책의 하나였다. 왕은 감선이라는 자책 행위를 통해 신료 집단에게 비상한 관심을 불러 일으키고, 그들이 충성스러운 신하로서 보여야 마땅한 의무대로 감선을 거둘 것을 간청하게 함으로써 왕권을 일시적으로나마 확인할 수 있었던 것이다.

조선왕조는 세계사적으로도 유례를 찾기 어려울 만큼 오랜 세월 동안 지속되었다. 그 519년(1392~1910년) 동안 임금들은 341회에 걸쳐 감선을 몸소 실행했다. 여러 차례의 외침을 겪으면서도 임금들이 지배권력을 강화해서 유교적 왕조체제를 비교적 안정적으로 유지할 수 있었던 요인은 여러 가지가 있었을 것이다. 감선도 그중 한몫을 했다. (이 단락은 함규진의 《왕의 밥상》을 참고해서 정리했음.)

대통령님께서 감선을 하셨습니다

대형 참사였다. 무려 300명이 넘는 생목숨들이 졸지에 그 차디찬 바다 속에서 숨을 거두었다. 그중에는 꽃을 채 피워보지도 못한 고등학교 2학년 어린 학생들이 250명에 이르렀다. 국가재난방제시스템의 총체적 부실이 불러온 참극이었다.

희생자 유가족은 물론이고, 온 나라가 엄청난 분노와 슬픔에 잠겼다. 사고 발생 한 달이 넘어서야 대통령이 대국민담화를 발표했다. 사고 책임의 정점에 있는 사람이었다. 발표 도중에 눈물까지 흘렸다. 분노한 국민들 중 일부는 그 눈물의 진정성을 의심했다. 역시나 거기까지가 전부였던 걸까.

외신기자까지 나서서 '의문의 7시간'에 노골적으로 의문을 제기
하는 바람에 온 국민들로 하여금 낯이 다 뜨거워서 얼굴조차 들 수
없게 만들었던 대통령은 대국민담화를 발표하자마자 아랍에미리트
UAE로 외유를 떠났다. 현지에서 열릴 한국형 1호기 원자로 설치 행사
에 참석하기 위해서라는 것이었다.

대국민담화를 통해 세월호 사고의 진상을 규명하는 데 유족의
여한이 없도록 하겠다고 약속했던 대통령은 세월호 특별법 제정을
요구하며 40일 넘게 곡기를 끊은 유가족에게 손길 한 번 내주지 않
았다. 소위 '성완종 리스트'로 자신의 최측근 정치인들이 거액의 정
치자금을 불법 수수했다는 사실이 만천하에 드러나 온 나라가 들끓
고 있는 와중에도 대통령은 세월호 사고 1주기 추모식에 얼굴만 잠
깐 비친 뒤 열흘이 넘는 중남미 순방길에 올랐다.

조선시대의 어느 성군이 재림했더라면, 청와대에서 외유를 마치
고 돌아온 대통령이 와병 중이어서 공식 업무를 제대로 수행하지 못
하고 있다는 발표를 이런 식으로 하지 않았을까 싶다.

"이런 말씀까지는 안 드리려고 했는데, 청와대 대변인으로서
차마 끝끝내 입을 다물 수만은 없을 것 같습니다. 사실 대통
령께서 와병 중인 이유는 언론에 보도된 것과 달리 외유 기
간의 무리한 일정 때문이 아닙니다. 여러분들은 잘 모르시겠
지만 대통령께서는 지난 1년간 세월호 사고의 엄중한 책임
감 때문에 매일 밤잠을 제대로 주무시지 못했습니다. 희생자
가족들의 고통을 생각하시면서 무척 괴로운 나날을 보내셨

세월호특별법 1년
아무것도 조사하지 못했다.

▲ "국가는 재해를 예방하고 그 위험으로부터 국민을 보호하기 위하여 노력하여야 한다." (헌법 제34조 6항)

▼ 노란 리본에는 다시 돌아오기를 기원한다는 간절한 뜻이 담겨 있다.

습니다. 대통령께서는 그분들하고 고통을 나눌 수 있는 방법
이 무엇일지 고민하시다가 조선시대 임금들처럼 감선을 해
오셨습니다. 지난 1년간 대통령께서는 하루 한 끼밖에 식사
를 하시지 않았습니다. 식탁에도 김치하고 나물 반찬 한 가
지 외에는 절대 올리지 말라고 하셨습니다. 건강이 염려되어
서 참모들이 적극 만류했지만 대통령께서는 뜻을 굽히지 않
으셨습니다. 지금 와병 중이신 것도 감선과 철선을 무리하게
하시는 바람에 심신이 쇠약해지셨기 때문입니다."

▼ 조선왕조궁중음식(朝鮮王朝宮中飮食) (출처: 문화재청)

대통령이 내는 밥은
아무나 얻어먹는 게 아니다

사람의 마음을 끌어들이는 식사정치

빵빵 터진 회담장 분위기

유승민 원내대표가 사퇴한 지 일주일 조금 지나서다. 새로 구성된 새누리당 지도부가 2015년 7월 16일 오전에 청와대로 박근혜 대통령을 예방했다. '당청간 소통'을 원활하게 하기 위해서였다.

김무성 대표, 원유철 원내대표, 김정훈 정책위의장은 박근혜 대통령 맞은편에 친근한 미소를 지으며 공손하게 앉았다. 탁자에는 찻잔과 물컵이 하나씩 놓여 있었다. 청와대 출입기자들이 바로 옆에서 카메라 플래시를 연방 터트리는 가운데 박근혜 대통령이 먼저 입을 열었다.

"앞으로 당정청이 하나가 돼서 경제도 살리고 경제 재도약을 이룰 수 있도록 잘 이끌어 주시기 바랍니다."

김무성 대표가 맨 먼저 박근혜 대통령의 말을 받았다.

"새로운 마음으로 새롭게 출발하는 우리 당의 새 지도부를 위해서 이렇게 자리를 마련해주셔서 감사합니다. 새누리당은 박근혜 정부의 성공이 곧 우리의 성공이라는 생각을 항상 하고 있습니다."

그 말이 끝나자마자 원유철 신임 원내대표가 한마디 거들고 나섰다.

"지난번에 제가 정책위의장으로 인사드리러 왔을 때는 대통령님 선거운동을 했던 시절을 회상하면서 코피 흘린 얘기를 했습니다. 이제는 원내대표가 돼서 민생을 살리고 경제를 살리는 데 코피를 흘리도록 하겠습니다."

낮은 자세로 미사여구를 쏟아낸 원유철 원내대표의 말에, "어떻게 그렇게 말씀을 잘 하십니까?"라는 박근혜 대통령의 칭찬이 이어졌다. 원 원내대표는 새로운 각오를 덧붙였다.

"당에서 저와 김 정책위의장을 합의로 선출해주셔서 선거비용이 남았습니다. 그래서 찰떡을 사서 돌렸습니다. 당청간 찰떡 화합을 해서 새누리당과 박근혜 정부 성공을 위해 잘하자고 다짐했습니다."

그건 아마 미리 준비해 간 멘트였을 터, 원 원내대표의 말이 끝나자마자 "말씀만 들어도 든든합니다."라는 박근혜 대통령의 치하가 이어졌다. 새누리당 지도부 세 사람의 겸손하면서도 당찬 각오 덕택인지 좌중의 분위기는 시종일관 화기애애했다.

"대통령님께서 많이 웃으셨습니다. 회담 분위기도 빵빵 터졌습니다."

그날 청와대를 다녀온 원유철 원내대표가 기자들에게 들려준 말이었다.

회담 장면이 담긴 사진을 보고 있자니 슬그머니 고개를 드는 의문이 하나 있다. 회담장 탁자에 놓여 있던 물잔과 찻잔에 눈길이 갔던 것이다.

어디 가서 차나 한잔하자는 말

"우리, 어디 가서 차나 한잔할까?"

길거리에서 오랜만에 친구를 만나면 반갑게 악수를 나누면서 이렇게 말하곤 했다. 과거에는 맘에 드는 여자에게 '작업'을 걸 때도 남자들은 이런 식으로 은근히 말을 걸었다.

"어디 가서 커피나 한잔하시겠습니까?"

지금이야 거리 어느 곳을 가든 온갖 프랜차이즈 카페가 즐비하게 문을 열고 성업중이지만 그 시절에 친구나 연인과 함께 갔던 바로 그 '어디'는 주로 다방이었다.

다방에 나란히 들어서서 자리를 잡고 마주앉으면 레지라고 부르는 아가씨가 쟁반에 얹어 갖고 온 투박하게 생긴 물컵 두 개를 탁자에 내려놓고 주문을 받았다. 그 물컵을 가리켜 '엽차'라고들 불렀다.

(차의 잎을 달여서 만들었으니 '엽차葉茶'였던가, 아니면 커피 옆에 놓였다 해서 '옆차'였던가? 하긴 엽차든 옆차든 보리차이기는 매한가지이긴 했다. 만나기로 한 사람을 기다리는 동안 커피는 안 시키고 엽차만 자꾸 시켜 마시는 사람은 당연히 주인 마담의 따가운 눈총을 견뎌야 했다.)

어쨌든 다방에 마주앉아 도란도란 얘기를 나눌 때 커피와 엽차는 윤활유 역할을 하기에 부족함이 없었다. 1980년대까지만 해도 우리 정치인들은 다방에서 만나 머리를 맞대고 현안을 논의하곤 했다. 식사 때가 아니거나 저녁 '술시'가 아닐 경우 누군가와 얘기를 나눌 때 이처럼 차를 마시는 건 동서고금을 가리지 않고 이어져 온 풍속이다.

맞선을 보는 자리처럼 마주앉은 상대가 부담스럽거나 몸짓 하나까지 어색할 때는 탁자에 놓인 커피에 애꿎은 프림과 설탕을 걸쭉해질 때까지 퍼 넣고 스푼으로 휘젓기 일쑤였다. 커피는 아예 거들떠보지도 않고 목이 몹시 마른 사람처럼 엽차만 벌컥벌컥 들이켜기도 했다.

커피잔이나 물잔에는 손도 못 댄 채 얘기만 나누다가 커피값을 치르고 나올 때도 있었다. 긴박하게 돌아가는 사안을 놓고 격론을 벌일 때는 커피가 식어가는 줄도 몰랐다. 마주앉은 상대가 아주 높은 사람이어서, 그러므로 몸가짐을 극도로 삼가야 해서 '감히' 그걸 마실 엄두조차 못 내는 경우도 간혹 있었다.

그날 '당청간 소통'을 위해 인사차 청와대를 직접 방문해서 박근혜 대통령과 대화를 나누었던 새누리당 지도부 세 사람도 어쩌면 눈앞에 놓인 찻잔과 엽차 잔에는 손도 대지 못했을지도 모른다. 설령 그랬다 해도 그 차와 물은 탁자에 놓였던 것만으로도 제 소임을 다했다고 보아야 할 것이다.

점심 식사는 다음에 대접하겠습니다

그날 회담을 마친 직후 김무성 대표는 박근혜 대통령하고 약 20분 동안 독대라는 걸 했다고 한다. 그게 끝난 시각이 11시 50분쯤이었다. 바야흐로 점심식사 시간이 임박했던 것이다. 그런데도 새누리당 지도부 세 사람은 점심도 먹지 못한 채 청와대를 나와야 했다.

▲ 다방 커피와 엽차 잔

　기왕 오셨는데 점심시간도 됐으니까 밥이나 드시고 가라는 말을
박근혜 대통령이 끝끝내 한마디도 하지 않았던 것이다. 대통령의 공
식 오찬 일정이 잡혀 있지 않았는데도 그랬다.

　세 사람은 유승민 원내대표가 자리에서 물러난 뒤 청와대에 가
서 박근혜 대통령을 만났다. 박 대통령이 김무성 대표를 가리켜 '우
리 김 대표'라고 부를 만큼 회담 분위기도 좋았다. 하지만 거기까지
였던 모양이다.

　독대를 마치고 나온 직후 대통령과 어떤 이야기를 나누었는지를
묻는 기자들에게 김무성 대표는 입을 다물었다고 한다. 이건 순전히
추측이긴 한데, 독대 자리에서 두 사람 사이에 오간 얘기 중에 이런
것도 있었던 건 아닐까 싶다.

"기왕 이렇게 찾아뵈었으니 저희들 점심은 여기에서 먹고 갔으면 합니다만…."

"아니에요. 식사까지는 계획에 없던 일이니까 원칙대로 하시는 게 좋겠어요."

"대통령님 뜻이 정 그러시면 저로서도 어쩔 수 없는 일입니다만…."

"다음에 제가 적절한 시기를 봐서 우리 당 의원님들을 모두 초대하겠습니다. 오늘은 그리들 아시고 돌아가도록 하세요."

박근혜 대통령은 소위 '식사정치'라는 걸 자주 해 온 정치인으로 알려져 있다.

대통령에 취임한 직후 여당은 물론이고 야당 지도부까지 청와대로 초청해서 식사를 함께한 바 있다. 국회의원들을 비롯한 주요 인사들하고도 공식적으로든 비공식적으로든 오찬이나 만찬도 자주 열었다고 한다. 그 또한 소통 강화가 목적이었을 것이다.

명색이 여당 대표로서 밥때가 되었는데도 점심 한 끼 대접받지 못하고 청와대를 나와야 했으니 그날 김무성 대표의 심정은 좀 복잡하기도 했을 것이다. 청와대를 나서면서 김무성 대표는 함께 갔던 두 사람한테 이렇게 말했다고 한다.

"그러잖아도 내가 평소에 가보고 싶었던 고깃집이 하나 있는데, 우리 그 집으로 가서 점심식사를 합시다."

그날 세 사람은 고기를 구워 먹으면서 어떤 이야기를 나누었을까. 앞으로 우리 지도부가 심기일전 합심협력해서 박근혜 대통령님을 잘 모시자는 결의를 다졌을까. 그런 이야기를 하면서 속으로는 점심 한 끼 안 주고 돌려보낸 대통령을 원망했던 건 아닐까.

또, 점심 내는 걸 끝끝내 거부한 채 여당 지도부를 돌려보내고 난 뒤 박근혜 대통령은 청와대에서 점심식사를 누구하고 함께했을까. 식사를 하면서는 또 어떤 생각을 했을까.

그들이 함께 먹은 갈비탕 200그릇

김영삼 전 대통령의 장례식이 거행된 2015년 11월 26일, 국가장 내내 빈소를 지켰던 옛날 상도동계 인사들 200여 명이 서울 강남의 한 식당에서 만찬 회동을 가졌다. 그들은 갈비탕에 소주 반주를 곁들인 식사로 서로의 노고를 치하하며 김 전 대통령을 회상했다.

"김영삼 전 대통령은 우리나라의 민주화와 발전을 위해 몸을 아끼지 않으셨습니다. 그분의 마지막 가르침인 통합과 화해의 사회 분위기를 만들기 위해 우리 모두 노력했으면 합니다."

그 자리에 참석한 새누리당 김무성 대표는 그렇게 말했다. 그날 모임이 계기가 되어 옛 상도동계 인사들은 며칠 뒤인 11월 30일에 여의도 중소기업회관에서 송년모임을 갖고 식사도 함께하면서 화합과 결속을 다졌다고 한다.

식사를 함께한다는 건 하나의 운명 속에서 여럿이 한 몸이 된다는 것을 의미한다. 기독교인들은 식사를 그리스도와의 합체 의식으로 해석한다. 식사는 그리스도 자손들의 육체적 결속을 뜻한다. 식사를 '친교의 성찬식' 등으로 부르는 까닭도 그래서다.

식사는 상호간의 호혜적 행위로 해석되기도 한다. 정치적, 사회적, 종교적인 경계를 상징할 때도 있다. 누군가와 식사를 한다는 건 그 사람을 자신의 집단으로 수용한다는 뜻이다. 유대인은 식사를 통해 자신들 공동체의 안과 밖에 있는 사람을 구분했다.

두 차례 연속된 옛 상도동계 인사들의 식사 모임도 그런 관점에서 해석할 수 있다. 하지만 과연 그들의 바람대로 화합과 결속을 다질 수 있을지는 의문이다. 그 자리에 참석한 인사들이 비록 뿌리는 같았을지라도 현재 걷고 있는 정치적 노선이 크게 다르거나 상반되기 때문이다. 그런 걸 보면 정치인들은 종교인들을 비롯한 보통 사람들하고는 생각이나 행동하는 방식이 크게 다른 것 같기도 하다.

누군가와 식사를 함께한다는 것

'차 한잔 하자'와 '밥 한번 먹자'와 '술 한잔 하자'는 음식물을 함께 나눈다는 점에서 같다. 하지만 이 셋은 본질적으로는 조금 다르다. '차'는 가벼운 대화의 매개물이다. '술'은 서로의 무장해제를 상징한다. 속을 터놓고 대화를 나누고 싶을 때 술을 마신다. 그런 점에서 밥을 먹는 것, 식사는 중간 단계에 해당되지만 거기에도 각별한 뜻이 있다.

의견이 대립되는 정치인들의 협상 자리에는 차나 물 같은 음료가 놓인다. 긴 협상이 결국 결렬되면 서로 다른 자리에서 자신의 입장만 발표하면서 협상 결렬의 책임을 상대방에게 떠넘긴다. 반면 어쩌다 협상이 원만하게 타결될 경우 식사자리로 이어지기도 한다.

노벨문학상 후보로 자주 거론되어 온 고은 시인이 지방 어느 대학에서 강연을 했다. 일정을 마치고 그 대학 교수 네 사람이 시인에게 저녁식사를 대접했다. 간단한 소개를 통해 네 사람이 같은 학과 소속이라는 걸 확인한 노시인은 특유의 거침없는 어조로 이렇게 말했다.

"여러분들은 점심식사를 함께합니까?"

저 잘난 맛에 사는 우리나라 교수들은 같은 학과 교수들하고도 '따로국밥'이어서 특별한 경우가 아니면 점심조차 함께 먹지 않는다는 걸 시인은 경험을 통해 익히 알고 있었던 것이다. 점심만 함께 먹어도 교수사회가 지금보다 소통이 훨씬 더 잘 될 거라는 사실까지….

여당 지도부가 청와대를 방문했을 때 박근혜 대통령은 차와 물은 내주었지만 식사는 함께하지 않았다. 여당 지도부 세 사람하고 얘기 몇 마디 나누는 건 기꺼이 받아들일 수 있지만 당분간은 소통을 거부하겠다는 뜻이 그 안에 담겨 있었던 것이다.

엄석대가 보여 준 식사정치

한번은 바로 그 점심시간 때였다. 석대와 나의 대화가 끝난 뒤에 석대가 도시락을 책상 위로 올려놓자 아이들도 모두 도시락을 펼치기 시작했는데 그중에 대여섯 명이 무언가를 들고 석대에게로 갔다. 그 애들이 석대의 책상 위에 내려놓는 걸 보니 찐 고구마와 달걀, 볶은 땅콩, 사과 같은 것들이었다. 뒤이어 맨 앞줄의 아이 하나가 사기 컵에 물을 떠다 공손히 놓는 것까지 모두가 소풍 가서 담임선생님께 하듯 했다. 그런데 석대는 고맙다는 말 한마디 없이 그것들을 받았다. 기껏해야 달걀을 가져온 아이에게 빙긋 웃어 준 게 전부였다.

이문열의 소설 〈우리들의 일그러진 영웅〉의 한 대목이다.

이 소설에서 작가는 어느 산골 마을 초등학교를 배경으로 같은 반 친구들 사이에 절대 권력자로 군림하는 엄석대라는 인물을 통해 정치권력의 본질과 그에 지배당하는 대중들의 모습을 우화적으로 그려냈다.

동급생이면서도 같은 반 아이들 위에 군림하는 소설 속의 엄석대는 절대 권력자를 떠올리게 한다. 그렇다면 그가 전가의 보도처럼 마구 휘둘러대는 권력은 어디에서 비롯되었는가.

첫째는 엄석대 자신의 권력 욕구다. 사실 선천적으로 권력욕을 갖고 태어나는 사람들은 따로 있지 싶다. 그런 이들 중 일부가 훗날 정치계에 발을 들여놓는다. 둘째는 그에게 권력을 위임해 준 담임선생님이다. 엄석대의 직책은 반장이다. 그런데 그는 학교 안에서 담임선생님과 같은 권력을 동급생들한테 휘두른다. 심지어는 말썽 부리는 아이들에게 매질까지 하니 그만하면 말 다했다. 셋째는 아이들

의 태도다. 그 스스로 만들고 담임선생님으로부터 암묵적으로 위임
받은 권력을 엄석대가 한동안 유지해나갈 수 있었던 것은 아이들이
거기에 철저히 굴종하기 때문이다.

동급생인 엄석대에게 점심시간마다 돌아가면서 아이들이 고구
마, 달걀, 땅콩, 사과 같은 먹거리를 갖다 '바치는' 까닭은 무엇이겠
는가. 당번을 정해서 엄석대에게 물까지 떠다주는 까닭은 또 무엇이
겠는가. 권력자로서 반장 엄석대가 가진 지위를 기꺼이 인정한다는
뜻이다. 아무것도 아닌 일을 갖고 괜한 트집을 잡아서 자신을 괴롭
히지 말아달라는 것이다. 때로는 그 권력으로 청소당번 따위를 면제
시켜주는 등의 이득이 될 만한 조치를 좀 취해달라는 것이다. 평범
한 아이들이 권력자를 상대로 식사정치를 하는 것이다

이건 명절을 앞두고 아랫사람들이 윗사람에게 음식을 선물하는
것과 같은 이치다. 자신에게 그 어떤 불이익도 주지 말아 달라는 것
이다. 훗날 청탁할 일이 있을지도 모르니 그때 가서 외면하지 말고
사업상 편의도 좀 봐달라는 뜻도 그 안에 담겨 있다. 그러니 추석이
나 명절이 되면 국회의원회관 창고에 각계에서 보내온 선물이 그야
말로 태산을 이루는 것이다.

소설 〈우리들의 일그러진 영웅〉은 영화로도 제작되었다. 영화
속에서는 앞서 본 소설 대목하고 좀 다른 장면이 그려졌다. 반 아이
들이 '상납'한 여러 가지 먹거리를 엄석대가 자신의 마음을 흡족하게
했거나, 가정형편이 어려워서 도시락을 가져오지 못한 아이들에게
마치 인자한 외할아버지처럼 하나씩 나누어주는 것이다. 그걸 아이
들은 고맙고 황송해 하면서 받아다가 먹는다.

나이는 비록 어려도 엄석대는 그런 식으로 식사정치를 해서 자신이 갖고 있는 권력기반을 더욱 공고히 다졌던 것이다.

높은 사람이 밥을 낸다는 것

어느 회사의 부장님께서 모처럼 한턱 쏘겠다면서 직원들 모두를 중화요릿집에 초대했다. 미리 도착한 직원들이 메뉴판을 열심히 들여다보고 있는데, 좀 늦게 도착한 부장님께서 자리에 앉자마자 맘씨 좋은 외삼촌처럼 이렇게 호언한다.

"자, 다들 먹고 싶은 걸로 맘껏 시켜. 내 지갑 걱정 같은 건 하지 말고 말야….."

그 말씀을 듣고도 직원들은 아무래도 좀 미심쩍어서 메뉴판의 '요리'쪽으로 눈길을 가져가지 못한 채 망설인다. 바로 그때 다들 잘 들으라는 듯 부장님께서 옆에 서 있는 종업원에게 목소리를 조금 높여서 이렇게 말한다.

"나는 짜장면 곱빼기! 그리고 여기 양파하고 단무지 좀 듬뿍 갖다 놓고….."

그다음은 뻔하다. 짜장면, 간짜장, 우동, 짬뽕 등의 주문이 이어진다. 기껏 용기를 내봐야 짜장면 곱빼기보다 한 그릇에 몇천 원 더 비싼 잡채밥 정도일 것이다. 그런 분위기에서 "저는 팔보채하고 깐풍기요. 중국 마호타이 주도 한 병 갖다 주시고요."라고 당당하게 말할 수 있는 직원은 흔하지 않다. 아니, 없다.

모임의 식사 자리를 정할 때도 우선적으로 고려하는 건 제일 '높은' 사람의 식성이다. 직장에서는 상사, 대학교 실험실의 경우는 지도교수다. 그 사람이 밥값을 내는 자리가 아닌데도 거의 예외가 없다. 높은 사람이 아랫사람들한테 식성대로 메뉴를 맘대로 고르라고 하면 대답은 으레 이런 식이다.

　　"저는 뭐든 잘 먹습니다."

　　"아무거나요."

　　"부장님하고 같은 걸로 하겠습니다."

　　식사장소나 메뉴를 정할 때뿐 아니다. 회식 날짜와 시간을 잡는 데도 높은 사람의 일정을 맨 먼저 고려한다. 아랫사람들은 그날 그 시각에 다른 선약이 있어도 웬만해서는 내색조차 하지 못한다. 그야말로 울며 겨자 먹기다.

　　밥을 '낸다'는 말이 있다. 물론 밥을 '산다'와 같은 뜻으로 과거

▲ 짬뽕

▲ 잡채밥

에 주로 썼던 말이다.

요즘에는 대부분 음식점에서 '사서' 식사를 대접한다. 심지어는 집들이를 할 때도 근처 식당에서 밥을 먹고 이사한 집에 가서는 간단하게 캔 맥주 몇 개를 나눠 먹거나 차를 한잔 마시는 게 일반화되었다. 그런데 과거에는 이런저런 이유로 집에 직접 초청한 손님들에게 안주인이 부엌에서 요리한 음식을 '내다가' 대접했다.

밥을 '내다'와 '사다'라는 말에는 시대성만 들어 있는 게 아니다. 밥을 '사는' 건 아랫사람도 할 수 있지만 그걸 '내는' 건 대체로 높은 사람들의 몫인 것이다. 아, 그러고 보니 요즘에는 두 가지 말을 하나로 합쳐서 '쏜다'를 쓴다.

어쨌든 직장의 상사나 대학원의 지도교수처럼 높은 사람의 경우 밥을 '내는' 까닭은 다양해도 목적은 정해져 있다. 자신의 권위를 유지하거나 공고히 다지려고다. 좀 삐딱한 시선으로 보자면 아랫사람

▲ 잡곡밥과 시래깃국. 정치인이나 기업인들을 초청한 청와대 오찬에서는 일반의 예상과는 조금 다르게 대부분 이런 정도의 소박한 식사를 내준다. 청와대 오찬의 핵심은 음식 자체가 아닌 것이다.

들을 더 호되게 부려먹으려고다. 그런 목적이 들어 있다. 그러므로 높은 사람이 아랫사람들에게 밥을 내는 건 다분히 정치적인 면이 있다. 그런데 앞서의 부장님처럼 밥을 내서는 오히려 역효과가 날지도 모른다.

기왕 아랫사람들한테 한턱 내기로 작정했으면 이런 방식은 어떨까.

식사 장소와 시간의 선택권을 아랫사람에게 전적으로 양보한다. 자신에게 선약이 없는 날짜 두세 개를 알려주고 그중에서 자유롭게 고르도록 하는 정도는 무방하다. 앞서의 부장님이라면 중화요릿집에 미리 연락해서 몇 가지 '요리'에 좀 비싼 중국술도 시켜 놓는 것이다. 그러면 아랫사람들도 부담 없이 요리를 맘껏 즐길 수 있지 않을까. 자신에 대한 신망도 좀 높일 수 있고….

반대의 경우는 말 안 해도 뻔하다. 비싼 돈 들여 아랫사람들한테 밥을 사고도 욕먹는 윗사람들을 수도 없이 봐 왔기에 하는 말이다.

대통령의 청와대 오찬 초청

새누리당 의원들이 2015년 8월 25일 충남 천안에서 연찬회를 개최했다. 1박 2일 일정이었다. 그 자리에서는 정부의 4대 개혁과 경제 살리기 법안 처리 등에 관한 결의문이 채택됐다. 모두 박근혜 대통령의 중점 관심사였다.

현기환 청와대 정무수석이 연찬회 중인 김무성 대표를 천안으로 직접 방문했다. 잠시 뒤 저녁식사 자리에서 김무성 대표가 연찬회 참석자들에게 깜짝 발표를 했다.

"내일 우리 당 의원 모두를 청와대로 초청해서 오찬을 함께하시겠다는 박근혜 대통령님의 말씀을 정무수석으로부터 직접 전해 들었습니다."

그건 일방적인 통보였다. 손님의 일정이나 입장은 고려하지 않고 순전히 주인의 여건에 맞춰 식사 초청이 이루어졌던 것이다. 그래도 새누리당 의원들은 환영과 환호의 박수를 힘차게 치지 않았을까.

박근혜 대통령의 급작스러운 식사 초청으로 새누리당 의원들은 청와대 오찬 시간에 맞추기 위해 연찬회를 서둘러 마무리할 수밖에 없었다. 하지만 오찬 자리에서 박근혜 대통령으로부터 경제 살리기 법안을 조속하게 처리해달라는 말씀을 들었을 테니 거기에 참석한 대부분의 의원들은 대통령님 덕택에 연찬회 성과가 극대화되었다고 한껏 들뜨기도 했으리라.

상대방을 배려하지 않는 식사대접을 생각할 수 있을까. 그날 청와대에서 열린 건 '초청' 오찬이 아니라 '와라' 오찬이었다는 생각이 든다. 그렇게 일방통행으로 만든 식사 자리에서 소통이 원활하게 이루어질 수 있을지도 의문이다.

박근혜 대통령이 각계각층 인사들하고 식사를 자주 해도 여전히 '불통' 소리를 듣는 까닭도 그런 일방통행 방식에 있을지도 모른다.

전직 대통령님들께
삼가 대통령갈비를 진상해 올리나이다

귀한 분들에게 선물하는 고급 갈비세트

고기 중의 으뜸은 역시 소갈비

갈비는 소갈비, 돼지갈비, 닭갈비로 나누어진다. 조리방법으로는 찜, 구이, 탕, 훈제 등이 있다. 소갈비나 돼지갈비는 숯불구이를 해야 거기에 배인 단맛이 훨씬 잘 우러난다. 닭갈비는 말 그대로 '계륵鷄肋'이어서 말로만 갈비일 뿐이라는 것쯤 먹어본 사람은 다 안다.

갈비의 품격을 대표하는 건 누가 뭐래도 소갈비다. 소갈비는 부위에 따라 본갈비, 꽃갈비, 참갈비로 나누어진다. 소갈비에는 열세 개의 뼈가 있다. 1번부터 5번까지가 본갈비다. 찜으로 쓰는 6, 7, 8번은 꽃갈비다. 9번부터 13번까지가 참갈비인데 이건 주로 갈비탕을 끓이는 데 쓴다.

지역에 따라 역사와 전통을 자랑하는 갈비 이름도 적지 않다. 경기도 포천의 이동갈비, 수원의 소금 왕갈비, 경북 안동의 즉석갈비 같은 것들이다. 또 전국 어느 도시를 가든 특색 있는 갈비집이 적어도 서너 군데 이상은 다 있다.

갈비 중에서는 소갈비 맛이 으뜸이라고 믿는 이들이 대부분이

▲ 어느 갈비집 상호

▼ 소갈비 구이

다. 물론 웬만한 서민들은 갈비 전문식당에 가서 소갈비를 숯불에 구워서 배를 가득 채우려면 큰맘을 옹골지게 먹어야 할 만큼 가격이 만만치 않다. 특히 한우갈비 숯불구이나 찜은 지금도 경제적으로 여유가 있는 사람들이나 맘껏 즐길 수 있는 음식이다.

소갈비 하면 떠오르는 사람이 있다. 전두환 전 대통령이다. 우리의 역대 대통령들은 주로 채식을 하거나 생선을 즐겨 먹었다는데 유독 전두환 전 대통령만은 소갈비를 즐겨 뜯은 것으로 조사되었다. 육사 생도 시절 축구선수를 했기 때문일까. 아니면 타고난 체질이나 식성이 그래서였던 걸까.

우리 국민들이 싫어하는 대통령들

한국갤럽이 2014년 10월에 조사한 바에 따르면 우리나라 국민이 가장 좋아하는 역대 대통령은 노무현 전 대통령이라고 한다. 박정희와 김대중 전 대통령이 2위와 3위를 차지했다. 불행하게도 국민들이 좋아하는 이 세 대통령의 모습은 각종 기록물을 통해서만 만날 수 있다.

2015년 광복 70주년에 맞춰 한국갤럽에서는 또 흥미로운 조사 결과를 내놓았다. 역대 대통령 중에서 잘못한 일이 가장 많은 대통령은 누구라고 생각하는지를 물었던 것이다. 그 결과 이명박 전 대통령이 영예(?)의 1위에 등극했다. 2위는 전두환, 3위는 노태우 전 대통령이었다. 공교롭게 세 사람은 모두 생존해 있다.

우리 국민들은 왜 이 세 사람을 잘못한 일이 가장 많은 대통령의 앞 순위에 두었을까. 까닭이야 저마다 다양하겠지만, 그 답은 여기에 있다.

"나는 헌법을 준수하고 국가를 보위하며 조국의 평화적 통일과 국민의 자유와 복리의 증진 및 민족문화의 창달에 노력하여 대통령으로서의 직책을 성실히 수행할 것을 국민 앞에 엄숙히 선서합니다."

우리나라 대통령 취임선서 전문이다. 신임 대통령은 누구나 취임식 자리에서 국민들을 향해 손을 들고 이렇게 엄숙히 약속한다. 그러니까 잘못한 일이 많다는 건 그런 약속을 제대로 이행하지 않았다는 뜻일 것이다.

그런데 여기, 재임 중에는 별로 인기가 없었지만(참고로 지난 40년간 그는 재선에 실패한 유일한 미국 대통령이다.), 퇴임 후 많은 국민들로부터 존경과 사랑을 받는 전직 대통령이 있다. 미국 제39대 대통령(재임기간: 1977~1981년)을 지냈던 지미 카터Jimmy Carter(1924~)를 두고 하는 말이다.

역대 대통령들이 즐겨 먹은 음식들

이승만 1~3대 | 1948~1960
현미떡국

박정희 5~9대 | 1963~1979
비름나물 비빔밥

최규하 10대 | 1979~1980
꽁치구이, 국수, 냉면

전두환 11~12대 | 1980~1988
소고기 갈비, 강된장, 시래깃국

노태우 13대 | 1988~1993
콩나물 국밥, 아욱국, 갱시기국

김영삼 14대 | 1993~1998
우리밀 칼국수, 도미술찜, 대구 미역국

김대중 15대 | 1998~2003
홍어, 홍어삼합, 낙지꾸리

노무현 16대 | 2003~2008
쇠고기 국밥, 삼계탕

이명박 17대 | 2008~2013
왕만두, 해물파전, 간장비빔밥

박근혜 18대 | 2013~현재
현미밥, 두릅나물

퇴임 후 더 존경받는 대통령

"지미 카터 전 대통령은 품위 있는 전직 대통령의 귀감이 되고 있다."

미국 유력 일간지 워싱턴포스트The Washington Post는 자신의 암 투병 사실을 고백한 지미 카터 전 대통령을 2015년 8월 23일자 사설을 통해 그렇게 평가했다고 한다. 우리나라 주요 일간지들도 그 신문의 사설을 인용해서 앞 다퉈 보도했다. 그걸 요약하면 이렇다.

카터 전 대통령은 침착하고 차분하게, 또 그 어느 때보다 솔직하게 '나에게 어떤 일이 일어나더라도 편안하게 받아들일 자세가 돼 있다'라고 말했다. 이는 그가 퇴임 이후의 활동을 통해 보여준 품위를 엿볼 수 있게 한다. 카터 전 대통령과 견해를 달리하는 사람들조차도 이제는 그가 만들어 온 명예로운 삶과 전직 대통령 상像을 칭송하고 있다. 퇴임한 역대 대통령들과 달리 카터는 호화로운 기념도서관을 짓거나 연설을 통해 수백만 달러를 벌려고 하지 않았다. 대신 그는 시민정신에 입각해서 다양한 캠페인을 벌였다. 카터는 민주주의의 가치를 해외에 전파하고 저개발국의 질병을 퇴치해서 생명들을 살리는 데 크게 기여했다. 카터 전 대통령은 이번 암 치료 과정을 통해서도 '조용한 용기'의 모델을 보여주었다. 그의 모습은 현재 심각한 질병을 앓고 있는 전 세계 수많은 이들에게 영감을 줄 것이다. 그는 지금도 11월에 네팔에 가

94

서 국제 해비타트Habitat for Humanity(사랑의 집짓기) 봉사활동을 벌이고 싶다고 말하고 있다.

제40대 대통령선거에서 공화당의 로널드 레이건 후보에게 패배한 뒤 1981년에 퇴임한 지미 카터 전 대통령은 민간 자원을 적극 활용해서 비영리 기구인 카터 재단을 설립했다. 그는 전 세계 민주주의 실현을 위해 제3세계의 선거 감시 활동을 벌이는 한편 질병 방재에도 힘썼다. 미국의 빈곤층 지원 활동, 사랑의 집짓기 운동, 국제 분쟁 중재 등의 활동도 병행했다.

카터는 국제 분쟁 조정을 위해 북한의 김일성, 아이티의 세드라스, 팔레스타인의 하마스, 보스니아의 세르비아계 정권같이 세계평화를 위협하는 인물이나 단체를 직접 만나 분쟁의 원인을 근본적으로 해결하기 위해 힘썼다.

1978년에 채결된 캠프데이비드 협정의 이행이 지지부진하자 중동 분쟁을 해결하기 위해 그는 1993년에 직접 중재에 나서 이스라엘과 팔레스타인의 오슬로 협정을 이끌어내는 데 성공했다. 1993년 1차 북핵 위기 당시에는 북한에 대한 미국의 군사적 행동을 적극 만류하고 미국 전직 대통령으로는 처음으로 북한을 방문해서 위기를 해결했다. 북한의 김일성 주석과 김영삼 대통령의 만남을 주선한 사람도 카터 전 대통령이었다.

그밖에도 지미 카터 전 대통령은 유엔에 유엔인권고등판무관 제도를 시행하도록 노력하여 약소국가 국민들의 인권을 크게 신장시켰다.

지미 카터 전 대통령은 퇴임 후 국제평화를 위해 노력한 공로를 인정받아 2002년에 노벨 평화상을 수상했다.

대통령갈비를 선물합니다

선물을 하는 목적은 크게 두 가지다. 상대방에 대한 고마움의 표현이다. 그게 가장 순수한 목적일 것이다. 반대의 경우도 있다. 대가를 바라면서 주는 것이다. 이 경우는 자칫 잘못하면 선물이 아니라 뇌물로 변질되기 쉽다. '을'이 전달하는 선물이 가끔 여기에 해당된다.

선물의 한자 표현은 '膳物'이다. '膳'은 '반찬, 생고기, 음식, 먹다, 드리다'와 같은 다양한 뜻으로 쓰인다. 말 그대로 번역하면 '선물'은 '먹는 물건'이거나 '주는 물건' 중 하나다. 그래서인지 오래전부터 명절 선물로 널리 애용되어 온 것이 다양한 음식 종류다.

반세기 전까지만 해도 직접 농사지어 수확한 찹쌀, 참깨, 계란 등을 주고받았다. 그런 선물은 대부분 순수하게 정을 나누고 싶은 마음의 표현이었다. 1990년대 들어서부터는 값비싼 음식 선물이 나오기 시작했다. 대표적인 것 중 하나가 바로 갈비짝이라 부른 갈비 세트였다.

그 귀한 갈비 세트도 줄 만한 사람에게 줘야 효과가 있다. 받아먹기만 하고 잘 먹었다는 말 한마디 하지 않는 이들이 많아서 하는 얘기다. 그런 경우를 당하면 준 사람은 갈비뼈가 저릿저릿해질 수밖에 없다.

음식을 선물할 때는 받을 사람의 연령과 건강을 고려하게 마련이다. 그렇다면 우리의 전직 대통령들한테는 어떤 음식을 선물하는 게 좋을까. 전두환과 노태우 전 대통령의 나이는 어느덧 80대 중반으로 접어들었다. 이명박 전 대통령은 두 사람보다 10년쯤 아래다.

소갈비를 즐겨 먹어서일까. 생존하는 전직 대통령 중 1931년생으로 가장 고령인 전두환 전 대통령은 건강한 모습으로 공개석상에 모습을 자주 보이고 있다. 2015년 가을에는 부인 이순자 여사와 대구공고 총동문회 체육대회에 참가해서 동문들로부터 깍듯한 환대를 받았다고 한다. 회고록도 직접 쓰고 있는 것으로 알려졌다. 그는 1997년 대법원에서 선고받은 추징금 2,205억 원 중 1,087억 원은 납부했지만 아직도 1,118억 원은 미납 상태다.

2002년 전립선암 수술을 받은 바 있는 노태우 전 대통령은 10년 넘게 서울 연희동 자택에서 투병 중이다. 그는 의사소통이나 거동이 대단히 불편할 만큼 건강이 안 좋은 것으로 보인다. 최근 몇 년 동안에는 호흡곤란, 천식, 폐렴 등으로 입원과 퇴원을 반복하고 있다고 한다. 건강할 때 콩나물국밥, 아욱국, 갱시기 등 채식을 주로 해서 말년에 그런 질병에 시달리고 있는 건 아닐까. 그분도 소갈비 같은 걸 좀 즐기면 전두환 전 대통령처럼 의욕적으로 활동할 수 있을 텐데….

국민들이 가장 싫어하는 대통령 선발대회에서 당당히 금메달을 목에 건 이명박 전 대통령은 아직 젊기 때문에 건강에는 아무 이상이 없는 것 같다. 대통령 재임 때와 마찬가지로 여전히 테니스를 즐기는가 하면, 《대통령의 시간》이라는 제목의 정책 회고록을 출간하기도 했다. 평소 골프와 테니스로 건강을 다져 온 이 전 대통령은 전문 라이더 차림으로 강바람을 시원하게 맞으며 페달을 힘차게 밟고

▲ 갈비탕

▲ 떡갈비

▽ 갈비찜

북한강변을 직접 돌며 4대강 업적을 소개하기도 했다. 대통령이 되기 전에는 순대국밥을 즐겼고, 대통령 재직시에는 멸치비빔밥·라면·어묵·냉면을 즐기셨다는데, 이제는 서민들 눈치 보지 말고 소갈비도 자주 드시라고 권하고 싶다.

『동의보감東醫寶鑑』에는 소갈비가 '맛은 달지만 독이 없고, 비위를 보양하고 구토나 설사를 그치게 하고 부종을 내려주며, 근육과 뼈를 튼튼하게 하고 허리와 다리를 보하는 효능'이 있는 음식이라고 적혀 있다.

재임 시절에 잘못한 일이 하도 많아서 우리 국민이 싫어하는 세 명의 전직 대통령에게 꼭 필요한 식사가 바로 소갈비일지도 모르겠다. 특히 소갈비는 근육과 뼈를 튼튼하게 해준다고 했으니 그걸 마음껏 드시고 원기가 충만해지면 그간 쌓아온 높은 식견과 혜안을 발휘해서 미국의 카터 전 대통령처럼 국가 발전과 세계 평화를 위해 더 많은 일을 할 수도 있지 않을까 싶은 것이다.

◀ 동의보감(東醫寶鑑)
(출처: 문화재청)

정치의 음식

한식 세계화 사업에 적극 나서기보다 미셸 오바마처럼 건강한 한식을 만들어 먹자는 운동을 했더라면 국민들도 적극 공감하고 동참하지 않았을까 싶다.

– 한식 세계화 사업으로 대통령의 부부금슬만 좋아졌다

"음식을 공평하게 나눠먹는 것이야말로 가장 기초적인 민주주의 교육이라고 생각합니다. 이렇게 뜻깊은 것이 공부가 아니라면 대체 공부란 무엇인가요?"

– 아이들 밥그릇에 붙이려고 했던 가난의 주홍글씨

'국풍81'은 우리 전통문화를 독재권력의 도구로 전락시켰다는 빈축을 사기도 했지만, 적어도 음식에 있어서만은 민족문화를 계승 발전시키는 데 기여했던 셈이다.

– 충무김밥과 전주비빔밥을 창달한 살풀이용 정치 축제

최고 통치자로서 전두환 대통령은 밥맛 하나는 좋게 만들어 주었다. 밥값도 못하면서 밥그릇 챙기기에 여념이 없는, 밥통 같은 밥맛인 정치인이 어디 한둘일까.

– 밥값도 못하면서 제 밥그릇만 챙기는 밥통들의 밥맛

지폐로 채워진 사과박스야말로 수많은 국민들의 속을 썩이고, 정치를 썩히는 주범임을 우리 정치인들이 절실하게 깨닫게 될 날은 언제쯤일까.

– 현금으로 가득 채워진 사과박스는 판도라의 상자다

한식 세계화 사업으로
대통령의 부부금슬만 좋아졌다

영부인의 영부인에 의한 영부인을 위한

한식 세계화를 빙자한 '영부인 사업'

"2017년까지 한식을 세계 5대 음식으로 육성하겠다."

2008년 10월, 출범 8개월째를 맞은 이명박 정부는 한식 세계화 선포식을 성대하게 개최했다. 아울러 농림수산식품부는 '한식 세계화 기반구축'과 '해외 한식당 경쟁력 제고' 등 5개 분야에 매년 195억 원 규모로 4년간 총 780억 원을 투자하겠다고 발표했다.

'한식 세계화 기반구축' 사업의 골자는 이랬다.

· 10대 한식 대표품목을 선정하여 국가별 현지화를 추진한다
· 전통 한식 조리법의 표준화와 상품화를 위해 노력한다
· 한식과 관련된 CF와 다큐멘터리 등 다양한 홍보 프로그램을 제작해서 방영한다
· 해외 주요 도시에 1~2개소의 거점 한식당을 육성하고 우수 한식당 국가 인증제를 시행함으로써 해외 한식당의 경쟁력을 제고한다

2010년 3월에는 한식 세계화 사업을 전담 추진할 한식재단이 출범했다. 시작 단계에서 보여준 청사진은 그리 나빠 보이지 않았다. 외견상으로는 사업도 순조롭게 추진되는 듯했다. 하지만 그런 계획을 본격적으로 실행하는 단계에서 한식 세계화 사업에 문제가 있음이, 그것도 이명박 대통령 재임 기간에 속속 드러나기 시작했다.

'억!' 소리 나는 예산에 성과는 '헐~'

한식 세계화는 전통문화국가로서의 위상을 전 세계에 널리 알리기 위해서라도 필요한 사업이었다. 그런데 막대한 예산을 쓰고도 본래의 취지에 맞는 성과를 이끌어내지 못했다는 게 문제였다.

한식 세계화 사업에 들어간 돈은 2009년 100억, 2010년 241억, 2011년 311억, 2012년 219억으로 총액이 무려 871억 원에 이른다. 특히 2011년에 책정된 311억 원의 예산은 당시 한나라당이 날치기로 처리했다. 한마디로 '영부인 예산'이었기 때문이다.

한식 세계화 사업은 처음부터 '영부인 사업'의 조짐을 보였다. 2009년 5월 민관 합동의 한식 세계화추진단이 출범했는데 김윤옥 여사가 그 명예회장으로 이름을 올린 것이다. 명예회장이라는 직함은 말 그대로 개인이나 단체의 명예를 위해 이름을 올리는 것에 만족한다. 하지만 김윤옥 여사의 경우는 그 자리가 사업의 실질적인 중심 직책이었다.

특히 선심성 사업비의 과다지출은 큰 문제였다. 몇 가지 예를 들어보면 그걸 한눈에 알 수 있다.

2011년 11월부터 2012년 1월 사이에 유럽 주요 도시에서 '한식 가이드북 출판 기념회'를 개최했다. 런던의 경우 그 모임에 참석한 20여 명 다과 행사에 8,987만 원을 지출했다. 파리와 브뤼셀에서 개최한 같은 행사의 지출 비용을 산출하면 런던에서는 1인당 449만 원, 파리 474만 원, 브뤼셀 238만 원짜리 초호화판 잔치를 벌였다.

2012년 1월 '마드리드 퓨전 한식 홍보 행사'에서는 132명을 초청해서 1인당 95만 원짜리 식사를 대접했다. 2013년 2월 '한식당 가이드북 출판기념 정월 대보름과 풍속화 테마 미디어 이벤트'에 초청한 35명의 1인당 식사비는 무려 270만 원이었다. 크고 작은 행사에 이런 식으로 지출한 금액만도 13억 원에 이르렀다.

"우리 애들 굶기고, 50억 원짜리 식당을 지어 뉴요커들에게 한식 먹일 생각인가 봐요."

2011년 뉴욕 한복판에 50억 원을 투자해서 한식당을 오픈하겠다는, 소위 '뉴욕 플래그십 한식당'을 두고 진중권 교수는 트위터를 통해 그런 말로 직격탄을 날렸다. 결국 민간 사업자 선정과정에 신청자가 없어 그 사업은 취소되고 말았다. 기본적인 사업 타당성조차 제대로 검토하지 않은 채 막대한 예산부터 집행하려고 했던 것이다.

문제는 사업비 과다 투자 자체가 아니었다. 그렇게 억, 소리가 저절로 나오게 편성된 예산 중 일부는 사업 관리 부실로 집행조차 제대로 하지 못한 것도 적지 않다. 그뿐 아니다. 계약부실, 외주업체 선정 특혜 의혹, 관리감독 소홀, 성과 미흡에다 나중에는 사업의 전면 재검토 등 총체적 부실이라는 성적표를 받고 말았다.

영부인이 저술했다는 《김윤옥의 한식 이야기》

한식 세계화추진 사업의 시작단계인 2011년에 영부인 김윤옥 여사가 저술해서 출판한 책이 하나 있다. 《HANSIK: Stories of Korean Food by Kim, Yoon-ok 김윤옥의 한식이야기》다. 그해 11월에 열린 G20 정상회의에 참가할 각국 정상들의 영부인에게 선물하려고 제작한 책이라고 했다. 초호화 장정의 책 출판비용이 1억 1,200만 원이었는데, 그 전액을 한식재단에서 지원했다.

김윤옥 여사는 《김윤옥의 한식 이야기》를 펴내게 된 배경을 이렇게 설명했다.

> 청와대에 오고 보니 해외 정상이며 귀한 손님을 맞을 일이 많습니다. 그때마다 한식을 내면 처음 드시는 분들도 참 좋아하고 궁금해하시기도 합니다. 직접 만들어 보고 싶다며 조리법을 묻는 다른 나라 영부인도 계시고, 식사예절이나 문화를 궁금해하는 분들도 더러 계셨습니다. 마침 우리나라에서 '서울 G20 정상회의'와 '비즈니스 서밋'이 개최되어 귀한 손님들이 많이 오시는 때를 맞아, 한식 문화를 소개하면 좋겠다 싶었습니다. '아는 만큼 더 사랑하게 된다'는 말도 있지요. 더 많은 세계인들이 한식을 제대로 알면 좋겠다는 마음에 많은 분들의 도움을 얻어 이렇게 책을 펴냈습니다.(9쪽)

청와대 들어오고 가장 아쉬운 것이 시장을 보러 가거나, 부엌에서 직접 음식을 하지 못한다는 것이었습니다. 이 책을 준비하면서 모처럼 다시 음식을 하고, 조리법을 정리하면서 옛 기억도 새록새록 나고, 어린 시절 고향과 부모님 생각에 젖어보기도 했습니다. 4남매를 키운 가정주부로서 일상적으로 해 왔던 한식을 외국 분들에게 소개하는 책으로 만드는 것은 생각보다 쉽지 않았지만 뜻깊은 경험이었습니다. 책을 만드는 내내 한식이 참 지혜로운 음식이라는 것을 새삼 느꼈습니다. 한식은 맛과 향, 빛깔은 물론이고 영양적인 면과 그것에 담긴 의미까지 어느 것 하나 소홀함이 없었습니다. 우리에게 친근해서 깊이 인식하지 못했던 한식이 우리의 귀중한 자산이었습니다. 먼저 우리가 자랑스러워하고 귀하게 대접해야겠지요. 한식이 세계인들이 즐기고 사랑하는 음식이 되기까지 앞으로 해야 할 일이 참으로 많을 것입니다. 우리가 조금만 더 관심을 가지면 한식 세계화를 훨씬 앞당길 수 있겠다 싶었습니다.(216쪽)

한식재단 홈페이지에는 자체 사업 연구결과를 정리한 도서나 보고서를 PDF 파일로 탑재해서 일반인들에게도 모두 공개하고 있다. 그런데 어찌된 영문인지 유독 《김윤옥의 한식 이야기》만은 검색이 되지 않는다. 국민의 혈세로 제작된 저작물을 정작 국민들은 볼 수 없으니, 이런 아이러니가 또 있을까 싶다.

최고급 용지와 장정으로 꾸며진 《김윤옥의 한식 이야기》는

'HANSIK.
Stories of
Korean
Food *by Kim, Yoon-ok*

김윤옥의
한식 이야기

◀ 자신의 이름으로 된 책 한 권 출판하는 게 소원이라고 말하는 사람들이 의외로 많다.

▼ 2009년 5월, 농림수산식품부에서는 떡볶이와 비빔밥, 전통주, 김치를 한식 세계화를 선도할 대표 품목 네 가지로 선정했다. 특히 5년 동안 무려 140억 원을 투입해서 떡볶이 산업을 키우겠다는 계획이 눈에 띈다. 그에 따라 국내외에서 다양한 떡볶이 이벤트가 열렸다. 떡볶이 연구소도 설립해서 세계인의 입맛에 맞는 100가지 떡볶이 개발에도 착수했다. 하지만 떡볶이 세계화 사업은 사전 시장조사조차 제대로 하지 않은 상태에서 무리하게 출발함으로써 제대로 된 성과를 내지 못했다. 현재 떡볶이 세계화 사업은 중단 상태다. 야심차게 설립했던 떡볶이 연구소도 문을 닫았다.

2,000부 한정판으로 발간되었는데, 뒤에 국내 판매용 책도 제작되었다. 문제는 그 책이 우리 한식을 세계에 널리 알리겠다는 취지하고 대단히 동떨어진 내용으로 꾸며져 있다는 점이다. 책의 내용을 보면 그걸 한눈에 파악할 수 있을 것이다.

우선 눈에 띄는 것이 이화여대 메이퀸 출신답게 화려한 미모가 돋보이는 영부인의 우아한 자태들이다. 그런 사진이 219쪽짜리 책에 무려 23컷이나 실려 있다. 남편인 이명박 대통령과 함께 식사하는 모습도 한 컷 곁들였다. 국내 시판용 책에는 한술 더 떠서 사진이 46쪽을 차지한다. 대통령 관련 미담을 적은 글이 대폭 추가되기도 했다. 그 내용 또한 읽다 보면 저절로 낯이 뜨거워진다. 예를 들면 이런 식이다.

"내, 지금 집에 갑니다." 기업에 근무하실 때, 퇴근 무렵 전화가 오면 어김없이 돌솥에 밥 지을 준비를 합니다. 돌아오셔서 손 씻고 밥상 앞에 앉으면 뜨끈뜨끈 돌솥밥이 익는 시간과 딱 맞습니다. 신혼 때부터 대통령이 된 지금까지, 남편이 가장 좋아하는 메뉴를 딱 하나 꼽으라면 변함없이 이 요리입니다. 지금도 입맛이 없다하면 이것부터 찾으시지요. 설마 대통령이 제일 좋아하는 요리가 이런 별것 아닌 음식일까 싶겠지만, 어릴 적 어머니의 사랑이 깃들어 있어 그런가 봅니다. 삶은 보리쌀로 근근이 끼니를 잇던 시절이 있었습니다. 달걀 하나 깨뜨려 얹은 뜨거운 돌솥밥은 그 고단하던 시절에 마음까지 넉넉하게 쓰다듬어 주던 최고의 만찬이었답니다. 김이 모락모락 나는 갓 지은 밥에 달걀을 깨뜨려 넣고 진간장과 고소한 참기름 몇 방울 떨어뜨려 드리면 기운이 불끈 솟는다네요. (81쪽)

주말이 돌아와 아들과 딸들 내외, 손자 손녀들까지 가족이 모두 모일 때면, 돼지불고기를 곧잘 준비합니다. 값도 저렴해서 푸짐하고, 손쉽게 준비할 수 있는 데다 무엇보다 야들야들한 것이 언제 먹어도 정말 맛있습니다. 얇게 썰어 숯불에 구우면 향이 정말 근사하지요. 청와대 텃밭에 이것저것 채소들을 조금씩 심어서 먹는데, 바쁜 일상을 잠시 잊게 하는 귀여운 손자 손녀들과 함께 텃밭에서 뜯어 온 상추쌈에는 아무려나 매콤한 돼지불고기를 곁들여야 제격이에요. (89쪽)

저희 밥상에 거르지 않고 오르는 제철 나물은 가족들의 비타민입니다. 봄이면 참나물, 취나물, 여름에는 부추나물과 고춧잎나물을 빼 놓을 수 없습니다. 울릉도 명이나물과 강원도 산나물도 있네요. 청와대뿐 아니라 대한민국 집집마다 밥상 위의 숨은 건강 비법이 나물 반찬일 겁니다. 삼색나물 하면 도라지, 고사리, 시금치가 대표적이지만, 제가 즐겨 하는 무나물이나 오이나물은 외국 분들도 재료를 구하기 쉬울 법해서 소개해 봅니다. 저는 양념을 할 때 소금이나 진간장보다는 국간장을 씁니다. 이렇게 하면 한결 깊은 맛이 납니다. 간장 담그기에 각별히 마음을 기울이는 까닭도 간장이 이렇게

한식 맛을 좌우하기 때문이지요. (96쪽)

아침에 시작된 회의가 점심때를 넘기게 되면 관저로 기별이 옵니다. 회의 중 간단한 점심 식사로 대통령이 즐기는 수제비를 내어 달라는 소식이지요. 밀가루 반죽을 손으로 얇게 펴 뜯어서 멸치장국에 끓인 수제비는 친근한 서민요리입니다. 부담스럽지 않아 식사 사이에 출출할 때도 별미입니다. 말랑말랑한 반죽을 미리 해 두었다가 얇게 뜯어 넣어야 맛있게 됩니다. 남편이 워낙 자주 찾기에 아예 밀가루 반죽을 넉넉하게 하는데, 남은 것은 냉동해 두었다가 해동해서 끓이면 더욱 쫄깃쫄깃합니다. 매미가 울기 시작하는 여름 점심에 애호박을 반달처럼 썰어 넣은 수제비 한 그릇. 우리 한국 사람이 "어. 시원하다!"하고 즐기는 바로 그 맛이 아니겠습니까. (100쪽)

삼계탕은 몸에 좋은 인삼과 대추 등 여러 가지 약재가 어우러진 최고의 보양식입니다. 가장 더운 여름 중간허리에 드는 복날에 삼계탕을 먹으며 몸을 챙기는 것은 오랜 풍습입니다. 요즘은 중국이나 일본인 관광객들에게 한 해 내내 인기라고 들었습니다. 저희도 해마다 복날이면 삼계탕 한 그릇씩을 직원들에게 두루 돌립니다. 청와대에 와서는 워낙 식구가 많아져서 한 번에 닭을 쉰 마리씩이나 끓이게 되었지요. (151쪽)

해마다 가족들 생일에는 미역국에다가 갈비찜, 잡채를 하고 나물과 전을 합니다. 굴비도 한 마리 굽습니다. 딸들이 결혼한 후에는 사위의 생일상이 늘었습니다. 청와대에 있는 동안에도 딸, 아들, 사위 생일상은 꼭 직접 챙긴답니다. (168쪽)

혼례이야기를 하자면 저희 부부도 사연이 있습니다. 남편은 평생 결혼기념일을 잊지 않겠다는 뜻으로 당신 생일에 결혼날을 잡았습니다. 결혼기념일이 남편 생일이다 보니 좀 손해 본 느낌도 있습니다. (170쪽)

글을 오랫동안 써 온 사람들은 대부분 다 안다. 특히 앞서 보았던 《김윤옥의 한식 이야기》처럼 자신이나 주변 사람 이야기를 주로 다루는 글에서는 쓰지 말아야 할 게 세 가지 있다는 걸, 그중 하나가 자기자랑이나 가족자랑이라는 걸….

선거를 앞두고 출판되는 정치인들의 자서전에서도 읽는 이의 낯을 뜨겁게 만들 만한 자기자랑만은 일부러 자제한다. 자신이 얼마나 훌륭한 사람인지 알리는 게 목적인 책이면서도 그걸 대놓고 늘어놓지 않는다. 우회적으로 표현해서 독자가 자연스럽게 느낄 수 있도록 만드는 것이다. 글은 그렇게 써야 하는 것이다.

가족 중 누군가를 대놓고 자랑하는 글은 무조건 낙제점이다. 전문가들은 낙제 정도가 아니라 숫제 글로 쳐주지도 않는다. 글이라는 게 본디 읽는 이의 공감을 얻어서 감동을 주어야 하는데, 그렇게 쓴 글은 감동은커녕 팔뚝에 닭살이나 돋아나게 만들 뿐이기 때문이다.

그런데 글을 그런 식으로 쓰는 사람은 그게 얼마나 부끄러운지도 모른다.

앞서 보았던 것처럼 《김윤옥의 한식 이야기》에 든 글이 꼭 그런 경우가 아닐까 싶다.

책을 만드는 데는 적지 않은 종이가 필요하다. 그 종이는 또 수십 년 동안 자란 나무를 베어서 만든다. 새롭고 가치 있는 지식을 전달하거나 삶의 정서를 키우는 책을 찍어낸다면야 나무들도 기꺼이 제 몸을 내줄 것이다. 하지만 그 반대라면 얘기가 좀 달라지지 않을까.

《김윤옥의 한식 이야기》는 한정판과 국내 시판용을 발간하는 과정에서 여러 가지 잡음을 냈다. 저작권을 놓고도 청와대 외압설이 제기되기도 했다. 《김윤옥의 한식 이야기》를 발간한 출판사 관계자는 이렇게 한탄했다고 한다.

"두 책 모두 세상에서 없어졌으면 좋겠습니다."

한식 세계화 사업 유공자들

이명박 대통령 임기 말에 접어든 2012년 12월, 청와대에서 한식 세계화 유공자 초청 오찬이 열렸다. 그 사업이 국정감사에서 실효성 없는 예산 낭비 사업이라는 지적을 받은 뒤였다.

그날 오찬에 참석한 국내 음식 관련 '국가유공자'들은 비빔밥을 한 그릇씩 비벼 드시면서 한식 세계화를 위해 불철주야 헌신적으로 노력한 영부인에게 아낌없는 찬사의 박수를 보냈을 것이다.

그런데 국가유공자國家有功者라니? 국가유공자는 '나라를 위하여 공헌하거나 희생한 사람. 순국선열, 애국지사, 전몰군경, 상이군인, 국가 사회 발전을 위한 특별 공로 순직자 등'을 일컫는 말 아닌가.

'아내는 미국 CNN 프로그램에 출연하여 한식을 홍보하는 등, 한식 세계화를 위해 많은 노력을 기울이기도 했다.'

이명박 전 대통령은《대통령의 시간》이라는 회고록에 이렇게 적어 놓았다. 그의 눈에 한식 세계화 사업은 한마디로, 앞치마를 두르고 한복을 우아하게 걷어 부친 사랑하는 아내가 김치를 담그고 잡채도 만들면 되는 사업쯤으로 여겨졌던 건 아닌지 모르겠다.

한식 세계화 사업은 비록 4대강 사업에는 비할 바 못되지만, 국민이 낸 막대한 혈세를 낭비하고 만 프로젝트였다. 한식 세계화 사업이 뚜렷한 성과를 내지 못한 것으로 미루어 그날 청와대 초청오찬에 참석한 '유공자'들은 어떤 공로를 세웠을지도 의문이다.

영부인다운 영부인 사업의 조건

'영부인令夫人'은 사회적 지위가 높은 사람의 아내를 높여 부르는 호칭이다. 그런데 우리는 대부분 대통령의 아내로 한정시켜 이 말을 쓴다.

대통령의 아내라고 해서 남편의 밥상이나 차리고 있으라는 법은 물론 없다. 오히려 적절한 사회활동이 필요한 부분도 있다. '영부인 사업'은 몇 가지 조건이 있다.

첫째, 사업을 추진하는 영부인의 모습에 대다수 국민들이 공감해야 한다.

둘째, 영부인 사업의 긍정적인 이미지가 대통령의 위엄을 높일 수 있어야 한다.

셋째, 사업의 규모가 크지 않아야 한다. 영부인 사업이 대통령의 정책보다 언론에 크게 보도되는 건 바람직하지 않다.

넷째, 국민들의 자발적 참여를 이끌어낼 수 있어야 한다.

다섯째, 사업의 성과를 평가할 필요가 없는 사업이어야 한다.

여섯째, 정치적이되 정치적으로 보여서는 안 된다.

한마디로 영부인 사업은 사회적 약자를 대상으로 추진하는 것이 바람직하다. 대표적인 것이 복지 관련 사업이다. 그건 어느 사회에서나 반드시 필요한 영역이다. 그걸 영부인이 적극 나서서 추진해주면 된다.

그런 점에서 박정희 전 대통령의 영부인 육영수 여사는 모범 사례라고 할 수 있다. 육영수 여사가 한센병 환자촌을 직접 방문해서 그들을 위로하고 자활사업을 도모했던 걸 많은 사람들은 지금도 생생하게 기억하고 있다. 불우한 청소년과 어린이들에게도 큰 관심을 보여주었다.

지난 대통령선거에서 박근혜 대통령에게 특히 노년층에서 표를 몰아주었던 건 박정희 대통령에 대한 향수 때문이기도 했지만, 어머니인 육영수 여사의 따뜻한 인간미를 잊지 못했기 때문이라는 의견도 적지 않다.

버락 오바마 미국대통령의 부인인 미셸 오바마 여사의 경우를 보자.

미셸 오바마 여사는 2010년부터 아동 비만퇴치 프로그램인 'Let's Move' 캠페인을 주도적으로 펼쳐오고 있다. 어린이 비만 문제의 심각성을 널리 인식시키고, 비만 어린이 수를 줄이기 위해 국가 차원에서 탄산음료와 패스트푸드 대신 섬유질 음식을 적극 권장하고 있다. 또 각급 학교급식에서 정크푸드Junk food를 없애기 위해 지속적으로 노력하고 있다.

미셸 오바마 여사가 백악관 텃밭에서 채소를 가꾸는 모습이 TV를 통해 방영되자, 많은 미국인들이 자신의 집 마당에 작은 텃밭을 직접 가꾸어 신선한 채소를 먹기 시작했다. 5년 사이에 텃밭을 가꾸는 집이 17%가 늘어났다고 하니 그 파급효과를 짐작할 수 있다.

영부인을 위한 한식 세계화 사업

시작 단계에서 한식 세계화 사업은 국민의 자긍심과 문화민족의 이미지를 제고한다는 측면에서 국민들 사이에 적지 않는 공감대가 형성되었다. 예산 규모도 막대했다. 그걸 체계적으로 추진하겠다면서 추진단과 재단도 잇따라 설립했다.

각종 언론의 스포트라이트도 적지 않게 받았다. 국민들은 이 사업이 전통적이고 창의적이며 의미 있는 국민의 사업으로 자리매김

사이다와 콜라 같은 탄산음료와 햄버거
는 대표적인 정크 푸드(Junk Food)로
꼽힌다. 국민들 귀만 솔깃하게 만드는 정
치인들의 공약(空約) 같은 음식이다.

하기를 기대했다. 그렇기 때문에 국민들과 함께하는 사업이어야 했다. 하지만 일반 국민들에게는 참여할 기회가 주어지지 않았다. 한마디로 영부인을 중심으로 한 '그들만의 사업'이었던 것이다.

문화민족으로서의 자긍심을 키우기는커녕 온갖 의혹과 불신의 대상으로 전락한 것이 바로 한식 세계화 사업이었다. 그 중심에는 언제나 이명박 대통령의 부인 김윤옥 여사가 있었다. MB정부의 한식 세계화 사업이 부실한 것으로 평가받는 요인은 여러 가지겠지만, 그 중에서 영부인과 관련된 지적이 가장 압도적인 것도 그런 까닭에서다.

돌이켜 보면 한식 세계화 사업은 그런 식으로 영부인이 직접 나설 일이 아니었다. 나서더라도 성실한 조력자 역할에 머물렀어야 옳았다. 미셸 오바마처럼 김윤옥 여사가 우리 농산물을 활용하여 건강한 한식을 만들어 먹자는 운동을 했더라면 좋았을 것이다. 그랬더라면 국민들도 적극 공감하고 동참하지 않았을까 싶다.

지난 2007년에 어느 여론조사 전문기관에서는 전 현직 대통령 영부인들에 대한 국민들의 선호도를 조사한 적이 있다. 그 조사에서 압도적인 지지를 받은 사람이 육영수 여사(65.4%)였다. 2위는 김대중 전 대통령의 부인 이희호 여사(10.9%), 3위는 이승만 전 대통령의 부인인 프란체스카 여사(7.4%)였다고 한다.

지지정당별로는 한나라당 지지층이(78.7%) 육영수 여사에 대한 선호도가 가장 높았는데, 박정희 대통령에 대해 비판적인 자세를 견지해 왔던 통합민주당(57.7%)과 열린 우리당(47.7%)을 지지하는 사람들도 육영수 여사에게 높은 선호도를 나타냈다.

조사에서 4위에 오른 영부인은 당시 현직인 노무현 대통령의 부인 권양숙 여사(6.0%)였다. 5위는 최규하 전 대통령의 부인 홍기 여사(3.2%), 6위는 윤보선 전 대통령의 부인 공덕귀 여사(2.5%), 7위는 김영삼 전 대통령의 부인 손명순 여사(2.1%), 8위는 노태우 전 대통령 부인 김옥숙 여사(1.8%) 순이었다. 전두환 전 대통령의 부인 이순자 여사(0.8%)는 꼴찌였다.

만약 지금 시점에서 전직 대통령 영부인들에 대한 국민들의 선호도를 조사한다면 이명박 대통령의 부인 김윤옥 여사의 순위는 과연 어느 자리에 놓일지 자못 궁금하지 않은가.

아이들 밥그릇에 붙이려고 했던
가난의 주홍글씨

급식실 식판까지 차별한 정치권력

울먹이다 큰절하고 무릎 끓고

2011년 8월 21일 오전 10시, 서울시청 브리핑 룸 연단에 선 오세훈 시장의 목소리는 결의에 차 있었다.

> "저는 오는 24일 치러지는 주민투표 결과에 시장직을 걸어 그 책임을 다하고자 합니다. 이번 주민투표에서 투표율이 33.3%에 못 미쳐 투표가 무산되거나 개표에서 과반수 찬성을 얻지 못할 경우 모두 시장 직을 걸고 책임지겠습니다. 오늘의 제 결정이 이 나라에 지속가능한 복지와 참된 민주주의가 뿌리를 내리고 열매를 맺는 데 한 알의 씨앗이 될 수 있다면 역사의 뒤안길로 사라진다 해도 더 이상 후회는 없습니다."

그는 준비한 원고를 읽어가다가 몇 차례 울먹였다. 손수건으로 눈물을 닦기도 했다. 게다가 어느 공사 현장을 다녀왔는지 난데없는 점퍼 차림이었다. 한 사나흘쯤 면도를 안 했는지 못 했는지 수염이

거뭇거뭇하게 자란 얼굴 또한 피곤해 보였다.

그리고…, 원고 낭독을 마친 그는 갑자기 기자들을 향해 큰절을 하더니 무릎을 꿇은 채 한동안 고개를 숙였다. 그 자리에 모인 기자들로서는 적잖이 당황할 수밖에 없었을 것이다.

무릎을 꿇는 건 대체적으로 두 가지 경우다.

하나는 상대방에게 절대복종을 맹세한다는 뜻을 전할 때다. 보스 앞에 무릎을 꿇는 조폭들의 모습이 대표적이다. 적군의 수장 앞에 무릎 꿇기를 거부하고 죽음을 선택한 장수들도 많았다. 다른 하나는 자신이 바라는 바를 간절히 호소할 때다. 이름하여 읍소泣訴다. 물론 자신이 저지른 잘못에 용서를 구할 때도 무릎부터 꿇는다.

그날 오세훈 시장의 경우는 읍소에 해당될 것이다. 기자들과의 일문일답에서 그는 무상급식 전면실시에 찬반을 묻는 주민투표 결과에 시장직까지 걸겠다고 공표한 까닭을 이렇게 설명했다.

"인기영합주의의 '빠른 복지'가 아닌 다음 세대까지 배려하는 '바른 복지' 시대로 나아갔으면 하는 절박한 심정 때문이었습니다."

오세훈 시장의 그 말을 곧이곧대로 믿고 안타까워했던 사람들도 물론 적지 않았으리라. 그 '절박한 심정'에 크게 감동해서 반드시 투표장에 나가는 쪽으로 마음을 바꾼 서울시민은 또 왜 없었겠는가. 오세훈 시장이 시장직을 걸면서 무릎을 꿇었던 까닭도 바로 그것이었다.

무상급식 전면실시에 적극 찬성하는 이들 대부분은 오세훈 시장의 그런 돌발 행동에 냉소적인 시선을 보냈을지도 모른다. 읍소를 가장해서 서울시민들을 노골적으로 협박하고 있는 거 아니냐고 불편한 심기를 노골적으로 내비친 이들도 있었다.

똑똑한 변호사, 인기 방송인, 울보 정치인

오세훈 시장은 원래 변호사였다. 오세훈 변호사가 대중들에게 널리 알려지기 시작한 것은 1990년대 초부터다. 편안해 보이는 외모에 순발력 있는 언변과 친근한 미소를 가진 그는 각종 TV 프로그램에 고정출연하면서 인지도를 급속히 끌어 올렸다.

짧은 시간에 대중스타로 발돋움한 그는 가족들과 함께 CF도 여러 편 찍었다. 공영방송 다큐멘터리 프로그램의 고정 진행자로 활동하기도 했다. 오세훈 변호사는 어느새 고승덕 변호사와 더불어 대중들에게 매우 친숙한 방송인으로 변모했다.

2000년 4월에 실시된 제16대 총선에서 한나라당 공천을 받아 국회의원에 무난히 당선되어 정치활동을 시작한 그는 2006년 지방선거를 통해 제33대 서울특별시 시장으로 취임했다. 2010년 선거에서는 또 민선 최초로 서울시장 재선에 성공했다. 정치인으로서 승승장구한 10년 세월이었다.

그런 그가 서울시민뿐 아니라 전 국민이 보는 앞에서 눈물을 뿌리며 무릎까지 꿇고 승부수를 던졌다. 무상급식의 시행 시기와 범위를 놓고서였다. 서울시장이라는 막강한 지위를 내건 그야말로 진검승부였다.

전시행정과 아이들 밥그릇

2010년 지방선거에서 민주당을 비롯한 야권은 서울시 의회의 다수의석을 차지했다. 의회에서는 서울시민들 대다수의 의견에 따라 초등학교 저학년부터 중학생까지 전면 무상급식 시행을 서울시에 요구했다.

오세훈 시장의 생각은 크게 달랐다. 그는 저소득층 30%에게만 선별적으로 무상급식을 시행하겠다는 의견을 내놓았던 것이다. 그 일을 두고 서울시와 의회는 팽팽하게 맞설 수밖에 없었다. 결국 오세훈 시장은 그 문제를 주민투표에 부치겠다고 발표했다.

우리나라 정부의 의전서열 2위는 국회의장이지만 집행하는 예산 규모만 놓고 보면 대통령 다음가는 막강한 직위이자 권력기관이 바로 서울시장이다. 오세훈 시장은 자신의 뜻을 관철시키기 위한 수단으로 그런 자리를 걸고 무릎까지 꿇으면서 읍소했다.

오세훈 시장은 투표일 전날까지 언론홍보 등 여러 가지 수단을 동원해서 서울시민들에게 투표참여를 독려했다. 하지만 8월 24일에 치러진 주민투표의 최종투표율은 25.7%에 머물고 말았다. 투표함을 개봉할 수 있는 33.3%에 훨씬 못 미치는 투표율이었다.

주민투표를 치르는 데 소요된 비용이 자그마치 182억 원에 이르렀다. 오세훈 시장 개인이 무리하게 던진 승부수에 막대한 혈세를 쏟아 부었던 것이다. 그의 독단적인 고집에서 비롯된 주민투표였으므로 그걸 실시하는 데 들어간 비용은 당사자가 보전해야 한다는 의견도 적지 않았다.

당시 오세훈 시장이 전면적 무상급식 시행에 반대하면서 주장한 '다음 세대까지 배려하는 지속가능하고 바른 복지'에는 타당한 측면이 없지 않았다. 그는 특히 한 해 이자로만 1조 원이 드는 서울시의 열악한 재정형편을 들어 무상급식 전면시행에 따른 막대한 예산 조달이 불가능하다는 점을 호소하기도 했다.

그런데 서울시 부채는 무상급식 때문에 눈덩이처럼 커진 게 아니었다. 그가 서울시장으로 재직하는 동안 각종 전시행정에 막대한 예산을 쏟아 붓는 바람에 악화된 것이 서울시 재정이었다. 그가 무상급식 시행 범위를 두고 주장한 '선별복지'야말로 시민을 기만한 수식어에 불과했다고 보는 까닭이다.

주민투표 시행 이틀 뒤인 8월 26일 오세훈 시장은 "이번 주민투표는 대한민국의 민주주의 발전에 새로운 지평을 열었다."라는, 보통사람으로서는 도무지 납득하기 어려운 말을 남긴 채 스스로 약속한 대로 서울시장직에서 물러났다.

'가야 할 때가 언제인가를 분명히 알고 가는 이의 뒷모습은 얼마나 아름다운가'라고, 이형기 시인은 〈낙화〉라는 시를 통해 노래했다. '선별복지'라는 이름을 내세워 30% 아이들의 밥그릇에 '공짜'라는 주홍글씨 딱지를 붙이려 했던 오세훈 시장의 떠나는 뒷모습도 가야 할 때가 언제인가를 분명히 알고 있었으므로 아름다웠다고 할 수 있을까.

오세훈과 홍준표의 같고 다른 점

오세훈 시장이 남긴 '선별복지'의 뜻을 이어받은 사람이 있다. 홍준표 경남지사다. "앞으로는 경남교육청에 무상급식 예산을 지원하지 않겠다."라고 폭탄선언을 했던 것이다.

'홍 그리버드'라는 별명에 딱 맞는 말이었다. 선언 날짜까지 핵심 참모들하고 치밀하게 계획이라도 세웠던 것일까. 2014년 11월 3일, 그 날은 공교롭게 학생독립운동기념일이었다.

우리나라 지자체 중에서 무상급식을 처음으로 실시한 곳이 경상남도다. 2007년 거창군을 필두로 2008년에는 남해군이 시작했다. 2009년부터는 고성, 의령, 하동, 합천, 산청, 통영 등의 지자체에서도 무상급식에 자발적으로 참여하였다. 경상남도는 우리나라 무상급식의 역사를 갖고 있는 지역이다.

전임 김두관 지사 시절 들어서도 지속적으로 실시했던 무상급식을 홍준표 지사가 하루아침에 중단하겠다고 선언했던 것이다. 오세훈 서울시장이 그랬던 것처럼 홍준표 지사도 경상남도 재정 형편을 고려한 불가피한 선택이었다는 궁색한 변명을 늘어놓았다.

학부모와 시민단체는 크게 반발했다. 홍준표 지사의 사퇴를 요구하는 목소리가 여기저기서 터져 나왔다. 홍준표 지사는 요지부동이었다. 홍 그리버드답게 그는 오히려 한술 더 떴다. "학교는 공부하러 가는 곳이지 밥 먹으러 가는 곳이 아니다."라고 했던 것이다.

그런 말로 도민과 학생들의 입을 떡 벌어지게 만든 바로 다음날이다. 도의회에 참석한 홍 지사는 무상급식 폐지 건으로 야당 의원들이 자유발언을 진행하는 동안 두 손을 가지런히 모으고 앞에 놓인 노트북 컴퓨터로 포털 사이트를 검색하다 개봉 예정 영화의 예고편을 감상하고 있었다. 그런 장면이 누군가의 카메라에 포착되고 말았다.

도의회는 조례의 제정이나 예결산 등의 업무를 처리하는 곳이지 영화관은 아니다. 그날 홍준표 지사가 보았던 예고편 영화는 〈장수상회〉다. 치매 걸린 아버지를 위해 애쓰는 따뜻한 가족애를 그린 영화다. 홍준표 지사와는 그다지 잘 어울릴 것 같지 않은 영화다.

무상급식 실시 여부를 놓고 벌어졌던 오세훈 시장의 주민투표 선례가 있었다. 시민단체에서 도민들의 서명을 모아 홍준표 지사에게 주민투표를 제안했다. 하지만 홍준표 지사는 그걸 거들떠보려고도 하지 않았다.

경남도민들이 순진했던 걸까. 홍준표 지사는 주민투표를 제안하고 그 결과에 승복해서 서울시장직까지 던진 오세훈 시장과는 애당초 '급'이 다른 사람이었던 것이다.

'친환경무상급식지키기 경남운동본부'에서는 무상급식 원상회복을 위해 홍준표 지사의 주민소환을 선포하며 맞섰다. 그런다고 흔들릴 홍준표 지사인 줄 알았던가. 무상급식 중단을 선언한 뒤 그는 오히려 대외활동으로 더욱 바쁘게 돌아다녔다.

종편 방송에 출연하기 위해 비행기 비즈니스 석을 타고 서울 출장을 다녀왔다. 업무출장을 핑계로 미국까지 가서 부부동반 골프 라운딩을 맘껏 즐겼다. '성완종 리스트'에 올라 검찰 조사까지 받아서 도민들의 자존심까지 짓밟았다.

도지사 재선 1주년 기념으로 경남도의원들과 저녁식사를 하며 양푼에 폭탄주를 말아서 드신 것도 모자라 노래방에 가서 '굳세어라 금순아'까지 멋들어지게 부르셨던 모양이니, 그만하면 말 다한 것 아닐까 싶다.

학교는 밥 먹는 곳이 아니다

1970년대 TV 코미디 프로그램을 대표한 것은 MBC 〈웃으면 복이 와요〉였다. 그 프로에는 우리나라 코미디의 레전드인 서영춘, 배삼룡, 구봉서, 송해 등이 총출동했다. 1990년대의 대세는 아마 심형래, 김형곤, 최양락, 김미화 등이 활약했던 〈유머 1번지〉일 것이다. 그 프로그램 중 요즘말로 인기 짱이었던 코너가 바로 '회장님, 우리 회장님'이다.

어느 대기업 중역회의 장면을 희화화한 그 코너에 좀 덜떨어진 인물로 출연해서 감초 역할을 했던 인물이 양 이사(양종철)다. 그는 회의가 진행되는 동안 어리뻥한 표정을 짓다가 가끔 자리에서 손을 번쩍 들고 일어나 이런 말을 뜬금없이 터트려서 좌중을 썰렁하게 만들곤 했다.

"밥 먹고 합시다!"

홍준표 지사가 들었으면 딱 좋을 말이다.

"지사님, 제발 다 같이 밥 좀 먹고 합시다. 골프든 폭탄주든 노래방이든 그게 얼마나 중요한 일인지는 몰라도 밥은 먹어야 할 수 있는 것 아닙니까?"

걱정 말고 공부에 열심 하라

밥도주고學用品도줄터이니
學業만은期於히繼續하라
十九日부터災地에實施命令

▲「걱정 말고 공부에 열심 하라」(『동아일보』, 1940년 1월 12일)

'밥도 주고 학용품도 줄터이니, 학업만 기여이 계속하라'

재지(災地)의 학교 아동의 희생을 구제하고 그 학부형들의 불안을 없애기 위하여 각 도에서 구체적 상황을 파악하고 이를 대응하고 선처하는 방법을 강구해야 한다.

총독부에서는 이달 십구일부터 일정한 기간 중에 소학교와 간이학교 아동에게 학용품의 지급과 급식 등의 구제조치를 실시하여 아동들의 학업을 계속하는 데 문제가 없도록 관계 도지사에 통첩하였다. 또한 관청의 지도에 따라서 더욱 분발하여 고난을 극복하고 단연히 학업을 멈추지 않고 끝까지 마쳐 훌륭한 국민이 되도록 격려하게 되었다. 또 재해를 입지 않은 도에도 물자부족한 때에 스스로 절약 자숙하고 힘든 아동들의 마음을 헤아려 함께 어려운 이 시간을 헤쳐 나아가야 한다고 통첩하였다.

홍준표 지사의 무상급식 전면 중단에 불만을 가진 어느 중학생이 그렇게 불퉁거렸다는 말도 들린다. 그 학생의 항변에 홍준표 지사는 물론 가타부타 대꾸를 하지 않았다. 그래도 속으로는 이런 식으로 중얼거렸던 건 아닌지 모르겠다.

"그런 말을 왜 나한테 하는 거지? 나는 너희들한테 밥 먹지 말라고 한 적 없는데? 내 말은, 어른들 하는 일에 신경 쓰지 말고 그 시간에 한 자라도 더 열심히 공부하라는 거야…."

친구들하고 밥을 함께 먹는다는 것

중고등학교 시절에 노란색 단추가 달린 검정 교복이나, 주름 없는 진청색 스커트와 검정 스타킹 차림에 무거운 책가방을 들고 학교를 다녔던 이들은 생생하게 기억할 것이다. 학교에서 하루를 보내는 동안 제일 즐거운 시간이 언제였는지를, 그건 바로 친구들하고 도시락 '까먹는' 점심시간이었다는 걸…. 오죽하면 도시락 까먹는 재미로 학교에 다닌다는 말까지 했을까.

4교시 끝종이 울리기가 무섭게 다들 도시락을 꺼내 책상에 올려놓기 바빴다. 왜 아니겠는가. 돌이라도 씹어 소화시킬 나이에 오후 한 시가 다 되도록 연거푸 수업만 받아야 했으니…. 대개는 도시락을 들고 자리를 옮겨서 친한 친구 서너 명하고 옹기종기 둘러앉아 각자 갖고 온 반찬을 나눠 먹었다.

굳이 자리를 지키고 앉아 밥을 혼자 먹는 친구도 있었다. 그들

중 일부는 도시락 뚜껑으로 반찬을 가려가며 밥을 먹었다. 그런 친구들은 둘 중 하나였다. 맛있는 반찬을 친구하고 나눠먹기 싫어서거나, 자신이 갖고 온 반찬이라고 해야 시어터진 김치 몇 가닥에 장아찌가 전부여서 친구들한테 내놓기가 창피해서다.

점심시간 돌아오는 걸 가장 고통스럽게 여겼던 친구들도 적지 않았다. 요즘 아이들은 믿지 못하겠지만 집안이 가난해서 도시락을 못 싸오는 날이 많았던 것이다. 그런 친구들은 점심시간이 시작되면 교실을 슬그머니 빠져나가 운동장에 있는 수도꼭지에 입을 대고 허기를 달래곤 했다.

도시락을 매일 두 개씩 싸오는 친구도 있었다. 하나는 도시락을 갖고 오지 못하는 친구에게 주었다. 사려가 깊은 담임선생님은 그걸 얻어먹어야 하는 학생의 자존심을 지켜주고 싶어서 집안이 좀 부유한 학생의 어머니에게 부탁한 도시락을 받아 직접 전달하기도 했다. 자신이 먹으려고 싸 온 도시락을 내주는 담임선생님도 있었다.

반에서 주먹깨나 쓰는 친구들은 덩칫값을 하느라고 그랬는지 2교시만 끝나면 자신이 싸 온 도시락을 미리 까먹었다. 그렇다고 점심시간에 밥을 안 먹는 게 아니었다. 그 친구들은 막상 점심시간이 되면 젓가락 하나만 들고 교실 이곳저곳을 돌아다니면서 맛있어 보이는 반찬을 집어먹었던 것이다.

그 시절에는 점심시간에 도시락을 나눠 먹으면서 담임선생님 뒷담화도 맘껏 늘어놓았다. 권투선수 홍수환이 세계챔피언을 먹었다는 뉴스나, 영화배우 임예진이 새로 찍은 영화에 관한 정보도 활발하게 공유했다. 친구들의 성격도 파악했고, 그에 맞춰 함께 어울리

▲ '옛날 도시락' 혹은 '추억의 도시락'을 후식 메뉴에 올린 고깃집이 더러 있다. 그 옛날의 추억을 되살리자는 뜻에서일 것이다. 김치볶음, 콩나물무침, 멸치조림, 콩자반, 계란프라이 반찬은 눈에 익다. 그런데 가운데 올린 햄 조각은 좀 생소해 보인다.

▼ 학교 급식 식판

는 법도 자연스럽게 터득했다.

도시락에 싸 온 밥이나 반찬의 '급수' 따위를 중요하게 생각하는 친구들은 별로 많지 않았다. 내 밥과 반찬을 친구들에게 기꺼이 덜어주기도 했다. 그러는 과정에서 우정을 자연스럽고 돈독하게 다졌다. 점심시간이 또 다른, 그리고 대단히 중요한 사회 학습의 장이었던 것이다.

점심시간에 도시락을 까먹던 교실을 고스란히 옮겨온 게 오늘날 급식실이다. 급식실에서는 누구나 똑같은 밥을 먹는다. 각자 식성에 따라 어떤 반찬을 더 먹거나 덜 먹을 뿐이다. 입맛에 맞지 않는다고 김치를 빼고 먹어도 누가 나무라지 않는다. 그런데….

누구는 먹고살만한 집에 사니까 밥값을 내고 먹고, 또 누구는 부모가 가난하니까 밥값을 내지 않고 공짜 밥을 먹을 수 있게 하겠다는 것이 소위 선별급식 아닌가. 어쩌다 가난한 부모를 만난 죄밖에 없는 그 아이들 식판에는 '무상급식'이라는 '주홍글씨'를 써 붙이겠다는 것 아닌가. 그런 식으로 빈부차를 노골화시키겠다는 것 아닌가….

홍준표 지사님께 드리는 편지

홍준표 지사의 무상급식 전면 중단 선언 후 이런저런 항의와 비난이 쏟아진 건 누구나 알고 있는 사실이다. 우리는 또 알고 있다. 그 무렵 어느 고등학생이 써서 홍준표 지사 앞으로 보낸 편지 한 통이 그 얼마나 큰 울림으로 다가왔었는지도….

홍준표 경남도지사님, 안녕하세요?

저는 경남 마산의 태봉고등학교 1학년 이현진이라고 합니다.

지사님께서 무상급식을 폐지하신 후부터 저희들은 꽃피는 봄을 마냥 즐길 수만은 없는 처지가 되었습니다. 어떤 부모님들은 단식을 시작하셨습니다. 부모님과 선생님, 친구들의 걱정 가득한 표정과 뒤숭숭한 사회 분위기를 보다 못해 이렇게 편지를 씁니다.

지사님은 학교는 공부하러 가는 곳이지 밥 먹으러 가는 곳이 아니라고 하셨지요. 굉장히 놀랐습니다. 지사님께도 분명히 학창시절이 있었을 텐데 정말 모범생이셨나 보다, 생각했습니다. 저 같은 평범한 학생들은 오로지 공부 하나만을 위해 학교를 다니는 것은 아니거든요. 학생들에게 학교는 그냥 공부하러 가는 곳이 아닌, 삶 전부가 담긴 작은 우주입니다. 만약 어른들께 회사는 일만 해야 하는 곳이라면 어떤 심정일까 궁금해집니다.

점심시간이 학생들에게 얼마나 대단한 시간인지 잘 모르시는 지사님께 그 시간의 의미를 설명해 드리고 싶습니다. 저희 학교는 작은 기숙학교라 삼시 세끼를 모두 친구와 선생님과 함께합니다. 그래서 저는 최소한 하루 세 번은 즐겁고 행복합니다. 친구와 싸워서 서먹서먹하더라도 고기 한 점을 얹어주먼서 화해하고, 특식이 나오는 날은 서로 아옹다옹 뺏어 먹기도 합니다. 지금까지 학교생활을 돌아보면, 학교 안에서 가장 뜨겁게 살아있는 공간은 급식소라고 장담할 수 있습니다. 그래서 저는 이 공간에서만큼은 누구도 차별받지 않고 모두가 '똑같이' 행복해야 한다고 생각합니다.

지사님에게는 우습게 들리시겠지만 밥 먹는 것도 공부입니다. 어릴 때 아는 스님께서 "쌀 한 톨에 온 우주가 담겨 있다."라는 말씀을 해주셨습니다. 그때부터 저는 밥알을 지저분하게 남기지 않는 습관을 기르게 되었습니다. 책상 못지않게 식탁에서도 많은 것을 배웁니다. 길게 늘어져 속 터지는 배식 줄을 서서 기다리는 법을 배우고, 느리게 먹는 친구에게 내 속도를 맞춰가며 배려를 익힙니다. 책상에 앉아서 공부할 힘도 식탁 앞에서 기릅니다. 지사님은 학생들의 공부를 그토록 걱정하신다면서 정작 공부할 힘을 빼앗고 계십니다.

사람이 한자리에서 음식을 공평하게 나눠먹는 것이야말로 가장 기초적인 민주주의 교육이라고 생각합니다. 우리들처럼 먹성 좋은 나이에는 매 끼니가 잔치고 축제입니다. 이렇게 뜻깊은 것이 공부가 아니라면 대체 공부란 무엇인가요?

가난한 아이에게 더 복지 혜택을 준다는 선별복지를 우리도 반대하지 않습니다. 그러나 현실은 달라도 너무 다릅니다.

실제로 가난한 당사자도 정말 그렇게 느낄지 생각해보셨는 지요. 지사님도 낙인효과라는 말을 들어보셨을 겁니다. 저는 그동안 친구관계에서 적어도 가난 때문에 문제가 생겼던 적 은 없습니다. 함께 노는 데 그런 것은 아무 상관이 없기 때문 입니다. 다 같이 같은 밥을 먹는데 좀 못살면 어떻고 잘살면 어떤가요? 하지만 무상급식이 사라지면 그것은 더 이상 상 관없는 일이 아니게 됩니다. 누구는 가난해서 공짜 밥 먹고 누군 형편이 좋아서 돈 내고 밥 먹고, 이렇게 되면 학교 분위 기는 확 바뀔지도 모릅니다. 자신의 가난을 식사 때마다 느 껴야 하는 아이가 과연 복지 혜택에 감사할까요? 모두가 같 은 밥을 먹는 동안에는 가난이 아무 문제가 되지 않지만, 선 별복지가 시행되는 순간, 대상자는 진짜 가난한 아이가 되어 버립니다. 지사님은 가난한 학생들을 위한 복지라고 하시지 만, '괴롭고 불편한 복지'가 될 게 뻔합니다. 세상에서 가장 즐겁고 평등해야 할 급식소에서 '누구 밥은 3,200원, 누구 밥은 공짜'라는 말이 나오지 않았으면 좋겠습니다.

지사님!
무상급식을 돌려주세요. 요즘 봄 햇살이 따뜻해서 우리 학교 학생들은 식판을 들고 평상이나 벤치에 앉아서 밥을 먹습니 다. 이 평화로운 모습을 지사님께 보여드리고 싶습니다.
안녕히 계세요.

2015년 3월 29일 이현진 올림

충무김밥과 전주비빔밥을 창달한
살풀이용 정치 축제

민족문화 계승발전으로 위장했던 '국풍81'

원조 뚱보 할매의 충무김밥

경남 충무시(현재의 통영시)가 자랑하는 향토음식이다. 여느 김밥과 달리 밥만 넣어서 어른 손가락 크기로 김에 말아 만든다. 대신 꼴뚜기 무침과 깍두기를 별도의 반찬으로 먹는다. 계절에 따라 꼴뚜기 대신 주꾸미나 오징어를 내기도 하며, 시래깃국이나 어묵탕 등의 국물을 곁들인다. 우리에게 잘 알려진 충무김밥을 이르는 말이다.

충무김밥이 생겨난 시기는 1930년대라고 한다. 뱃사람들이 고기잡이를 나갈 때 도시락으로 싸간 김밥이 뜨거운 날씨 때문에 쉽게 상해서 못 먹고 버리는 일이 잦아지자 밥과 반찬을 따로 먹기 시작한 데서 유래했다는 것이다.

충무김밥이라고 해서 반드시 충무시에 가야 맛을 볼 수 있는 건 아니다. 이제는 서울 도심은 물론이고, 전국의 고속도로 휴게소 여러 곳에서도 얼마든지 사서 먹을 수 있는 음식이 충무김밥이다. 1970년대까지만 해도 널리 알려져 있지 않았던 충무김밥이 오늘날처럼 전국적인 명성을 얻게 된 데는 두 사람이 기여한 바가 크다.

한 사람은 전두환 전 대통령이다. 사실은 그 한 사람이 아니라 1980년 '민주화의 봄'을 군화로 짓밟은 신군부라고 하는 게 더 정확하겠다. 1981년에 여의도에서 열린 '국풍81'을 두고 하는 말이다. 다른 한 사람은 '원조 뚱보 할매' 어두이魚斗伊 할머니다. 바로 그 할머니가 '국풍81' 향토음식 축제에서 충무김밥을 판 것이 전국적으로 알려지는 계기가 되었던 것이다.

'국풍81'과 '새 역사 창조'

1979년 12·12쿠데타로 정권을 찬탈한 전두환 신군부는 이듬해인 1980년에 대대적인 언론개편을 단행한다. 정권안보 차원에서 강압적으로 추진된 이른바 '언론통폐합'이 그것이다.

1980년 11월 14일 한국신문협회와 한국방송협회는 신군부의 강압으로 '건전 언론 육성과 창달에 관한 결의문'이라는 걸 채택한다. 그에 따라 전국의 신문, 방송, 통신 45개 회사가 강제로 통폐합된다. TV방송 중에서는 동양방송TBC이 문을 닫았다.

1979년에 '제1회 전국 대학생 축제 경연대회'를 주관해서 개최한 방송사가 바로 TBC였다. 그런데 언론통폐합으로 방송사가 문을 닫자 KBS에서 제2회 대회를 준비하는데, 과정에서 규모가 커진 것이 바로 '국풍81'이라는 관제 축제였다.

'새 歷史(역사)를 創造(창조)하는 것은 青年(청년)의 熱(열)과

▲ 충무김밥은 지금도 접시
대신 하얀 종이에 담아서
내놓는다.

◀ '원조 뚱보 할매'
어두이 할머니

▶ 통영항 근처에 즐비하게
늘어선 충무김밥집 중 하나

▼ 고깃배가 드나드는
통영항 전경

▲ 함흥냉면

▲ 안동소주 (제공: 안동소주박물관)

◀ 부산산성막걸리는 '국풍81'을 통해 전국에 소개된 우리나라 민속주 1호다. 지금은 공장 근처에 있는 금정산의 이름을 따서 금정산성막걸리로 이름이 바뀌었다. 5·16군사쿠데타가 일어나기 전에 부산 군수사령관을 지냈던 박정희 전 대통령은 이 산성막걸리 맛에 흠뻑 빠졌다고 한다. 현재 금정산성막걸리의 하루 생산량은 100말(750ml 들이 3,000병) 정도여서 금정산성 일원에 가야만 맛을 볼 수 있다.

▼ '국풍81' 이후 전국적 명성을 얻기 시작한 순창고추장은 이후 각종 발효식품(된장, 간장, 청국장, 장아찌) 등에서도 품질의 우수성을 인정받고 있다. (제공: 순창군청)

▼ 전주비빔밥

意志(의지)와 힘이다!'

이것이 한국신문협회가 주최하고 KBS가 주관한 '국풍81'의 캐치 프레이즈였다. 문화민족으로서의 주체의식을 고취하고 국학에 대한 젊은이들의 관심을 제고하겠다는 것이었다. 하지만 그건 전통 문화와 예술을 정치적 도구로 악용한, 일종의 통치전략의 하나로 개최했다는 게 일반적인 평가다. 5·18 광주민주화운동 1주기를 맞은 전두환 신군부는 대학생을 비롯한 국민들의 체제비판과 저항의식을 무력화시킬 만한 대규모 이벤트가 필요했던 것이다.

'국풍81'은 1981년 5월 28일부터 6월 1일까지 5일 동안 여의도 광장과 한강 둔치 등에서 밤낮을 가리지 않고 진행됐다. 그 기간에 여의도 일대는 차 없는 거리로 지정되었고, 야간통행금지도 해제되었다.

전국 194개 대학 6천여 명의 대학생들을 비롯해서 국악인들과 연예인 등 약 16만 명이 그 행사에 동원되었다. 각종 공연도 659회나 열렸다. 5일간 행사를 보기 위해 여의도를 찾은 인원이 6백만 명(주최 측 추산 1,000만 명)에 달했다고 하니 '국풍81'은 단군 이래 우리나라에서 열린 가장 큰 축제였을 것이다.

전주비빔밥의 세계화 실현

전주비빔밥을 모르는 사람이 있을까. 춘천막국수는 또 어떤가.

경상도 사람들도 순창고추장의 명성을 잘 알고 있다. 안동소주를 모르는 전라도 사람들도 물론 없을 것이다. 충무김밥뿐 아니라 지역 색채가 짙은 이런 음식들이 전국적으로 이름을 얻게 된 게 바로 '국풍81'이다.

축제 기간에는 크고 작은 다양한 이벤트가 열렸다. 그중 하나가 '8도 미락정味樂亭'이라는 향토음식 전시회였다. 각 지방에는 잘 알려져 있지만 전국적인 명성은 제대로 얻지 못했던 음식들이 '국풍81'을 계기로 한꺼번에 서울에 진출했던 것이다.

'8도 미락정'을 통해 선을 보인 음식은 충무김밥을 비롯해서 전주비빔밥, 춘천막국수, 순창고추장, 대구따로국밥, 함흥냉면, 서울설렁탕 등이었다. 부산산성막걸리, 경주교동법주, 안동소주 같은 토속주도 있었다. 향토음식 전시회는 행사 기간 내내 성황을 이루었다. 부산산성막걸리 경우는 80말이나 되는 술이 순식간에 동이 나기도 했다.

모두 알고 있는 것처럼 전주비빔밥은 지금 전국적 명성뿐 아니라 세계인의 음식으로 각광 받고 있다. 비빔밥은 채소로 만든 나물요리를 주재료로 쓰기 때문에 웰빙 음식 바람을 타서 할리우드 스타들까지 즐겨 먹는 것으로 알려졌다.

전주비빔밥은 대한항공과 아시아나항공뿐 아니라 일본 ANA, 독일 Lufthansa, 미국 Delta 같은 세계적인 항공사에서도 기내식 메뉴로 채용하고 있다. 뉴욕 현지인들은 비빔밥을 김치 다음으로 떠오르는 한국음식으로 꼽는다고 한다.

현재 'CJ 비비고'에서는 미국, 중국, 영국 등의 대도시에 오픈한

14개 매장을 통해 우리나라를 대표하는 한식 메뉴인 비빔밥을 판매하여 현지인들로부터 큰 호응을 얻고 있다. 이제 비빔밥은 명실상부한 세계인의 음식으로 자리를 잡아가고 있는 것이다.

전두환 군사정권은 '국풍81'을 통해 문화정부로서의 이미지를 부각시키려고 안간힘을 썼다. 무려 16만 평에 이르는 여의도 광장은 축제 기간에 전국 각지에서 모인 사람들로 인산인해를 이루어서 외견상 큰 성과를 거둔 것으로 보인다. 하지만 '국풍81'은 우리 전통문화를 독재권력의 도구로 전락시켰다는 빈축을 사기도 했다.

그렇다고 성과가 아주 없었던 건 아니다. 그중 하나가 8도 음식의 전국화다. 특히 전주비빔밥이 오늘날처럼 세계인의 입맛을 사로잡게 된 단초를 놓은 것이 바로 '국풍81'이었다. 그 축제가 적어도 음식에 있어서만은 민족문화를 계승 발전시키는 데 기여했던 셈이다.

밥값도 못하면서
제 밥그릇만 챙기는 밥통들의 밥맛

맛있는 밥은 민생의 근본

'밥맛'과 밥의 맛

배부르고 등 따뜻한 게 으뜸이라고 했다. 굶주림에서만 벗어나도 행복하다고 믿었다. 바로 엊그제 일 같기만 하다. 물론 요즘에도 우리 사회 도처에는 춥고 배고픈 이들이 적지 않다. 하지만 이제는 적어도 그런 말을 직설화법으로 쓰는 일은 드물어졌다.

배가 부르려면 누가 뭐래도 먹어야 한다. 보릿고개 넘기기가 힘에 부쳤던 시절에는 쌀밥 먹는 걸 풍요의 상징으로 여겼다. 먹거리가 다양하고 풍부해진 요즘에도 밥을 지어 먹을 수 있는 쌀은 여전히 일용할 양식의 대명사다.

밥이 보약이고, 밥맛이 꿀맛이라고 했다. 그런데 이 '밥맛'이라는 말이 일종의 비속어로도 쓰인다. "그 친구는 밥맛이야."와 같이 못마땅한 사람을 가리키는 것이다. 물론 이건 '밥맛이 떨어진다'나 '입맛이 달아난다' 따위에서 온 말인 게 분명하다.

어떤 사람이 '밥맛'인가. 판단기준이 좀 주관적이긴 해도 대체적으로는 이런 사람들이다.

소개팅 상대의 경우 외모가 맘에 안 들거나 매너가 형편없는 사람이다. 언행이 스마트하고 생긴 게 맘에 쏙 들어도 자신에게 딱지를 놓은 사람은 당연히 밥맛이다. 안하무인으로 행동하는 사람도 밥맛이다. 잘난 체하는 사람, 남의 잘못만 탓하는 사람, 제 잇속만 챙기는 이기적인 사람도 밥맛이기는 매한가지다.

기업 경영자의 눈에는 밥값 못하는 직원이야말로 밥맛이다. 민생은 팽개치고 제 밥그릇 챙기는 일에 몰두하는 정치인들도 국민들에게는 밥맛일 게 뻔하다. 지식이나 판단력이 부족해서 매번 일을 그르치는 사람한테는 "이 밥통아!"라는 말로 핀잔을 주기도 하는데, 그런 '밥통'도 오갈 데 없는 밥맛일 것이다.

물론 '밥맛'의 본디 뜻은 '밥의 맛'이다. 밥이 주식인 우리가 맛있는 밥을 찾는 건 당연하다. 어떤 사람을 밥맛으로 취급하는 까닭이 다양한 것처럼 밥의 맛을 좋게 만드는 요인도 한두 가지가 아니다.

우선 밥의 주재료인 쌀이 좋아야 한다. 주부들이 주방에 고급 밥솥을 들여놓고 뿌듯해하는 까닭도 맛이 좋은 밥을 지을 수 있어서다. 어떤 그릇에 밥을 퍼 담느냐도 중요하다. 또 밥은 따뜻해야 제맛이 난다. 사 먹을 경우에는 가격도 적당해야 한다. 어떤 사람하고 함께 먹느냐에 따라 밥맛이 달라지기도 한다.

쌀

제아무리 손맛이 좋은 사람이라도 품질이 형편없이 떨어지는 배추나 고춧가루를 써서는 맛있는 김치를 담그기가 대단히 어려울 것이다. 밥도 마찬가지다. 맛이 좋은 밥을 지으려면 우선 양질의 쌀이 있어야 한다.

1970년대 초반에 '녹색혁명'이라고까지 불렸던 통일벼는 병충해에도 약했지만 가장 큰 문제는 밥맛이 좋지 않다는 데 있었다. 통일벼로 생산한 쌀은 생산량은 늘었을지 몰라도 밥을 지으면 찰기가 없어서 사람들이 별로 좋아하지 않았다.

지금 전국에서는 특색 있는 이름을 딴 수많은 종류의 쌀이 생산되고 있다. 각 지역의 토양과 기후에 따라 그 맛도 조금씩 다르다. 물론 밥솥의 성능이 탁월해져서 웬만한 쌀로도 요즘에는 맛있을 밥을 지을 수 있기는 하다.

밥맛이 좋은 쌀의 첫 번째 조건은 햅쌀이다. 가을에 수확해서 갓 찧은 쌀은 당연히 신선하다. 햅쌀로 지은 밥은 윤기가 자르르 흘러서 입맛이 절로 돌게 한다. 그래서 햅쌀은 가격도 조금 비싸다.

요즘에는 도정 기술이 발달해서 쌀에 이물질이 섞여 있는 경우는 별로 없다. 아예 깨끗하게 씻어서 판매하는 쌀도 있다. 하지만 과거에는 밥을 지으려면 쌀을 정성스럽게 씻어야 했다. 쌀을 씻을 때 가장 중요한 것은 조리를 사용해서 잔돌을 골라내는 일이었다.

양질의 쌀로 지었어도 밥을 먹다가 돌을 씹으면 밥맛이 그야말로 '밥맛'이 되고 말 게 뻔하다. 식사를 하다가 시어른 중 누군가가

▲ 세상에서 가장 보기 좋은 것 중 하나는 밥그릇에 밥을 퍼 담는 엄마의 손 아닐까. '솥뚜껑 운전수'가 아닌 '내무장관'으로서의 집안 권력도 밥푸기에서 시작되었는지도 모른다.

돌을 씹으면 상을 차린 며느리는 몸 둘 바를 몰랐다. 그럴 때 인자한 시아버지는 이런 말로 며느리의 위기를 모면해 주기도 했다.

"아가야, 다음부터는 밥을 지을 때 돌도 뜸을 잘 들이도록 하거라."

밥 속에 든 돌은 자칫 잘못하면 치아를 상하게 할 수도 있다. 그런데 어느 조직에든 밥 속의 돌 같은 이들이 있다. 쌀을 씻을 때 돌을 잘 골라내야 하듯 조직이 제 기능을 발휘해서 발전하기 위해서는 그런 돌 같은 이들을 가려내야 한다.

정치판도 마찬가지다. 우리나라의 경우 4년 주기로 총선과 지방 선거를 치르고, 5년에 한 번씩 대통령을 선출해서 정치판을 새롭게 짠다. 밥 짓기에 비유하면 선거는 쌀 속에 숨은 돌과 같은 이물질을 가려내는 일이다. 아니, 마땅히 그래야 한다.

밥을 먹다가 돌을 씹는 바람에 어금니가 작신 부러져도 인자한 시아버지처럼 만면에 미소를 지으면서 며느리를 감싸주는 것만이 능사는 아닐 것이다. 이따위를 밥이라고 지었느냐면서 큰소리로 호통을 치거나, 당장 밥상을 뒤엎어버릴 정도로 성질 고약한 시아버지 같은 시선으로 정치인들을 바라볼 줄도 알아야 한다.

오래 묵은 쌀로 지은 밥은 '밥맛'이듯 정치판에 오래 머물며 권력의 단맛을 본 정치인들 또한 제 밥그릇이나 챙기는 밥맛 같은 일을 벌이기 일쑤다. 그런 정치인들은 민생을 더 어렵게 만들고 국가 발전을 가로막기 일쑤다.

쌀을 일 때는 잔돌 하나라도 일일이 가려내야 하듯, 정치인들의 행적을 두 눈 부릅뜨고 속속들이 파헤쳐 두었다가 투표장에 가서 마음속의 튼실한 조리로 쌀과 돌을 잘 가려내야 한다.

◀ 전국 각 지역에서 생산된 쌀에 고유 브랜드가 입혀지기 시작한
건 1992년 지방자치제 전면실시와 직접 관련이 있다. 특히 농촌지
역 민선 지자체장에게는 지역경제 활성화와 주민의 소득증대가 중
요한 책무 중 하나다. 지자체별로 향토음식을 개발하고, 그걸 활용
해서 다양한 축제를 해마다 개최하는 것도 같은 맥락에서 이해할
수 있다.

▼ 곱돌을 깎아 만든 단단한 돌솥에 지은 밥은 차지고 독특한 맛이
있다. 국민들이 차지고 맛있게 살아갈 수 있도록 우리 정치인들이
돌솥의 돌처럼 단단한 사회기반을 조성해주었으면 참 좋겠다.

밥그릇

군대에서 전입신고 때 고린내 나는 군화에 막걸리를 부어 단숨에 마셨다는 걸 무용담처럼 얘기하는 남자들을 본 적 있다. 세숫대야에 맥주와 소주와 양주를 붓고 그걸 밥그릇으로 퍼서 차례대로 마셨다는 사람도 있었다. 다른 건 몰라도 그건 술한테 참 미안한 일 아닐까.

목 넘김이 부드러운 고급 맥주나 와인을 밥그릇이나 냄비 같은 그릇에 따라 마시면 어떻게 되겠는가. 새 술은 새 부대에 담아야 한다고 했다. 이물질을 모두 가려낸 양질의 햅쌀로 지은 밥이라도 그걸 형편없이 찌그러진 양은 냄비 같은 데 담아서는 밥맛이 제대로 나지 않을 게 뻔하다. 밥의 맛을 결정하는 요인 중 하나가 그릇인 것이다.

과거에는 주로 투박한 사기그릇에 밥을 담아서 먹었다. 물론 지체가 높은 이들은 유기그릇이나 백자를 밥그릇으로 쓰기도 했다. 그러다가 스테인리스 재질의 밥그릇이 오랫동안 사용됐다. 최근에는 세라믹 제품 등 다양한 종류의 밥그릇을 쓰고 있다.

옛날 밥그릇은 요즘 것보다 두 배 가까이 컸다. 고봉밥이라고 해서 그 큰 그릇에 밥을 수북이 올려 담기도 했다. 반찬이 변변치 않았기 때문에 밥이라도 많이 먹어서 밥심을 키워야 그 고된 들일을 견딜 수 있었다. 요즘에는 육류 소비가 현저히 늘고, 또 다양한 반찬을 풍족하게 곁들이다 보니 밥을 적게 먹어서 밥그릇도 '공기' 수준으로 크게 작아졌다.

다양한 밥그릇

밥그릇처럼 사람도 큰 사람과 작은 사람이 있다. 물론 키나 덩치를 말하는 게 아니다. 내 사전에 불가능은 없다고 호언했던 나폴레옹, 유럽 대륙을 정벌했던 몽골의 칭기즈칸, 중국의 개혁과 개방을 과감하게 추진해서 오늘날과 같은 경제대국의 초석을 다진 덩샤오핑은 우리가 상상하는 것보다 체구가 훨씬 작았다.

사람도 그릇에 비유해 왔다. 소위 대인배와 소인배를 이르는 것이다. 바꿔 말하면 '큰 그릇'과 '작은 그릇'이다. 눈앞의 사소한 이익에 집착하는 사람은 그릇이 작은 것이고, 멀리 내다보고 과감하게 투자할 줄 아는 사람은 그릇이 큰 것이다. 제 잇속 챙기기에 급급한 사람은 작은 그릇이다. 큰 그릇은 다른 사람을 배려할 줄 안다.

자신의 정치적 입지나, 선거 때 표의 손익계산을 따지면서 오랫동안 품어 왔던 신념을 하루아침에 팽개치는, '깜'이 못되는 정치인은 그릇이 작아서 큰 정치를 할 수 없다. 국민의 생활과 국가의 미래를 진정으로 걱정하고, 신념에 따라 행동할 줄 아는 큰 그릇이 큰 정치를 하는 것이다. 허구한 날 밥그릇 싸움이나 하는 정치인들이야말로 '밥맛'인 작은 그릇 아닐까.

따뜻한 밥

누가 뭐래도 밥은 따뜻한 게 으뜸이다. 무쇠솥에 쌀을 안치고 장작불을 때든, 돌솥에 가스불을 피우든, 잡곡의 종류에 따라 전기밥솥의 버튼을 눌러서든 방금 지어서 하얀 김이 피어나는 바로 그런

밥이 맛있다.

'밥심으로 산다'는 말을 입에 달고 다녔던 바로 그 시절 이 땅의 어머니들이 그 고된 일상 속에서도 끝끝내 손에서 놓지 않았던 게 하나 있다. 지아비와 자식들을 위해 당신 손으로 직접 따뜻한 밥을 짓는 일이었다.

무쇠솥에 쌀을 씻어 안치고 장작불을 때야 하는 고된 과정을 거쳐야 했으면서도 밥 짓는 일을 번거롭게 생각하는 어머니는 없었다. 어린 자식 입에 따뜻한 밥 들어가는 건 보기만 해도 속까지 다 따뜻한 일이었다.

따뜻한 밥은 어머니의 정성이었다. 자식에게는 그게 보약이었다. 비타민이 따로 없었다. 돌이켜보면 추억 자체였다. 아련하게 떠오르는 그리움이었다. 귀하고 풍족한 삶을 상징했다.

찬밥은 당연히 정반대다. 남에게 괄시받고 소외된 사람이나 하찮게 취급받는 물건을 싸잡아서 '찬밥 신세'라고 한다. 옛날에 걸인들이 자신을 한껏 낮춰서 얻어간 것도 찬밥 한 덩이였다. 월매도 거지 행색으로 나타난 사위에게는 찬밥을 먹였다. 그나마 향단이를 시켜서….

1970년대까지만 해도 겨울철에는 교실에서 조개탄이나 톱밥 난로에 양은 도시락을 층층으로 쌓아서 밥을 데워 먹었다. 요즘에는 즉석 밥을 사서 전자레인지에 돌리기만 하면 막 지은 것처럼 따뜻한 밥을 얼마든지 먹을 수 있다. 노량진 고시촌의 '컵밥'에도 온기는 있다.

그 어떤 따뜻한 밥인들 '집밥'만할까. 그 시절 어느 날 저녁 끼니 때도 한참 지나 무거운 책가방을 들고 집에 돌아오면 가마솥에 지은 밥을 그릇에 따로 담아서 아랫목 이불 속 깊이 묻어두었다가 꺼내주시던 어머니의 그 따뜻한 밥에 비할 수 있을까.

정치판을 흔히 정글에 비유한다. 온갖 권모술수가 판을 치는 약육강식의 세계가 정치판이라는 것이다. 이청준의 〈눈길〉은 어린 자식에게 따뜻한 밥 한 끼를 지어먹이고 싶어하는 어미의 마음을 그린 단편소설이다.

소설 속 그 어머니의 마음으로 국민들에게 따뜻한 밥을 먹이는 게 자신에게 주어진 책무라는 걸 맘속 깊이 새기고 행동하는 정치인들이 지금보다 더 많아지면 얼마나 좋을까.

밥값

요즘 많은 사람들은 집에서 밥을 직접 지어먹는 횟수보다 외식하는 일이 더 잦다. 외식산업은 날로 번창일로다. 메뉴에 따라 조금씩 차이가 나겠지만 순전히 가격으로만 따지면 밖에서 사 먹는 밥이 더 싸게 먹히는 경우도 얼마든지 있을 것이다.

같은 메뉴라도 밥값은 식당마다 조금씩 다르다. 몇 배 차이가 나는 경우도 물론 없지 않다. 그런데 이거 하나는 확실하다. 어느 음식점에서 밥을 먹었는데 밥값이 턱없이 비싸다는 생각이 들면 다시는 그곳에 가고 싶지 않다는 것이다. 밥이 밥값을 못하기 때문이다.

어느 조직이든 구성원의 능력이나 성향은 다양하다. 그들은 크게 셋으로 나누어진다. 일을 열심히 해서 밥값 이상의 성과를 내는 사람, 평균 정도의 일을 해서 그런대로 밥값은 하는 사람, 능력이 부족하거나 일에 의욕을 내지 않아서 밥값도 못하는 사람이다.

대부분의 회사에서는 밥값 이상의 성과를 내는 직원한테는 현금으로 인센티브를 준다. 그런 직원은 지갑이 두둑해질 테니 쓸 수 있는 밥값도 풍부해진다. 물론 인사고과에도 반영되어 승진도 빠르다. 반대의 경우는 말하지 않아도 뻔하다.

자세히는 알 수 없어도 대기업 총수들은 우리가 상상하기 어려울 만큼 많은 액수의 밥값을 쓰지 않을까 싶다. 그런데 정부 주요기관과 기관장, 단체장, 국회의원도 밥값이 만만치 않은 것으로 나와 있다. 이 사람들은 허구한 날 밥만 먹고 사는가 싶은 생각이 들 정도다.

국회의원들에게 지급되는 특수활동비 사용내역을 보면 밥값이 대부분을 차지한다고 한다. 보통 사람들은 밥 먹는 일이 일상적이고 평범한 생활의 일부인데, 정치하는 사람들한테는 밥 먹는 것도 특수활동인 모양이다.

우리 국민은 천성적으로 심성이 착하다. 정치하는 사람들이 밥값 좀 유별나게 많이 쓴다고 해서 거기에 태클을 걸 국민은 별로 없다. 문제는 밥값을 얼마나 썼느냐가 아니다. 국민의 세금으로 그렇게 갖다 쓰는 만큼 정치인으로서 밥값을 제대로 하느냐를 묻는 것이다.

밥값도 못하는 '밥맛'인 정치인이 하도 많은 것 같아서, 그게 못마땅한 것이다.

밥솥

    똑같은 식재료를 갖고도 요리하는 사람에 따라 음식 맛이 천차
만별이듯, 밥의 맛을 결정하는 대단히 중요한 요소는 바로 밥솥이
다. 어떤 솥에다 쌀을 안쳐서 지었느냐에 따라 밥맛도 크게 달라진
다는 말이다.

    우리의 경우 밥솥 하면 누가 뭐래도 가마솥이었다. 무쇠로 만든
전통 가마솥은 밑바닥이 둥그렇고, 가장자리보다 두 배 정도 두껍
기 때문에 안친 쌀에 열이 골고루 전달된다. 솥 무게의 1/3가량을 차
지할 만큼 무거운 솥뚜껑은 내부의 온도를 서서히 높여줄 뿐 아니라
그 높은 온도를 일정하게 유지시키기 때문에 밥맛이 좋다.

    집안 살림을 도맡아 처리하는 사람이라고 해서 아내를 높여 부
른 게 '내무장관'이다. 그에 반해 '솥뚜껑 운전사'는 집안에서 살림
하는 여자를 낮춰 일렀던 말이다. 솥뚜껑을 열고 닫아서 밥을 짓고
국이나 끓일 뿐 가진 권력은 보잘것없다는 뜻일 것이다.

    주거환경이 아파트 중심으로 바뀌고, 집안에 '부엌' 대신 '주방'
이 들어서면서 맨 먼저 사라진 게 바로 가마솥일 것이다. 아무리 밥
맛이 좋다 해도 아파트에 그 큰 가마솥을 안치고 장작불을 때는 건
불가능하기 때문이다.

    가마솥을 대신한 게 양은이나 스테인리스 냄비였다. 그런데 그
걸로 지은 밥은 찰기가 부족해서 맛이 별로였다. 그래서 나온 것이
압력밥솥이었다. 전통 가마솥의 원리를 적용해서 만든 압력밥솥은
수증기가 덜 빠져나가도록 설계되었기 때문에 가마솥에 지은 밥에

버금가는 맛을 냈다.

물론 1970년대 후반부터는 전기밥솥으로 밥을 짓는 집이 적지 않았다. 하지만 그 시절의 전기밥솥은 편리하다는 점 빼고는 장점이 별로 없었다. 솥 내부의 압력이 낮다 보니 밥이 찰기가 떨어져서 밥맛이 형편없다는 게 가장 큰 문제였다.

아쉬운 게 하나 더 있었다. 전기밥솥은 보온 기능이 갖춰져 있지 않았다. 밥을 따뜻하게 보관하려면 전기밥솥에 지은 밥을 보온 기능만 별도로 갖춘 밥통에 옮겨 담아야 했다. 더구나 그 보온밥통이라는 것도 성능이 영 신통치 않아서 담아 놓은 밥이 오래가지 않아 누룽지처럼 딱딱하게 변하기 일쑤였다.

가마솥이나 압력밥솥의 밥맛뿐 아니라 전기밥솥의 편리함과 보온밥통의 기능을 모두 만족시킨 것이 요즘 대부분의 가정에서 밥을 지어 먹는 압력전기밥솥이다. 우리나라에 여행 온 중국인 관광객들마다 하나씩 사 들고 출국장을 빠져나가는 바로 그 전기밥솥이다.

밥솥을 생산하는 우리의 기술력이 그만큼 뛰어나다는 것인데, 그런 오늘이 있기까지 한바탕 홍역을 치른 적이 있다는 걸 지금 중년에 접어든 이들은 생생하게 기억하고 있을 것이다.

코끼리 밥통 밀수사건

1983년 1월 31일자 일본 유력 일간지인 아사히신문 조간 3면에 「한국인 손님 때문에 매상고가 늘어난다」는 제목이 얹힌 다음과 같은 내용의 기사 하나가 실렸다.

> 시모노세키에 도착한 한국의 모 여성단체 관광객 17명이 호
> 텔에 짐을 풀어놓자마자 쇼핑에 나서 주방기구, 전기제품,
> 손목시계, 카세트라디오, 화장품 등을 무더기로 사들였다.
> 그들은 귀국길 통관 심사 때 짐을 손으로 다룰 수 없어 발로
> 밀어가면서 운반할 정도였다.

우리나라 일본주재 특파원들이 그 기사를 본국에 송고해서 다음
날 주요 일간지에 보도되는 바람에 온 나라가 시끄러워졌다. '코끼
리 밥통사건'으로 더 잘 알려진 '주부교실 부산지부 단체여행자 해외
쇼핑사건'의 내막은 이랬다.

부산 지역 각계 지도층 인사의 부인들로 구성된 주부교실 회원
17명이 일본 시모노세키 부인회와 자매결연을 맺으려고 일본을 방
문했다가 짧은 공식일정을 마친 뒤 백화점 쇼핑에 나섰다. 그들이
주로 구입한 물품은 기사 내용 그대로였는데, 그중 눈에 띄는 품목
이 하나 있었다. 바로 일본 어느 전자회사에서 만든 코끼리표 밥솥
이었다.

당시 일제 코끼리표 전기밥솥은 주부들이 꼭 갖고 싶어하는 물
품 중 하나였다. 물론 우리나라에서 만든 전기밥솥이 없는 건 아니
었다. 하지만 그건 코끼리 밥솥에 비할 바가 못됐다. 더구나 코끼리
표 밥솥은 밥맛뿐 아니라 보온 기능까지 뛰어나서 한 번 밥을 지으
면 며칠씩 차지고 맛있는 밥을 먹을 수 있었다.

▲ 그 옛날 우리 주부들이 일제 코끼리 밥솥에 열광했던 것처럼, 현재 중국의 가정주부들은 우리나라 어느 전기회사에서 만든 이 전기밥솥을 꼭 갖고 싶은 주방기구 중 하나로 꼽는다고 한다. 연예인들이 촉발시킨 한류 열풍과 더불어 이런 전기밥솥은 중국인들이 한국의 기술력을 높이 평가하는 데 크게 기여해서 양국간 활발한 교역의 핵심적 촉매 역할을 하고 있다. 중국인들에게 더 맛있는 밥을 제공하고 있다는 점에서 이런 전기밥솥은 민간 외교사절 역할을 톡톡히 하고 있는 셈이다.

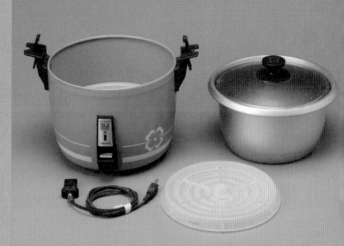

▲ 1980년대 중반까지만 해도 우리 주부들은 이런 전기밥솥으로 밥을 지었다. 하지만 이 밥솥은 압력이 낮아서 밥이 푸슬푸슬했을 뿐 아니라 보온 기능도 갖춰져 있지 않았다. (출처: 국립민속박물관)

◀ 1970년대까지만 해도 시골 집에는 대부분 이런 가마솥에 장작불을 때서 밥을 지었다.

다른 물건은 몰라도 주부들마다 그 밥솥은 한 사람도 빠짐없이 사 들고 왔기 때문에 지도층 부인들의 호화쇼핑 중에서도 전기밥솥에 더 무게가 실려서 그 일을 두고 당시 사람들은 '코끼리밥통사건'이라고 불렀다.

밥통이 만든 밥맛

제 밥값을 못하는 사람을 가리키는 말이 하나 있다. '밥통'이다. 밥은 꼬박꼬박 찾아 먹으면서도 하는 일 없이 허구한 날 빈둥거리면서 노는 사람, 그러니까 뱃속에 밥만 들어가니 밥통이라는 뜻이었다. 정확하게는 밥통만도 못한 사람이라고 해야 하나? 밥통은 제 몸에 담은 밥을 도로 내놓기라도 하니까.

그 옛날 일부 주부들이 일본에서 사 들고 와서 문제가 된 건 분명히 코끼리표 '밥솥'이었다. 그런데 사람들은 그걸 코끼리 '밥통'이라고 불렀다. 하긴 밥을 짓는 동안에야 밥솥이지 보온 기능으로 전환된 다음부터는 밥통이 맞긴 하다. 그런데 아이러니하게도 그 '밥통'이라는 말이 오늘날 우리나라 밥솥 생산기술의 초석을 놓았다.

코끼리 '밥통' 사건이 터졌을 당시 뉴스를 본 전두환 대통령은 비서관을 불러놓고 이렇게 말했다고 한다.

"에이, 밥통도 못 만드는 밥통들 같으니라구…. 아니, 밥통 하나 제대로 못 만드는 주제에 어떻게 일제 밥통을 사가지고 들어오는 여자들을 욕할 수가 있나? 그 여자들이 뭣 때문에 일제 밥통을 살 수

▼ 가마솥 바닥에서 긁어낸 누룽지는 고소한 맛이 일품이다. 맛있는 밥이 익어갈 수 있도록 뜨거운 밑바닥에 깔려 제 몸을 태우는 게 누룽지다. 희생정신의 표본이라 할 만하다. 누룽지처럼 자신을 기꺼이 희생할 줄 아는 정치인이 많아질수록 국민들의 삶의 질도 향상될 것이다. 굳이 이름을 붙이자면 이게 바로 '누룽지 정치' 아닐까 싶다.

밖에 없느냐 말이야!"

그렇게 한탄하고는 비서관에게 단단히 일렀다는 것이다.

"이봐. 이거 우리가 만들 수 있어, 없어? 아니야. 6개월 안에 다 만들어. 하여튼 이 밥통 못 만들면 밥도 그만 먹을 생각들 하라고 그래!"

서슬 퍼렇던 독재자의 한마디는 확실히 효과가 있었다. 그 말이 끝나기 무섭게 '관계기관대책회의'가 열렸다. 그리고 우리나라에서 내로라하는 밥솥 전문가들을 모아 집중적으로 연구를 시킨 끝에 불과 6개월 만에 성능이 월등하게 향상된 국산 전기밥솥이 만들어졌던 것이다.

그 짧은 기간에 만들어낸 밥솥인지라 코끼리표 밥솥만은 못했지만 적어도 일제 밥솥을 과거처럼 선호하지는 않게 되었다. 전기밥솥 하나만 놓고 보면 최고 통치자로서 전두환 대통령은 적어도 밥값은 좀 했던 셈이다.

밥값도 안 하거나 못하면서 제 밥그릇 챙기기에 여념이 없는, 밥통 같은 밥맛인 정치인이 어디 한둘일까 싶어서 하는 말이다.

현금으로 가득 채워진 사과박스는
판도라의 상자다

상자 속의 사과는 제때 먹어야

사과박스의 흑역사

"결혼하고 나니까 주위 어른들이 걱정을 많이 하셨어요. 정치인 아내로서 몸가짐, 마음가짐 다 조심해야 한다는 거예요. 남편한테 뭘 조심해야 하냐고 물어봤어요. 그랬더니 누가 주는 거 함부로 받으면 안 된다, 특히 사과박스 같은 거절대 받지 말라고 그러더라고요…."

"…결혼한 그해 명절에 유난히 사과박스가 많이 들어왔어요. 그중에 다른 것보다 무겁고 포장도 특별해 보이는 박스 하나가 있더라구요. 아, 남편이 말한 게 이런 거구나 싶은 거예요. 무서워서 열어볼 엄두가 나야 말이지요. …그걸 방에다잘 모셔두었는데 오래 지나서 그 사과박스를 열어보니까 글쎄, 사과가 잘 썩고 있더라고요…."

1990년대 중반에 가수로 활동했던 그룹 '투투'의 멤버 황혜영이

TV 방송 프로그램에 나와 다른 출연자들의 폭소를 터트린 말이다. 그의 남편은 민주당 상근 부대변인과 안철수 진심캠프 기획팀장으로 일했던 정치인이고…. 방송에 출연해서 다 지난 얘기를 새삼스럽게 꺼낸 속내는 물론 충분히 짐작할 수 있지 않을까.

"정치하는 제 남편은 그 정도로 깨끗한 사람이거든요…."

아무리 그래도 그 캄캄한 상자 안에서 속수무책으로 썩어야 했던 사과는 도대체 전생에 무슨 죄를 저질렀더란 말인가. 사과박스가 판도라의 상자일 리는 만무할 터, 그건 순전히 과거에 재벌들하고 정치인들 사이에 오갔던 사과박스의 '흑역사' 때문이다.

1996년에 전두환 비자금 사건이 터졌을 때 쌍용양회라는 회사의 경리 창고에서 현금 61억 원이 담긴 사과박스 25개가 발견되어 국민적 공분을 샀다. 1997년 한보그룹 정태수 회장은 100억 원의 현금을 사과박스와 라면박스에 담아서 정·관계 인사들에게 뇌물로 뿌렸다.

2002년 대선 당시 한나라당 이회창 후보는 측근을 통해 대기업들로부터 823억 원에 이르는 거액의 불법 정치자금을 받은 게 밝혀졌다. 그때는 참으로 통이 큰 수법이 동원되었다. 경부고속도로 '만남의 광장' 지하주차장에서 현금을 가득 채운 사과박스와 그걸 싣고 온 2톤 트럭을 통째로 넘겨받았던 것이다. 한나라당이 '차떼기당'이라는 별칭을 갖게 된 사건이었다.

왜 하필이면 사과박스였을까

상자는 주로 물건을 담아서 운반하거나 보관하는 데 쓰인다. 용도에 따라 크기나 모양도 매우 다양하다. 액세서리를 모아두는 작은 상자는 하트나 동물의 이미지를 본뜬 것까지 있지만 대부분은 직사각형으로 만든다. 운반이나 보관의 효율성을 고려해서다.

과거에는 판자를 잇대고 거기에 못질을 해서 상자를 만들었다. 과일상자든 어물상자든 맥주상자든 예외가 없었다. 뚜껑까지 달린 상자는 그리 흔하지 않았다. 판자를 얼기설기 잇대어 만들다 보니 안에 담긴 내용물도 훤히 보였다.

그 시절까지만 해도 과일상자 같은 데다 현금을 담아서 보관하거나 전달하는 일은 없었다. 또 그렇게 큰 상자에 지폐를 가득 채우는 걸 누군들 상상이나 했겠는가. 지폐까지는 바라지도 않았을 것이다. 사과라도 가득 채워져 있으면 든든했을 테니….

요즘 과일상자는 모두 두꺼운 골판지로 만든다. 과일의 종류에 따라 크기도 제각각이다. 사과박스의 경우는 무게를 기준으로 15, 10, 7.5, 5kg 네 가지다. 뇌물 전달에 주로 쓰인 건 51×36×29cm 크기의 15kg들이 상자였다. 그 안에 만 원짜리 지폐를 4억 원까지 담을 수 있다고 한다.

거액의 현금 운반 수단으로 사과박스를 주로 사용한 건 다분히 사회적이다. 명절뿐 아니라 일상생활에서도 가장 흔한 선물이 사과였다. 가격이나 부피나 효용면에서 그만한 게 없었다. 현금 뇌물을 선물로 위장하기에는 사과박스가 안성맞춤이었던 것이다.

농림축산식품부는 2015년부터 15kg들이 사과박스는 표준거래
단위에서 빼기로 했다. 10, 7.5, 5kg짜리 세 가지 상자만 공식적인
포장 규격으로 인정하겠다는 것이다. 전국의 주요 사과 산지 농협에
서도 더 이상 15kg짜리 사과박스는 만들지 않는다고 한다. 물론 도
매시장에서도 10kg 이하만 취급하기로 했다.

뇌물상자로 인기를 구가했던 사과박스는 이제 추억 속으로 사라
지게 됐다. 하긴 그것도 만 원짜리 지폐가 최고액권이었던 시절 얘
기다. 5만 원짜리 지폐가 유통되기 시작하면서 그보다 부피가 훨씬
작은 상자들이 사과박스를 대신하고 있다. 비타500 상자가 대표적
인 예다.

성완종 전 경남기업 회장이 이완구 전 총리에게 3,000만 원을
담아서 전달했다고 주장한 비타500 상자가 세간의 화제가 된 적이
있다. 5만 원짜리 지폐 덕택에 와인상자에도 1~2억 원쯤은 너끈히
담을 수 있게 된 것이다. 수십만 원짜리 상품권을 잘 접어서 담뱃갑
에 넣어 전달한 예도 있다. 어쩌다가 먹고 마시는 걸 보관하는 상자
가 금고로 변했는지 알다가도 모를 일이다.

종로에는 사과나무를 심어보자

정치인 뇌물수수 사건이 불거지면 검찰이 수사에 나선다. 그때
마다 빈번하게 등장하는 레퍼토리 중 하나가 소위 '배달사고'다. 현
금이든 물품이든 그걸 전달하는 누군가가 중간에서 빼돌렸을 테니

명절을 앞두고 전달하는 현금이나, 기업에서 직원들에게 지급하는 특별보너스를 '떡값'이라고 불렀던 적이 있다. 거액의 뇌물에도 '떡값'이라는 이름을 붙였다. 정치인들이 기업가들로부터 받은 떡값 이야기는 국민들의 명절 기분을 상하게 하고, 인절미나 팥시루떡의 맛을 떨어뜨리기 일쑤였다. 그런데 제아무리 귀하고 비싼 떡이라도 온 가족이 나눠먹을 만큼 구입하는 데 드는 비용은 기껏해야 10만 원 미만이다. 정치인들이 사과박스로 받아 챙겼던 '떡값'에 비하면 '껌값'도 못된다.

자신은 모르는 일이라고 결백을 주장하는 것이다.

"성 회장이 왜 수첩에 내 이름까지 적어놨는지 모르겠다. 혹시 내 주변사람 중 누가 '홍준표'를 팔았는지는 나는 알 수 없다. 정치권에는 그런 경우들이 종종 있다."

성완종 전 경남기업 회장으로부터 1억 원을 받았다는 의혹을 받은 홍준표 경남지사도 '배달사고' 가능성을 제시하며 자신은 모르는 일이라고 항변했다지 않은가. '정치권에는 그런 경우들이 종종 있다'고 하면서….

조선시대 권세가들은 첩으로 들인 기생을 뇌물수수 창구로 이용했다고 한다. 배달사고가 날 가능성이 적고, 설령 문제가 불거져도 기생이 술시중 들다 받은 돈쯤으로 둘러댈 수 있었을 테니 일거양득이었을 것이다.

앞서 어느 정치인 아내는 사과가 잘 썩었더라고 자랑스럽게 얘기했다. 몰라서 그렇지 사과박스를 만드는 골판지는 통기성이 좋아서 그 안에 보관된 사과는 쉽게 썩지 않는다. 그렇게 썩어가도록 사과박스를 열어보지 않았다는 것도 납득이 잘 안 된다. 어쨌든 그 사과박스 안에 사과만 들어 있었던 건 분명한 것 같다.

사과를 보관하거나 유통하는 것, 바로 사과박스의 본디 쓰임새고 정체성이다. 사과박스라고 꼭 사과만 담으라는 법은 물론 없다. 배나 귤을 담아도 무방하다. 빈 사과박스는 이사할 때 책을 운반하는 데 사용하거나 폐지를 수집하는 노인들에게 내줄 일이다.

▲ 상자 속 사과

▼ 지금은 사라진 15kg 규격의 사과박스

▼ 사과나무에 탐스럽게 열린
잘 익은 사과들 (제공: 장수군청)

오세훈 전 서울시장이 20대 총선에 서울 종로구에서 출마하겠다고 선언했다. 자신의 정치적 입지를 일거에 넓혀서 '미래'를 도모하겠다는 속셈이라는 것쯤은 누구나 안다.

윤보선 전 대통령이 바로 종로 출신 국회의원이었다. 이명박과 노무현 전 대통령도 그곳에서 국회의원에 당선된 뒤 정치적 입지를 탄탄하게 다진 바 있다. 그밖에도 총선 때마다 각 당을 대표할 만한 중량급 정치인들이 그곳에서 치열한 대리전을 치른 바 있다.

종로를 '정치 1번지'라고 불러온 까닭은 그런 방식으로 우리나라 정치 지형 변화의 바로미터 역할을 해 왔기 때문일 것이다. 그리고 우리나라의 정치인과 정치 풍토의 부패상을 상징적으로 보여준 건 다름 아닌 만 원짜리 지폐로 가득 채워진 사과박스였다.

종로에는 사과나무를 심어보자고, 사과가 주렁주렁 탐스럽게 열린 그곳에서 꿈을 꾸며 걸어가리라고 노래한 가수는 이용이다. 그노래가 〈서울〉이라는 제목을 달고 세상에 나온 게 1982년이니까 벌써 30년도 훨씬 넘게 지났다. 그 노래를 만든 이는 혹시 훗날 '사과박스'에서 썩은 냄새가 날지도 모른다는 예감을 했던 걸까.

'정치 1번지'라는 종로에 지금이라도 사과나무를 심을 일이다. 사과가 탐스럽게 열리면 누구 할 것 없이 그 사과를 따서 사과박스에 담아 여의도 같은 데로 보내는 것이다.

방치해서 썩은 사과는 내버리면 그만이다. 하지만 지폐로 채워진 사과박스는 뚜껑을 여는 순간 수많은 국민들의 속을 썩이고, 정치를 썩히는 주범임을 우리 정치인들이 절실하게 깨닫게 될 날은 언제쯤일까.

배반의 음식

식지(食紙) (출처: 국립민속박물관)

이 땅의 민주주의 가치를 제대로 정착시키기 위해 우리 정치인들은 어떤 노력을 하고 있는가. 정치의 배신이야말로 나라를 근본적이고 구조적인 파멸로 몰아넣는 원인이다.

– 배신의 정치인은 국민들께서 단호하게 심판해야겠지요

"지도자가 되려는 사람은 그런 현장을 두려워해서는 안 된다고 생각합니다. 제가 계란을 맞아서 일이 잘 풀린다면 앞으로도 얼마든지 계란을 맞겠습니다."

– 정치하는 사람들은 계란을 좀 맞아야 안 되겠습니까?

다른 정치인들의 의견도 폭넓게 경청하고, 그걸 자신의 정치활동에 적극 반영할 줄 알아야 사카린처럼 국민들에게 지속적으로 단맛을 주는 달달한 정치를 할 수 있다.

– 정경유착의 치명적인 단맛의 유혹, 사카린 밀수사건

문민정부 초기의 '청와대 칼국수'는 김영삼 전 대통령의 국정운영 방향을 암시해 주었다는 점에서 상징적이고 의미심장한 메뉴였다.

– 칼국수를 '학실히' 즐겨 드셨던 칼 같은 대통령

정치의 최우선 목적은 국민을 잘 먹고 잘 살게 하는 것이다. 그런데 김정은의 정치는 순전히 체제와 권력 유지에 초점이 맞춰져 있지 않은가.

– 굶주린 인민들은 에멘탈 치즈의 맛을 알 수 없다

배신의 정치인은
국민들께서 단호하게 심판해야겠지요

배신의 정치와 정치의 배신

박수 받으며 물러난 배신의 정치인

> "신뢰를 어기는 배신의 정치는 결국 패권주의와 줄 세우기
> 정치를 양산하는 것으로 반드시 선거를 통해 국민들께서 심
> 판해주셔야 합니다…."

2015년 6월 25일, 박근혜 대통령이 국무회의 모두발언을 통해
여야 합의로 마련한 국회법 개정안에 거부권을 행사하면서 단호하
게 못 박은 말의 일부다. 박 대통령이 심판해 달라고 요구했던 정치
인은 국회법 개정안 입법 추진을 주도했던 새누리당 유승민 원내대
표였다.

유승민 원내대표는 대통령으로부터 '배신의 정치인'으로 분류된
뒤 13일 만에 결국 자진 사퇴했다. 7월 8일 국회 정론관 기자회견에
서 그는 사퇴하는 소회를 다음과 같이 밝혔다.

> "평소 같았으면 진작 던졌을 원내대표 자리를 끝내 던지지

않았던 것은 제가 지키고 싶었던 가치가 있었기 때문입니다. 그것은 법과 원칙, 그리고 정의입니다. 저의 정치생명을 걸고, 대한민국은 민주공화국임을 천명한 우리 헌법 1조 1항의 지엄한 가치를 지키고 싶었습니다. …저는 앞으로 고통받는 국민의 편에 서서 용감한 개혁을 하겠습니다."

당시 야권 성향의 많은 국민들조차 그 '배신의 정치인'에게 따뜻한 응원의 박수를 보냈다는 걸 우리는 기억하고 있다.

숙주나물은 수분이 많아서 쉽게 변질된다

숙주는 녹두를 발아시켜 기르는 우리의 전통음식 재료 중 하나다. 숙주나물이라고도 부르는데, 콩나물보다 줄기가 짧고 수분 함량이 많다는 게 특징이다.

숙주로는 다양한 요리를 만든다. 여느 나물무침처럼 갖은 양념에 버무려 숙주나물무침을 만든다. 오징어숙주볶음, 바지락숙주찜 등 각종 볶음이나 찜 요리의 단골손님도 숙주나물이다. 속풀이에 그만인 육개장에도 숙주나물이 들어간다. 만두소를 만들 때도 빠지지 않는다.

숙주나물에는 항산화 효능이 뛰어난 비타민이 풍부하다. 녹두를 숙주나물로 기르면 비타민A는 2배, 비타민B는 30배 이상 증가한다. 비타민C는 무려 40배 이상 증가한다.

숙주나물의 비타민B$_6$은 각종 오염물질을 차단하고, 체내의 독소 배출을 원활하게 한다. 자동차 배기가스나 담배연기 등 체내의 중금속 함량을 줄여주는 대표적인 해독식품이기도 하다. 특히 마음속에 쌓인 분노를 다스리는 데는 숙주나물만한 것이 없다고 한다. 화로 인해 손상된 몸속 세포의 독을 없애는 데 최적의 식품이라는 것이다.

모든 채소는 수분 함량이 높다. 숙주나물은 특히 더하다. 숙주나물이 다른 채소보다 훨씬 빨리 변질되는 까닭이다. 그래서 숙주나물은 차가운 물에 씻는다.

녹두를 발아시킨 것인데도 녹두나물이라고 부르지 않고 숙주나물이라는 이름으로 부르는 까닭은 무엇인가.

'배신의 정치'의 아이콘, 신숙주

'숙주나물'은 조선 세종 때 집현전 학사를 지낸 신숙주 (1417~1475년)의 이름에서 나왔다는 설이 있다. 쉽게 변질되는 녹두나물에 신숙주의 이름을 넣어 숙주나물이라고 부르기 시작했다는 것이다.

세종은 죽음을 앞두고 신숙주를 따로 불러 나이 어린 단종을 잘 보살펴달라고 간곡히 부탁했다. 하지만 신숙주는 세종의 간곡한 당부를 저버리고 세조(수양대군) 즉위에 앞장서서 공신의 자리에 올랐다. 당시 백성들에게 신숙주는 요즘말로 배신의 아이콘 같은 존재

◀ 신숙주 초상(申叔舟 肖像)
(출처: 문화재청)

▼ 숙주나물 무침

였다.

숙주나물의 '숙주'는 정말로 신숙주의 '숙주'일까. 이용기의 『조선무쌍신식요리제법朝鮮無雙新式料理製法』에 따르면 만두소를 만들 때 녹두나물을 미리 짓이기는데, 당시 백성들이 신숙주를 녹두나물 짓이기듯 하자고 해서 '숙주나물'이라는 이름이 생겼다는 것이다.

그런데 문헌을 찾아보면 신숙주 이전에도 숙주나물이라는 이름이 일부 지방에서 이미 쓰이고 있었던 것으로 나와 있다. 하필 숙주나물의 숙주가 신숙주의 이름과 음이 같은 데다 잘 쉬고 변하는 속성을 갖고 있기 때문에 그런 식으로 불렀을 거라고 추측하는 것이다.

민족대표 33인의 배신의 정치

1919년 3월 1일의 기미독립선언서는 민족대표 33인이 파고다공원에 모여서 낭독한 거라고, 그게 3·1운동의 도화선이 되었던 거라고 배웠다. 학교 다닐 때부터 대부분 그렇게 믿어 왔다. 그런데 아니었던 모양이다.

기미독립선언서는 원래 파고다공원에서 낭독하기로 되어 있었던 것까지는 사실이다. 하지만 거기에 서명한 33인의 민족대표자는 3월 1일 그날 파고다공원에 가지 않았다. 그들은 2월 28일 손병희의 집에 모여서 다음날로 예정된 파고다공원 집회에 불참하기로 결정했던 것이다. 더구나 그런 중차대한 결정사항을 학생들에게 통보하지도 않았다.

33인이 기미독립선언서를 낭독한 곳은 태화관이었다. 태화관은 매국노 이완용의 별장을 개조해서 만든 당시 장안의 최고급 요정이 었다. 민족대표를 자처한 사람들이 그런 자리에 모여서 국가의 명운 이 걸린 선언서를 낭독했던 것이다.

학생 대표들은 그들이 파고다공원으로 나오기로 한 약속을 지키 기 않은 것을 두고 거세게 항의했다. 그에 대한 답변은 '유혈충돌을 피하기 위해서'라는 궁색하기 짝이 없는 변명이었다.

그뿐 아니었다. 태화관에서 선언서를 낭독한 33인은 종로 경찰 서에 전화를 걸어 자신들을 체포해가라고 요구하기까지 했다. 말하 자면 일찌감치 자수해서 목숨을 부지하고 싶었던 것이다.

3·1운동으로 희생된 조선인 사망자는 2만 명이 넘는다. 유관순 열사를 비롯한 수많은 사람들이 투옥되어 모진 고초를 겪거나 옥사

▲ 민족대표 33인도 (출처: 동학혁명기념관)

했다. 그토록 어마어마한 일을 벌여놓고도 '민족대표' 33인은 거사만 일으킨 뒤 무책임한 행동으로 일관했다. 결국 3·1운동은 엄청난 희생을 치르고도 실패할 수밖에 없었던 것이다. (이 단락은 구본창의 《패자의 역사》를 참고해서 정리했음.)

우리 정치인들의 배신

'···하루하루 바다만 바라보다 눈물지으며 힘없이 돌아오네 남자는 남자는 다 모두 다 그렇게 다 아하아하 이별의 눈물 보이고 돌아서면 잊어버리는 남자는 다 그래.' 오래전에 심수봉이라는 가수가 불러서 널리 알려진 노래 〈남자는 배 여자는 항구〉의 일부다.

이 노래에 나오는 '다 그래'는 한마디로 '뻔하다'는 뜻이다. 이별의 눈물을 보일 때는 언제고 돌아서기만 하면 내가 언제 그랬냐는 듯 까맣게 잊어버리는 게 남자라는 말이다. 좀 비약하자면 배신을 밥 먹듯이 하니 천하에 믿지 못할 사람이 남자라는 뜻이기도 하다. 생각해 보니 우리 현대사의 대통령들도 '대부분' 남자였다.

'국부'라는 이름으로 불렸던 초대 대통령 이승만은 친일자본가와 지주들로 구성된 한민당의 지지를 받아 백범 김구를 비롯한 수많은 정적들을 무참하게 살해하고 대통령이 되었다. 그는 친일경찰들을 정권유지의 하수인으로 기용해서 장기독재를 획책했다. 그건 나라의 독립을 위해 목숨을 걸고 투쟁했던 많은 애국지사들과 국민들에 대한 배신의 정치였다.

5·16군사쿠데타를 주도했던 박정희 전 대통령은 경제개발계획을 수립하고 그걸 적극 추진해서 국민들의 배고픔을 면해주었을 뿐 아니라 오늘날과 같은 국가 경제발전의 기틀을 다졌다는 평가를 받고 있다. 하지만 그 과정에서 수많은 노동자들은 인권을 제대로 보호 받지 못했다. 또 민주주의를 탄압하고 영구집권을 도모하다가 결국 부하의 총탄에 유명을 달리하고 말았다.

박정희 대통령 사망으로 통일주체국민회의를 통해 우리나라 제10대 대통령으로 선출되었던 최규하 대통령은 취임 9개월 만에 스스로 자리에서 물러났다. 그는 당시 신군부가 정권을 찬탈하는 과정에서 하야를 요구하는 압력이 있었는지에 관한 진술을 끝끝내 거부함으로써 역사를 바로 세우고자 했던 뜻 있는 많은 이들의 기대를 저버렸다.

1980년 '민주화의 봄'을 맞았던 국민들은 12·12쿠데타와 광주학살로 정권을 찬탈한 전두환의 출현으로 또 다른 군사정권 치하에서 숨을 죽여야 했다. 퇴임 후 안위를 보장받기 위해 절친이자 군사쿠데타 동지임을 철석같이 믿고 노태우에게 정권을 넘겨주었던 전두환도 청문회에 끌려 나옴으로써 친구로부터 배신을 당했다.

군사 쿠데타 주도자들을 '독재자' 혹은 '학살자'라고 외치면서 투쟁 일선에 섰던 '민주투사' 김영삼은 과거 군사정권의 핵심인물인 노태우와 김종필의 손을 잡고 3당 합당을 선언했다. 민주주의를 신봉하는 대다수 국민들과 노무현 당시 의원을 비롯한 많은 야당 정치인들에게 그보다 더한 배신은 없었다.

평화적 정권교체를 이룬 김대중 대통령은 IMF 경제위기를 극복

▲ 숙주나물과 콩나물은 이처럼 비슷하게 생겼다. 국리민복을 위해 기득권을 버리고 자신을 기꺼이 희생할 줄 아는 진실한 정치인과, 국민에게 했던 약속을 저버리기 일쑤인 배신의 정치인을 명확하게 가려내는 일도 쉽지 않다.

▼ 숙주나물은 두부, 돼지고기, 부추 등과 뒤섞여서 만두소가 된다. 만두피에 싸인 만두소의 숙주나물은 쉽게 식별할 수 없다. 국민들의 바람을 저버리고 배신의 정치를 일삼는 정치인들도 만두소의 숙주나물처럼 보이지 않는 곳에서 암약한다.

하고, 대북 포용정책을 꾸준히 견지함으로써 이산가족 상봉과 금강산 관광 등 남북 경제협력과 민간 통일운동의 활성화 등을 통해 남북관계를 화해와 협력 체제로 전환시켰다. 그는 분단 55년 만에 첫 남북정상회담을 갖고 역사적인 6·15남북공동성명을 이끌어내서 노벨평화상을 수상했지만 임기 말에 터진 가족들의 비리가 드러나 그를 지지해 왔던 많은 국민들을 실망시키고 말았다.

우리 사회에 만연한 권위주의와 정경유착을 타파하고 지역갈등 해소와 지방균형발전을 위해 노력했던 노무현 대통령을 보수 언론들은 반미주의 좌파로 규정하고 그에게 온갖 공격을 퍼부었다. 노 대통령은 재임 중 한미 FTA와 이라크 파병 등을 추진함으로써 자신의 지지기반인 진보 진영으로부터 신자유주의 우파라는 비난을 받았다. 퇴임 후 그는 가족들이 연루된 포괄적 뇌물죄 혐의를 받아 검찰 조사를 받던 중 스스로 목숨을 끊고 말았다.

소위 '747공약(경제성장률 7%, 국민소득 4만 불, 세계 7대 경제대국)'을 믿고 표를 몰아주었던 참으로 순박한 우리 국민들은 22조 원이 넘는 막대한 혈세를 쏟아부어 4대강을 황폐화시킨 이명박 대통령에게 철저히 배신당했다. 서민경제만은 반드시 살려놓겠다고 목소리를 높였던 그는 재임 중에 친재벌 경제정책으로 일관해서 서민경제를 파탄시켰다.

우리나라 최초의 준비된 여성 대통령이 표를 얻으려고 표방한 '창조경제'의 실체를 제대로 아는 국민들은 과연 몇이나 될까. 노무현 대통령을 향해 국민 한 사람의 생명을 지키지 못한 사람은 대통령으로 인정할 수 없다고 한때 목소리를 높였던 그분이 대통령으로 재임하는 동안 세월호 침몰과 메르스 사태에 미숙하게 대응함으로써 수많은 무고한 생명이 죽어갔다.

박근혜 대통령이 국무회의 석상에서 말한 '배신의 정치'는 부하의 충성심을 믿었던 권력자의 불편한 기분을 대변한 말이었다. 그런데 '배신의 정치'보다 심각한 건 따로 있다. 바로 '정치의 배신'이다.

선거 때마다 장밋빛 공약을 쏟아내지 않은 정치인은 몇이나 될까. 당선이 되고 나서도 유권자들과 했던 약속을 지키기 위해 최선을 다하는 정치인의 수는? 국민의 삶의 질을 높이는 일이 자신의 기득권보다 훨씬 소중하다고 믿는, 그걸 위해서라면 기꺼이 기득권을 내려놓을 줄 아는 정치인은 과연 얼마나 될까.

수많은 사람들의 희생으로 얻어낸 이 땅의 민주주의 가치를 제대로 정착시키기 위해 우리 정치인들은 어떤 노력을 하고 있는가. 정치의 배신이야말로 나라를 근본적이고 구조적인 파멸로 몰아넣는 원인일 것이어서 덧붙이는 말이다. 우리 정치인들 모두 그걸 제대로 실천한다면 얼마나 좋을까.

정치하는 사람들은
계란을 좀 맞아야 안 되겠습니까?

분노를 담아 던진 50g짜리 깜찍한 수류탄

그들이 계란을 맞은 까닭은?

2014년 9월 16일 창원시의회 본회의장에서 안상수 시장이 김성일 시의원이 던진 계란을 맞았다. 지역민과의 약속을 깨고 새 야구장 건설 입지를 일방적으로 변경한 데 항의하는 뜻으로 김 의원은 미리 준비한 계란 두 개를 안 시장에게 던졌던 것이다. 첫 번째 계란은 안 시장 오른쪽 어깨에 명중됐다. 나머지 하나는 본회의장 벽에서 박살났다.

그 일을 계기로 과거에 계란을 맞은 정치인들 얘기가 매스컴의 화제가 되었다.

1991년 6월 4일, 정원식 국무총리 서리가 한국외국어대학교에서 고별강연을 마치고 나오다 학생들이 던진 계란과 밀가루를 한꺼번에 뒤집어썼다. 군사정권에서 문교부장관을 지내는 동안 전교조 불법화에 앞장서고, 교사들의 집단해고를 강행한 정원식 국무총리 서리의 비민주적 행태를 그런 방식으로 규탄했던 것이다. 학생들에게 얻어맞고 뒤집어쓴 계란과 밀가루의 절묘한 조합을 두고 많은 사

▲ 제공: 이일형

람들은 '튀김옷'을 운운하면서 비웃기도 했다.

1999년 6월 3일 오전, 김포공항 제2청사 귀빈주차장에 전직 대통령을 태운 세단 한 대가 도착한다. 재임 중에 '학실히'를 자주 외쳤던 바로 그분이다. 그는 환송 나온 많은 사람들과 폼 나게 악수를 나누던 중 붉은 페인트가 섞인 계란을 왼쪽 관자놀이 부근에 정통으로 맞았다. 붉은 페인트의 시각적 효과는 정원식 총리서리의 튀김옷 못지않게 강렬했다. 전직 대통령의 체면이 왕창 짓이겨지는 순간이었다.

"나라 경제를 파탄 낸 사람이 김대중 대통령을 도와주지는 못할망정 독재자 운운하고 지역감정을 부추기는 데 화가 나서 그랬던 거요…."

'페인트 계란'을 던진 재미교포 박의정 씨(당시 72세)는 그렇게 말했다. 김영삼 전 대통령이 일본에 가서까지 또 망언을 늘어놓을 것이 걱정돼서, 아니면 그간의 행태에 분노가 치밀어서 그 노인은 계란을 던졌던 걸까.

노무현 전 대통령도 국회의원과 대선후보 시절에 세 차례나 계란을 맞았다. 1990년 부산 집회에 참석했다가 김영삼 총재의 3당 합당에 반대했다는 이유로 맞았고, 2001년 5월 22일에는 대우자동차 부평공장에서 노조원이 던진 계란을 맞았다. 대선후보 시절인 2002년 11월 13일에도 서울 여의도에서 열린 우리 쌀 지키기 전국농민대회에 참석해서 연설을 하다가 성난 농민 중 한 사람이 던진 계란에 왼쪽 볼을 정통으로 맞았다. 그는 멋쩍게 웃으며 계란을 닦아내고 연설을 끝까지 마쳤다.

제17대 대통령선거에 무소속으로 출마했던 이회창 후보는 2007년 11월 13일 대구 서문시장 1층에 있는 만남의 광장에서 상인들과 악수를 나누다가 이마에 계란을 맞았다. 당시 그에게 계란을 던진 사람은 금융대부업체 사원 이 모 씨로 알려졌다. 현장에서 경찰에 연행된 그는 이회창 씨가 무소속으로 출마해서 한나라당 지지표를 분산시키고 있는 것에 화가 났다고 말했다. 이회창 후보의 이마와 안경으로 계란 노른자와 흰자가 뒤범벅이 되어 줄줄 흘러내리는 장면은 카메라에 선명하게 잡혀서 여러 매체를 통해 보도되었다.

졸지에 계란을 얻어맞은 정치인들이 어찌 그들 몇 사람뿐이랴. 또 그 사람들이라고 해서 순전히 잘못한 일만 저질렀기 때문에 계란을 맞은 것도 아니다. 한편으로는 정치인들의 책무가 그만큼 막중하다는 뜻이고, 다른 한편으로는 정치인들에게 거는 국민들의 기대가 얼마나 크고 다양한가를 우회적으로 보여주는 사건이라고 할 수 있다.

계란 프라이와 삶은 달걀의 추억

"먹는 것 갖고 장난치면 천벌을 받는 법이다."

화가 치민다고 사람의 얼굴에 던져서 계란을 함부로 깨트리는 것이 하늘이 내리는 벌을 받을만한 장난인지는 확신이 서지 않는다. 하지만 적어도 이 땅의 베이비붐 세대로 나서 자란 이들은 어른들의 그런 꾸지람만은 또렷하게 기억한다.

그들은 또 가슴 속에 아련히 담아 두고 있다. 계란 프라이나 삶은 달걀 하나만으로도 뿌듯한 행복을 느꼈던 어린 시절 한때를….

봄가을 소풍을 떠날 때마다 어머니는 삶은 달걀 한두 개를 소금과 함께 가방 안에 꼭 넣어주시곤 했다. 그 껍질을 까서 인중과 볼이 맹꽁이배처럼 불룩해지도록 한입 베어 먹던 담백한 맛을 어찌 잊을 수 있을까. 목이 막힌다 싶으면 사이다 한 모금을 곁들였다.

그 시절만 해도 삶은 달걀은 귀하게 여겼던 간식 중 하나였다. 완행열차 안에서 홍익회 직원이 작은 수레를 끌고 다니며 팔던 먹거리 품목에도 삶은 달걀은 반드시 들어 있었다. 먼 여행길, 허기진 배를 채우는 데는 삶은 달걀만한 게 없었던 것이다.

4교시가 끝나고 도시락 뚜껑을 열었을 때 밥 위에 다소곳이 얹힌 계란 프라이는 예쁘기도 했지만, 한편으로는 어깨가 저절로 뿌듯해지게 했다. 그 귀한 음식이 자식 입으로 온전히 못 들어갈까 봐 아예 도시락 바닥에 계란 프라이를 깔고 밥을 담아주는 엄마들도 있었다.

옛날에는 명절이나 이웃집 대소사가 닥치면 집에서 기르는 암탉이 낳은 계란을 짚으로 엮은 꾸러미에 담아서 선물로 전달했다. 1970년대까지만 해도 시골 어머니들은 어쩌다 자식이 다니는 학교를 방문할 때도 계란 꾸러미를 챙겼다. 그걸 자식의 담임선생님에게 드리면서 이렇게 당부하는 것 또한 잊지 않았다.

"우리 애, 말 안 들으면 선생님이 많이 때려주세요."

그 계란 꾸러미는 자식을 가르치는 선생님에 대한 감사의 표시였지만, 한편으로 그 시절 어머니들은 그런 식으로 정치를 했던 것이다.

계란 없이 살아갈 수 있을까

동네 슈퍼나 마트에 가면 언제든 손쉽게 살 수 있는 계란 한 알의 무게는 약 50g, 가격은 250원 정도다. 담배 한 개비보다 조금 비싸다.

동물성 단백질인 계란은 비타민과 미네랄이 풍부한 식품이다. 비타민A의 함유량은 소고기의 20배에 이른다. 칼슘도 그 비싼 소고기 등심의 2배나 들어 있다. 하루에 계란 두 알만 먹으면 여름철 삼복더위를 이기는 데 부족함이 없을 정도라고 한다.

우리나라 프로복싱 역사상 최초로 세계챔피언 타이틀을 따냈던 김기수 선수는 매일 새벽 운동을 나갈 때마다 날계란 하나를 챙겨 먹었다고 한다. 그야말로 찢어지게 가난했던 그는 고된 훈련을 감당하는 데 필요한 에너지를 그 작고 앙증맞은 계란 한 알에서 얻었던 것이다.

최백호의 노래처럼 그야말로 옛날식 다방에 가면 '모닝커피'라는 메뉴가 있었다. 아침에 마시는 커피라고 모두 모닝커피였던 것은 아니다. 모닝커피는 '양촌리 커피'에 계란 노른자를 타서 마셨다. 그거 한잔으로 쓰린 속을 다스리는 술꾼들이 적지 않았다. 실제로 계란은 아미노산인 메티오닌 성분이 풍부하게 함유되어 있어서 숙취 해소에 효과가 탁월하다고 한다.

계란 없는 식생활은 상상하기조차 어렵다. 우리 전통음식 중 하나인 각종 전의 밀가루 반죽에 계란을 풀어 넣지 않으면 앙꼬 없는

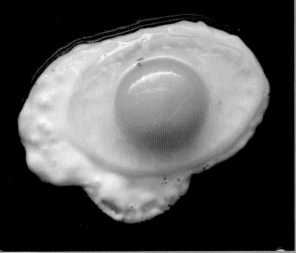

계란말이와 계란찜은 계란이 주재료인 음식이다. 우리 전통음식 중 하나인 각종 전을 부칠 때도 계란은 빠지지 않는다. 제과점에서 판매하는 빵의 밀가루 반죽에 계란을 풀어 넣지 않으면 그야말로 앙꼬 없는 찐빵이 되고 말 게 뻔하다. 그리고 혹시 아는가. 마요네즈도 계란이 없으면 만들 수 없다는 사실을…. 국민의 삶과 직접 관련된 다양한 영역으로 뛰어들어 자신의 몸을 기꺼이 으깰 줄 아는 계란 같은 정치인은 과연 얼마나 될까.

찐빵이 될 게 뻔하다. 제과점에서 노릇노릇 구워내는 온갖 빵도 마찬가지다. 혹시 알고 있는가, 붕어빵에 붕어는 없어도 계란은 반드시 들어 있다는 사실을…. 병아리를 부화시킬 계란이 없다면 치맥 없는 세상을 살아야 할 테니 그토록 삭막한 노릇은 또 어쩔 것인가.

식생활뿐이 아니다. 피부 미용 재료로도 손꼽히는 것 중 하나가 계란이다. 계란은 레시틴 등 피부에 영양을 공급해주는 성분이 많이 들어 있기 때문에 유수분 밸런스를 맞추는 데 탁월한 효과가 있다. 특히 계란 노른자는 보습 효과가 뛰어나서 피부의 윤기를 더해주니 노화 방지에도 그만이다. 또 흰자는 세정력이 뛰어나서 모공 속 피지나 묵은 각질을 제거하는 데 효과적이라고 한다.

맛과 영양뿐 아니라 피부미용 효과까지 탁월한 계란은 그야말로 완전식품 중에서도 으뜸의 영예를 안겨주어도 모자람이 없을 터인데, 어쩌자고 그 귀한 것을 함부로 집어던지는 걸까….

자네 구치소는 계란 후라이 주나?

1996년 3월 11일 오전, 서울지방법원에서 전 세계 언론의 주목을 받은 '세기의 재판'이 열렸다. 형사합의 30부 심리로 열린 이날 재판에 전두환, 노태우 두 전직 대통령이 피고인석에 나란히 선 것이다. 전직 대통령 두 사람이 한꺼번에 피고인 자격으로 법정에서 재판을 받은 건 세계사에서도 유례를 찾기 어려운 일이었다.

육군사관학교 11기 동기동창인 전두환과 노태우 전 대통령은

12·12 군사쿠데타를 함께 일으켰던 오랜 친구이자 동지였다. 무력으로 국권을 찬탈해서 무고한 생명을 무수히 죽이고, 앞서거니 뒤서거니 최고 권력까지 거머쥐었던 장본인이기도 했다.

두 사람은 기자들의 카메라 플래시 세례를 받으며 흰 고무신에 옅은 하늘색 죄수복 차림으로 법정에 입장했다. 구속된 뒤 서로 다른 구치소(전두환은 안양구치소, 노태우는 서울구치소)에 수감돼 있었기 때문인지 법정에서 오랜만에 만난 두 사람은 쓰디쓴 미소를 잠깐 머금으며 서로 가볍게 목례를 나누었다.

애증이 교차하는 순간이었을 것이다. 우정이 건재하다는 것을 전 세계에 과시라도 하고 싶었는지 두 전직 대통령은 손을 슬그머니 마주잡았다.

그렇게 나란히 법정에 서 있자니 좀 뻘쭘하다는 생각이 들었던 걸까. 붙임성이 그중 좀 나은 전두환 전 대통령이 자신의 손을 잡고 있는 친구의 귀에 대고 이렇게 물었다.

"자네 구치소에서는 계란 후라이 주나?"

마치 그런 물음을 기다리고 있었던 것처럼 노태우 전 대통령의 대답은 간결했다.

"아니, 안 주던데?"

"이쪽하고 똑같구만. 우리도 안 주더라구…."

그러면서 전두환 전 대통령은 입맛을 다셨다. '세기의 재판'이 열리는 자리에서까지 그런 얘기를 나누었다는 걸 보면 교도소에 갇혀 있다 보니 두 사람 다 계란 프라이가 몹시 먹고 싶긴 했던 모양이다. 물론 이건 네티즌들 사이에 우스갯소리로 회자되는 이야기다.

왜 하필 계란이고 정치인인가

누군가에게 위해를 가할 목적을 갖고 손으로 직접 던지는 물건이라는 점에서 계란과 수류탄은 닮은꼴이다. 물론 계란의 위력이 수류탄에 비할 바가 못 되는 건 사실이다. 계란을 던지는 목적은 망신을 주자는 것이고, 수류탄은 상대의 목숨을 직접 노리고 던지는 것이니….

계란과 수류탄의 차이점은 또 있다. 수류탄은 조작을 잘못하면 불발탄이 되어 아무런 성과도 거둘 수 없다. 계란을 던질 때는 그런 염려를 하지 않아도 된다. 틀림없이 깨지고 터지기 때문이다. 대신 계란은 목표 지점을 정확히 맞혀야 소기의 목적을 달성할 수 있다.

"have egg on one's face."라는 말이 있다. '누군가의 얼굴에서 깨진 계란' 혹은 그런 모습쯤으로 번역할 수 있을 것이다. 서양에서는 이 말을 크게 망신을 당하거나 체면이 구겨지는 걸 가리키는 관용구로 쓴다고 한다.

사람의 얼굴에 계란을 던지는 것도 시위의 일종이다. 분풀이 방법 중 하나다. 자신의 화를 끓어오르게 만든 이에게 그 대가로 수치심과 모욕을 안겨주려는 뜻이 그 안에 담겨 있는 것이다. 그렇다면 왜 하필 계란을 던지는 걸까.

계란은 값이 싸다. 어디서나 쉽게 구입할 수 있다. 부피가 작아서 은밀하게 휴대하기도 편리하다. 짱돌이나 화염병처럼 목숨을 위협할 만큼 위험하지도 않다. 끈끈한 액체를 흘러내리게 해서 상대에게 굴욕감을 줄 수 있다. 신체적 위해는 최소화하는 대신 모멸감은 강하게 줌으로써 최대 효과를 만들어낼 수 있는 것으로 계란만한 게 없는 것이다.

유독 정치인들이 계란 투척의 단골 표적이 되어 온 까닭은 이렇다. 정치인은 공복을 자처하고 나선 사람들이다. 국민의 삶의 질 향상이야말로 정치와 정치인의 최대 소명이다. 그런데 정치인들은 각자의 이념에 따라 수없이 많은 선택을 강요받고, 또 선택한다. 그 과정에서 국민들의 이해관계가 극명하게 엇갈리는 경우가 자주 발생할 수밖에 없었던 것이다.

계란 '투척'과 '세례'는 다르다

'투척投擲'은 어떤 물건을 목표를 향해 던지는 것을 가리키는 말이다. 가장 흔히 쓰이는 경우가 앞서도 언급했던 '수류탄 투척'이다. 윤봉길 의사나 이봉창 의사도 일제에 항거하는 뜻으로 폭탄을 '투척' 했다.

'장군의 아들' 김두한은 국회의원 시절에 서울 태평로 국회의사당(현 서울시의회 건물)에서 한국비료의 사카린 밀수사건을 따지면서 인분이 섞인 오물을 국무총리와 국무위원들에게 집어 던졌다. 당시 장안의 화제를 모았던 '국회 오물 투척 사건'이다.

정치인들이 계란 맞은 걸 가리켜 여러 언론매체들에서 자주 쓰는 말이 있다. 바로 '세례'다. '정치인 아무개가 성난 시민으로부터 계란 세례를 받았다.'라는 식으로 말하거나 쓴다.

'세례洗禮'는 세 가지 뜻이 있다.

하나는 물에 '잠그다', '적시다'라는 의미를 가진 그리스어 '밥티스마βαπτισμα'에서 파생된 명사로서 과거의 죄스러운 생활을 씻어버리고 새로운 생명으로 다시 탄생한다는 것이다. 세례를 받은 기독교인은 그간 저지른 온갖 죄에서 벗어나 하나님의 자녀로 새 삶을 누리게 된다고 믿는다.

공격이나 비난 등을 한꺼번에 퍼붓는 것을 뜻하기도 한다. '성난 군중으로부터 돌멩이 세례를 받았다.'와 같이 쓰인다. 다른 하나는 그와 반대다. 박수 세례, 카메라 플래시 세례, 축하 세례, 키스 세례 등이다.

특히 기독교인들에게 계란은 특별한 의미가 있다. 생명의 부활을 상징하기 때문이다. 예수가 죽은 지 사흘 만에 부활한 걸 기념하는 부활절이 오면 전국의 모든 교회에서는 삶은 계란에 채색을 해서 이웃과 나눠먹는다.

정치인들을 향한 계란 세례는 두 가지 뜻이 모두 들어 있다. 이 계란을 맞고 정신을 차려서 처신을 똑바로 하라는 것이다. 그런데 정치인들이 거듭나기를 바라는 마음을 담아서 계란 '세례'를 한 이는 과연 몇이나 될까. 훈계보다는 분풀이가 앞서는 것이다. 계란 '세례'를 받고 나서도 진심으로 반성하는 정치인들을 별로 본 적이 없는 까닭도 그래서일 것이다.

계란 투척 행위는 폭행죄에 해당된다. 형법 제260조 1항에는 다음과 같이 적혀 있다.

'사람의 신체에 대하여 폭행을 가한 자는 2년 이하의 징역, 500만 원 이하의 벌금, 구류 또는 과료에 처한다.'

김성일 의원에게 계란을 맞은 안상수 창원시장은 분노했다.

"110만 창원시민의 수장을 공식석상에서 테러를 가한 행위는 시민을 모독한 행위로써 묵과할 수 없다. 전체 간부 공무원 연명으로 김성일 의원을 경찰에 고발하고 배후세력에 대해서 철저한 수사를 촉구할 것이다."

계란 한 개 맞았다고(하나는 벽에 맞았으니까) 배후세력까지 들먹거리는 게 좀 심했다는 생각이 든다. 어쨌든 안상수 창원시장에게 계란을 던져서 공무집행방해와 상해죄로 검찰에 구속 기소된 김성일 의원은 1, 2심 법원에서 의원직 상실형에 해당하는 징역 8월에 집행유예 2년의 판결을 받았다.

정원식 전 국무총리에게 계란을 투척한 한국외국어대 총학생회장 등 학생 네 명도 학교에서 제적되고 법원에서 실형을 선고 받았다. 그 사건으로 강경대 열사 분신, 성균관대 김귀정 씨 사망 등으로 뒤숭숭하던 공안정국은 180도 반전되었다. 스승도 공경할 줄 모르는 배은망덕한 학생들이 한 나라의 재상인 국무총리가 되실 분을 함부로 두들겨 팼다는 여론이 조성되는 바람에 운동권의 운신 폭이 크게 좁아졌던 것이다.

"이건 계획적이고 살인적 행위야."

김영삼 전 대통령은 페인트 계란을 얻어맞고 체면을 구긴 뒤 이렇게 격분했다고 한다. 계란 속에 페인트를 주입한 것으로 보아 '계획적'이라는 말에는 전적으로 수긍할 수 있다. 하지만 '살인적 행위'라는 데 동의할 사람은 과연 몇이나 될까. 유사 이래 계란 맞고 죽은 사람은 없었기 때문이다.

전임 대통령에게 계란을 투척한 70대 노인은 결국 징역 8월에 집행유해 2년의 실형을 선고 받았다. 형법상 최고형에 못 미치는 판결을 받은 걸 보면 전임 대통령 모독죄는 가중처벌하지 않았던 모양이다.

같은 듯 달랐던 두 후보

대구 서문시장에서 이회창 후보에게 계란을 던진 시민은 현장에서 경찰에 연행되었다. 당시 그 장면을 목격한 노인들은 크게 분노했다고 한다.

"연로하신 우리 총재님을 죽이려고 한 놈한테는 본때를 보여줘야 하는 기라…."

"저놈아 혹시 이명박이가 보낸 첩자 아닌지 밝히라 캐라."

이런 막말들까지 여기저기서 터쳐 나왔다고 하니 상황을 대충 짐작할 수 있겠다. 계란을 맞고 이회창 후보가 지지자들에게 소감을 밝힌 뒷담화는 퍽 인상적이었다.

"상인 여러분이 저를 맞으려고 많이 준비를 했는데 이런 일이 생겨서 오히려 제가 미안합니다. 나한테 계란을 던진 것도 다 애증의 표현 아니겠습니까? 그러니 이번 일에 너무 신경을 쓰지 않았으면 좋겠습니다."

그는 또 계란을 맞은 소감을 묻는 기자들에게 애써 환한 표정을 지으며 이렇게 대답했다고 한다.

"오랜만에 계란 마사지를 했더니 못난 얼굴이 좀 예뻐 보이지 않습니까?"

왜 아니겠는가. 당장 눈앞에 그 귀한 표가 오가고 있다는 걸 모를 리가 없었을 테니….

우리쌀 지키기 농민대회에서 연설 도중에 계란을 맞은 노무현 후보의 태도는 다른 정치인들과 사뭇 달랐다.

> "현장에 안 나오면 계란을 안 맞겠지요. 하지만 지도자가 되려는 사람은 그런 현장을 두려워해서는 안 된다고 생각합니다. 제가 계란을 맞아서 일이 잘 풀린다면 저는 앞으로도 얼마든지 계란을 맞겠습니다."

노무현 후보는 얼굴에 묻은 계란을 닦고 이렇게 말한 다음 연설을 끝까지 마쳤다. 그 후 언론과의 인터뷰에서 그는 또 이렇게 대답했다.

> "정치하는 사람들이 한 번씩 맞아줘야 국민들도 화가 좀 안

풀리겠습니까?"

별명 그대로 참 바보답다. 그런 코멘트고 태도다. 그도 사람인데 계란을 맞고 기분이 좋을 리가 있었겠는가. 한편으로는 당황되기도 했을 것이다.

계란에 맞아도 안 죽는다!

국민은 안중에 없고 사리사욕 챙기기에 눈이 어두운 정치인이 적지 않다는 걸 우리는 알고 있다. 그럴 기회를 못 가졌거나 용기가 부족해서 참을 뿐 '정치꾼'들한테 계란이라도 패대기쳐서 울분을 삭이고 싶은 국민 또한 부지기수일지도 모른다.

마음대로 할 수만 있다면 계란이 아니라 왜 짱돌이라도 던지고 싶지 않겠는가. 더구나 계란은 신성한 먹거리이자 어미 닭에게는 소중한 새끼다. 물론 정치인한테 던지는 계란이야말로 바위 치기라는 걸 몰라서 하는 말이 아니다.

혹시 어느 정치인에게 화가 나서 계란을 던지고 싶은 이들이 있다면 귀담아 둘 만한 팁이 하나 있다. 한마디로 '현직'한테 말고 '후보'한테 던지라는 것이다. 선거를 앞두고 유세중인 후보들은 계란을 맞고도 웬만해서는 꾹 참는다. 분을 참지 못하고 형사고발 따위를 했다가는 지지율이 뚝뚝 떨어지리라는 걸 잘 알기 때문이다.

이쯤에서 좀 희한한(?) 세상을 꿈꾼다. 못돼먹은 정치인한테는 계란 한두 개쯤 아무 거리낌 없이 던질 수 있는 세상, 계란을 맞고도 그걸 던진 국민을 폭행죄로 고발하는 대신 자신의 얼굴에 범벅이 된 노른자와 흰자를 묵묵히 닦으며 자신을 성찰할 줄 아는 정치인이 흔해빠진 바로 그런 세상….

창원시의회에서 김성일 의원이 안상수 시장에게 계란을 던지고 퇴장하던 바로 순간 시의원들 사이에서는 이런 야유가 튀어나왔다고 한다.

"계란 맞아도 안 죽는다!"

정경유착의 치명적인 단맛의 유혹, 사카린 밀수사건

물질적 욕망과 배신의 상징적 화합물

김두한 의원이 투척한 감미료의 왕

"이병철이 밀수를 할 수 있었던 건 정부가 범죄를 저지를 만한 환경을 조성해 줬기 때문입니다. 나는 민족주의를 파괴하고 재벌과 유착하는 부정한 역사를 되풀이하는 현 정권을 응징하고자 합니다. 국민의 재산을 도둑질하고 이를 합리화시키는 당신들은 총리나 내각이 아니고 범죄 피고인에 불과하기 때문입니다."

삼성그룹의 한국비료공업이 일본에서 사카린 원료를 밀수입한 사실이 폭로됐다. 그렇게 벌어들인 돈의 일부가 정치권으로 흘러 들어갔다는 의혹까지 제기되었다. 국회는 본회의를 열고 총리와 관계 장관들을 출석시킨 가운데 사건의 진상을 규명하고 책임 소재를 추궁했다.

서울 태평로 국회의사당에서는 '특정재벌 밀수 사건'에 대한 대정부질의가 이틀째 열렸다. 그날 세 번째 질의자인 무소속 김두한

▲「美國사카린 使用말라」(『동아일보』, 1947년 5월 21일)

여름철을 맞이하여 감미에 주린 도시인의 미각을 자극하는 설탕을 흔히 사용하고 있는 청량음료와 얼음과자 등이 거리에 범람하고 있으므로 군정청 보건후생부 국립화학연구소에서는 이에 대한 화학적 분석을 하여 본 결과 속칭 "기리사카린" 또는 "미국 사카린"이란 것을 사용하고 있는 것이 판명되었다. 즉 단맛은 있으나 지금까지는 색소와 염료로 사용하고 있던 것으로 인체와 생물체에 대하여는 극력한 독체로서 만약 5그램 이상을 먹으면 죽어버리는 가장 위험성을 가진 살인당(殺人糖)이라고 한다. 그러므로 이런 살인당을 사용하여 과자, 빵, 캔디, 아이스크림, 차 등을 판매하는 자는 발견되는 대로 엄중 처벌을 하는 동시 영업허가도 취소할 방침을 남조선 각도에 지시하였다고 하는데 영업하는 사람들보다는 일반 인민 각자가 각별한 주의를 할 것을 요망하고 있다.

의원이 책보로 싼 상자 하나를 들고 발언대로 향했다. 그의 목소리
는 금세 격앙되었다.

"나는 무식하기 때문에 말보다는 주로 행동으로 보여줍니다.
불의와 부정을 알고도 눈감아 준 썩어빠진 장관들을 국민의
이름으로 심판하겠습니다."

질의를 마친 김두한 의원은 곁에 두었던 상자를 들고 정일권 총
리 등 국무위원들이 앉아 있는 자리로 다가가더니, "이건 국민들이
주는 사카린이야. 맛 좀 봐."라고 외치면서 인분이 섞여 있는 오물을
와락 끼얹었다.

총리와 장관들은 피할 틈도 없이 오물을 뒤집어쓰고 말았다. 아
수라장이 된 국회의사당은 코를 찌르는 역한 냄새로 가득했다. 1966
년 9월 22일, 이른바 국회오물투척사건이다.

그 사건으로 국무위원들은 내각총사퇴를 결의했다. 이병철 회장
이 한국비료를 국가에 헌납하는 계기가 된 것도 그 사건이었다. 당
사자인 김두한 의원은 국회법제사법위원회의 결의에 따라 의원직에
서 제명당했을 뿐 아니라 국회의장 모독과 공무집행방해 등의 혐의
로 구속되어 서대문 구치소에 수감되었다.

발암물질에서 공인된 식품 첨가물까지

사카린은 단맛을 내는 무색 결정체의 감미료다. 설탕과 달리 녹아도 끈적거리지 않고, 단맛이 입안에 오래 남는다. 찬물 한 바가지에 한두 알만 넣어도 단물을 얻을 수 있다. 음료수가 변변치 않았던 시절에는 그걸 마시면서 무더위를 이기기도 했다. 신화당이라는 회사에서 제조 판매한 '뉴 슈가'라는 제품이 바로 우리에게 널리 알려진 사카린이다.(그후 제조회사 이름이 바뀌었다.)

사카린이 내는 단맛은 설탕의 300배를 넘는다. 대단히 경제적인 식품 첨가물이다. 사카린은 본디 에탄올에는 잘 녹지만 물에는 잘 녹지 않는다. 첫맛은 달지만 끝맛은 쓰다. 쓴맛을 줄이고 물에 잘 녹도록 가공한 것이 사카린나트륨Sodium Saccharin이다. 이것이 바로 우리가 말하는 사카린의 정확한 명칭이다.

불과 30~40년 전까지만 해도 어느 집 부엌 찬장에든 사카린이 담긴 작은 봉지나 병 하나쯤은 다 있었다. 단맛을 내는 데는 그만한 게 없었기 때문이다. 사카린 몇 알만 있으면 술지게미도 얼마든지 달달하게 끓여낼 수 있었다. 옥수수의 구수한 단맛을 내는 데도 사카린 몇 알이면 충분했다. 쌀이나 옥수수로 튀밥을 튀길 때도 사카린이 들어갔다. 우리의 대표 반찬인 김치를 담글 때도 사카린을 썼다.

우리나라에서 사카린은 1962년에 처음으로 제정된 식품위생법에 따라 식품첨가물로 지정되었다. 1973년부터는 식빵, 이유식, 물엿, 벌꿀 등을 제외한 거의 모든 식품에 사카린을 첨가하는 게 법적으로 허용되었다.

사카린은 1980년대 들어 전 세계적으로 안전성 문제가 제기되었다. 그 영향으로 1992년 3월부터 우리나라에서도 사용범위가 대폭 축소되었다. 인체에 치명적인 발암물질이 함유되어 있다는 것이었다. 그래서 사카린을 가리켜 한동안 '공포의 백색가루'라고 부르기도 했다. 하지만 세계 여러 나라의 동물실험을 통해 사카린이 인체에 무해하다는 게 판명되었다.

지난 2001년 미국 FDA에서는 사카린이 안전한 감미료라고 발표했다. 체중 1kg당 하루 평균 5mg을 매일 먹어도 인체에 영향을 주지 않는다는 것이었다. 발암물질이라는 오명을 뒤집어썼던 사카린이 20년 만에 밝은 빛을 보게 된 것이다. 이제 사카린은 여러 가지 인공감미료 중에서도 가장 안전하다는 것이 과학계의 정설이다.

설탕과 달리 사카린에는 열량이 없다. 비만이나 당뇨병 환자들도 먹을 수 있으니 다이어트에 좋은 식품 첨가물로 각광 받고 있다. 사카린은 현재 국제적으로 공인된 감미료로 사용 대상과 용도가 크게 확대되고 있는 추세이다. 우리나라 식품의약품안전처에서도 2014년부터는 빵류, 과자류, 캔디류, 빙과류까지 사용 범위를 크게 넓혀서 허용했다.

배신과 과욕에서 출발한 화합물

1879년 미국 존스홉킨스대학 화학교수 아이라 램슨Ira Remsen의

사카린은 현재 김치, 젓갈이나 절임식품, 인삼과
홍삼을 제외한 각종 음료수, 어육가공품, 시리얼
류, 뻥튀기와 튀밥, 건강기능식품, 껌, 잼, 양조간
장, 토마토케첩, 믹스커피, 막걸리, 단무지, 소주
등에 폭넓게 사용한다. 다만 소주는 1986년부터
사카린 대신 아스파탐이라는 감미료를 써서 제조
하고 있다.

제자인 독일인 콘스탄틴 팔베르크Constantin Fahlberg는 어느 날 실험이 끝나고 손을 씻지 않은 채 맨손으로 빵을 먹다가 강렬한 단맛을 느낀다. 실험 중에 손에 묻은 화학물질 때문이었다. 사카린은 계획적으로 연구해서 개발된 물질이 아니라 우연히 발견된 화합물이었던 것이다.

램슨과 팔베르크는 사카린 개발에 본격적으로 착수해서 그 결과를 공동 연구물로 발표한다. 마침 그 무렵에는 전 세계적으로 설탕 가격이 매우 불안정해서 가격이 폭등하고 있었다. 설탕을 대신할 수 있는 사카린의 경제적 가치를 알게 된 팔베르크는 고향인 독일로 돌아가 지도교수 몰래 단독으로 특허를 출원해서 막대한 돈을 벌었다.

사카린은 태생 단계부터 과도한 물질적 욕망에서 비롯된 배신의 상징적 화합물이었다. 우리나라에서 터진 사카린 밀수사건 역시 기업인과 정치인 사이의 '물질적 욕망'과 '배신'을 적나라하게 보여주었는데, 그 내막은 이렇다.

1966년 5월, 공장 건설 용도로 정부차관 4,000여만 달러를 확보한 ㈜한국비료는 그 자금으로 사카린 원료OTISA 2,259포대(약 55톤)를 건설자재로 위장해서 들여온다. 그걸 다른 회사에 되팔려다가 부산세관에 적발된다. 부산세관은 검찰에 고발하는 대신 벌과금 2,000만 원을 부과하는 데 그친다. 그렇게 덮어질 뻔했던 사건이었다. 그런데 그해 9월 15일, 경향신문을 통해 한국비료의 사카린 밀수사건이 보도되면서 온 나라가 들쑤셔지고 말았던 것이다.

정치한다는 사람은 믿지 마라

1966년에 발생한 사카린 밀수사건은 당시 삼성그룹 이병철 회장과 정부 핵심 관계자의 합작품이었다.

이병철 회장은 정부로부터 도입한 차관으로 일본 미쯔이 물산으로부터 공장건설에 필요한 기계를 구입했다. 그리고 미쯔이 물산으로부터 리베이트로 받은 100만 달러의 용처를 '누군가'와 직접적으로든 간접적으로든 상의를 했을 것이다.

그렇게 해서 시작된 것이 사카린 밀수사건이었다. 당시 박 대통령은 이듬해인 1967년에 치러질 제6대 대통령선거를 앞두고 있었다. 적지 않은 정치자금이 절실히 필요했을 것이다.

아이러니하게도 박정희 대통령은 그 당시 밀수, 마약, 탈세, 도벌, 폭력을 5대 사회악으로 규정해서 엄하게 처벌하고 있었다. 당시 정부 핵심 관계자는 부산세관을 통해 벌금을 부과하는 선에서 사건을 덮으려고 했지만 국민 여론이 악화일로를 치닫자 태도를 바꿀 수밖에 없었다.

이병철 회장으로서는 그처럼 기가 막히는 적반하장도 없었을 것이다.

결국 그 사건을 계기로 이병철 회장은 1967년 10월 11일 자로 한국비료 주식 51%를 국가에 헌납하고 경영일선에서 물러나게 된다. 사카린 밀수를 진두지휘했던 큰아들 이맹희 한국비료 회장은 무능력자로 몰려 삼성의 후계자 자리에서 물러나고 말았다. 한국비료 상무였던 둘째아들 이창희 또한 아버지를 대신해서 옥살이를 한 뒤 삼성그룹 경영 일선에서 퇴출당했다. 사카린 밀수사건이 삼성의 후계 구도까지 바꾸어 놓았던 것이다.

"박정희야말로 우리나라 최고의 밀수 왕초다."라고 말했던 장준하 선생은 국가원수모독죄로 구속당했다. 사카린 밀수를 앞서 제안하고 뒤를 봐주겠다고 약속했던 정부가 갑자기 태도를 바꾸는 바람에 이병철 회장은 배신감이 컸을 것이다. 그는 훗날 자신의 기업을 물려받게 될 아들들에게 이렇게 말했다고 한다.

"정치한다는 사람은 절대로 믿지 마라."

스승까지 배신하게 만든 사카린의 태생처럼 이병철 회장은 사카린으로 인해 박정희 대통령으로부터 배신의 쓴맛을 보았던 것이다.

더불어 함께하는 달달한 정치

우리의 삶을 대변하는 맛은 무엇일까. 단맛과 쓴맛이다. 수많은 굴곡과 부침을 견뎌 온 이들은 자신의 지난날을 돌이키는 자리에서 '산전수전 다 겪었다'라고 말한다. '단맛 쓴맛 다 보았다'라고 회고하는 이들도 있다. 달면 삼키고 쓰면 뱉는다는 속담도 있다. 합격은 단맛을 가져다주고, 낙방하면 오롯이 쓴맛을 삭여야 한다. 그게 삶이다.

사카린은 단맛을 내는 데 가장 효과적인 식품첨가물이다. 그러니까 많이 첨가할수록 단맛이 한도 끝도 없이 강해지기만 할 것 같은데 실상을 그렇지 않다. 사카린은 식품에 0.02% 이상 첨가하면 단맛이 줄어들기 시작한다. 오히려 쓴맛이 배가된다. 적당히 넣어야 원하는 단맛을 얻을 수 있다는 뜻이다. 그야말로 과유불급이다.

그런 점에서 사카린은 일부 정치인들하고 닮았다. 특히 세계 여러 나라의 독재자들은 자신이 오래 통치해야 국가가 발전하고 국민도 행복할 수 있다고 생각했던 건 아닌지 모르겠다. 하지만 사카린을 많이 넣을수록 쓴맛이 배가되는 것처럼 혼자만의 독단적인 정치는 시간이 지날수록 국민들에게 쓴맛을 더 줄 뿐이다. 물론 그 자신도 말년에는 쓴맛을 혹독하게 보게 되어 있다는 것을 우리는 경험을 통해 잘 알고 있다.

대신 사카린은 설탕, 아스파탐, 스테비오사이드, 소르비톨 같은 감미료와 함께 쓰면 소량으로도 월등히 높은 단맛을 낸다. 한마디로 함께하라는 것이다. 문득 김영삼 전 대통령의 말이 떠오른다. 그는 수많은 어록을 남겼는데 그중 하나가 "머리는 빌려 쓰면 된다"라는 것이다.

정치인은 무엇보다 국민들의 다양한 요구에 귀를 기울여야 한다. 이념이나 신념이 같지 않은 다른 정치인들의 의견도 폭넓게 경청하고, 그걸 자신의 정치활동에 적극 반영할 줄 알아야 국민들에게 지속적으로 단맛을 주는 달달한 정치를 할 수 있다. 이 땅의 기업가나 정치하는 사람들이 반드시 새겨두어야 할 말이다.

▼ 현재 시중에서 판매되고 있는 설탕들. 당분을 지나치게 많이 섭취하면 각종 성인병에 걸릴 확률이 높아진다는 건 누구나 알고 있는 사실이다. 권력의 단맛에 빠져서 국민들이 누려야 할 단맛을 제 것으로 만드는 데 골몰하는 정치인들이 많아질수록 우리 사회는 쓴맛으로 가득 채워질 것이다.

칼국수를 '학실히' 즐겨 드셨던
칼 같은 대통령

음식정치의 원조는 칼국수 정치

칼국수 마니아였던 대통령

"어느 날 밤에 청와대에서 갑자기 연락이 왔습니다. 대통령이 다음날 국무회의 끝나고 오찬을 할 예정인데 청와대로 와서 칼국수를 직접 끓여달라는 거예요. 어머니는 곧바로 주방 아주머니 몇 분을 데리고 청와대로 가서 아침까지 육수를 끓이고 국수를 썰어냈습니다. 당시 칼국수를 끓이는 데 들어간 돈이 20만 원도 채 되지 않았던 것으로 알고 있습니다."

칼국수집 '소호정' 창업주 김남숙 여사의 아들 임동렬 씨는 문민정부 초기 많은 사람들의 입에 오르내렸던 '청와대 칼국수'의 시작을 그렇게 회고했다.

"나는 앞으로 정치자금을 단 한 푼도 받지 않겠다. 그리고 청와대 점심은 무조건 칼국수다."

당시 김영삼 대통령은 취임 초기에 이런 선언을 '칼같이' 했다고 한다. 청와대 측에서는 나라 경제가 어려운 때임을 감안하고, 국민

▼ 소호정 칼국수

과의 소통을 가장 우선시하는 문민정부답게 대통령부터 검소한 생활을 솔선수범하기 위해서라고 그 배경을 설명했다.

실제로 문민정부 시절 청와대 초청을 받은 정재계나 문화단체 인사들은 개인적인 입맛이나 취향에 상관없이 누구나 대통령의 입맛과 독단에 따라 메뉴를 정한 칼국수를 먹어야 했다. 어쨌든 새 정부 들어서자마자 갑자기 부각된 '청와대 칼국수'를 두고 이런저런 말들이 많았지만 대체적으로는 거기에 동조하는 국민들이 적지 않았다.

여기서 꼭 짚고 넘어가야 할 게 하나 있다. 당시 김영삼 대통령 자신이 칼국수 마니아였다는 사실이다.

이름에 '칼'을 쓰는 음식

칼국수는 밀가루 반죽을 얇게 펴고 칼로 가늘게 썰어서 만든 국수의 일종이다.

1917년에 출판된 방신영의 『조선요리제법朝鮮料理製法』을 보면 이런 대목이 있다.

> 밀가루와 생콩가루를 함께 섞고 소금을 넣어서 잘 섞은 후에 물에 반죽을 해서 오래오래 반죽을 해가지고 얇게 밀어서 가늘게 채 썰어 펄펄 끓는 물에 넣어서 힘세게 두세 번 끓어 오르거든 즉시 냉수에 건져서 채반에 담아 물을 다 빼가지고

재료

◎밀국수

日日潜用　朝鮮料理調法

밀가루	한뫼	소금	반숫가락
콩가루	일홉	고기	三〇匁
강장	한종자	기름	한숫가락
파	한개	계란	한개
외	무개	물	세사발

밀가루와 생콩가루를 합께 섞고 소금을 부어서 잘 섞은후에 물에
서 오래 오래 반죽을 해가지고 얇게 밀어서 가늘게 채썰어 펄펄 끓는 물에
붓어서 힘세게 두세번 끓어 올으거든 즉시 냉수에 건저서 채반에 물을
다 빼가지고 그릇에 담고 많은 장국을 붓고 외볶은것(썰어 볶근)파
것을 이겨서 얹고 계탄을 황백미 얇게 부처 다분길이로 가늘게 채 친것을 얹
어서 상에 놓나니

또는 장국에 밀국수를 날로 넣고 끓이다가 거진 익을때에 계탄을깨트려 붓
고 휘저 저어서 성산적 이진것과 외볶은것이나 혹 미나리 볶은것을넣어서 먹
기도 하나니라

그릇에 담고 맑은 장국을 붓고 외(물오이) 볶은 것과 섭산적 만든 것을 이겨서 얹고 계란을 황백미 얇게 붙여 닷 분 길이로 가늘게 채친 것을 얹어서 상에 놓나니

또는 장국에 밀국수를 날로 넣고 끓이다가 거진 익을 때에 계란을 깨트려 넣고 휘휘 저어서 섭산적 이긴 것과 외 볶은 것이나 혹 미나리 볶은 것을 얹어서 먹기도 하나니라

밀가루 반죽을 '얇게 밀어서 가늘게 채 썰어'라는 대목으로 보아 이 문헌의 '밀국수'는 오늘날의 '칼국수'로 보아도 무방할 것 같다.

1924년에 나온 『조선무쌍신식요리제법朝鮮無雙新式料理製法』에는, 칼국수는 반죽한 밀가루를 오랫동안 주무른 다음 방망이로 얇게 밀고 가늘게 썰어서 끓는 물에 삶아 내어 찬물에 헹구고 거기에 맑은 장국을 끓여 붓고 고명을 얹어 먹는 음식이라고 기록되어 있다.

요즘 우리가 즐겨 먹는 칼국수는 기록된 것과 달리 면을 찬물에 헹구지 않고 육수에 넣어 그대로 끓인다. 국물은 탁해도 깊고 구수한 맛을 살릴 수 있기 때문이다.

칼국수도 지방색이 뚜렷한 음식 중 하나다. 특히 육수를 우려내는 방법이 지역마다 크게 다르다.

농촌지역에서는 주로 닭고기로 육수를 내어 애호박과 감자 등을 넣고 끓인다. 해안지방에서는 흔히 구할 수 있는 바지락이나 새우 같은 해산물로 육수를 내고, 서울에서는 사골이나 소고기 양지로 육수를 우려낸 다음 볶은 호박나물과 소고기를 고명으로 얹는다.

강원도식 칼국수는 멸치에 마늘과 파를 썰어 넣고 끓인 국물에

고춧가루를 풀어 먹는다. 얼큰한 음식을 좋아하는 그곳 사람들의 입맛이 칼국수를 만드는 데도 반영된 것이다. 전통 경상도식 칼국수는 멸치국물만으로 깔끔하게 맛을 낸다고 한다.

우동이나 라면의 면발은 기계를 사용해서 둥글고 가늘게 뽑아낸다. 짜장면에 주로 쓰이는 수타면은 밀가루 반죽을 손으로 직접 두드리고 늘려서 면발을 만든다. 그에 반해 칼국수는 단면이 납작하고 굵다. 주재료인 면발을 썰어서 만들기 때문이다. 이때 식칼이 쓰인다.

우리의 수많은 음식 이름 중에서도 그 섬뜩한 '칼'이 붙은 건 칼국수가 유일하다. 대쪽처럼 올곧고, 맺고 끊는 게 분명한 성격을 가진 이들에게 쓰는 수사표현이 있다. '칼 같다'라는 말이 그것이다.

공과를 굳이 따지자면 한도 끝도 없겠지만, 김영삼 전 대통령의 경우 이거 하나만은 분명하지 않을까 싶다. 적어도 칼국수 하나는 좋아했던 칼 같은 대통령이었다는 것….

칼국수처럼 칼같이 자른 과거사

김영삼 전 대통령은 김대중 전 대통령과 더불어 1970년대와 1980년대 우리나라 민주화 운동의 상징 같은 인물이었다. 1954년 제3대 민의원 선거에서 25세 최연소 국회의원으로 당선되어 본격적으로 정치활동을 시작한 그는 민주당 창당에 참여하고 이후 박정희 정권에 맞서 반독재 민주화 투쟁에 앞장섰다. 투쟁 일선에서 그는 늘 칼같이 단호하게 외쳤고 행동했다.

그는 또 칼 같은 결단으로 대통령 자리에 오를 수 있었다. 1990년 1월에 전격 발표된 소위 '3당 합당'이 그것이다. 자신이 수장으로 있는 민주당의 힘만으로는 대통령이 되는 게 불가능하다고 판단한 그는 민정당과 공화당과의 합당을 선언했다.

김영삼 전 대통령의 3당 합당을 어느 정치 평론가는 이렇게 평가했다.

> 3당 합당으로 그는 민주주의의 기본질서를 무너뜨렸다. 대다수 국민들로부터 위임받은 야당 지도자로서 민주주의의 숭고한 가치를 칼같이 잘라냈다. 민주화 실현을 위해 자신과 함께 동고동락했고 때로는 목숨까지 던졌던 수많은 민주인사들과 그를 지지했던 많은 국민들의 여망까지 단칼에 잘랐다. 수십 년 동안 야당 지도자와 민주투사로 살아온 자신의 과거에 칼을 들이댔던 것이다. 군사 독재 권력에 대한 견제와 투쟁의 상징적 인물로 인식되었던 그의 3당 합당 선언은 군사 쿠데타에 버금가는 대국민적 폭거이자 배신행위였다. 3당 합당이야말로 민주주의를 가장한 전형적인 반민주적인 작태였다고 평가하는 까닭이다.

평소 칼국수를 즐겼다는 김영삼 전 대통령은 어쩌면 3당 합당을 결정하기 직전에는 칼국수를 그 전보다 훨씬 자주 먹었을까. 칼국수를 뚝뚝 씹으면서 자신의 과거를 칼같이 잘라내는 일을 도모했던 건 아니었는지 모르겠다.

녹이 슬어 무디어진 칼

문민정부 초기의 '청와대 칼국수'는 국정운영 방향을 암시해 주었다는 점에서 상징적이고 의미심장한 메뉴였다. 김영삼 대통령이 국정 현안에 칼 같은 결단을 몇 차례 내렸고, 그와 더불어 '깜짝 쇼'도 심심찮게 연출했던 것이다.

최초의 문민정부 탄생이라는 국민적 기대를 등에 업고 '신한국 창조'의 깃발을 올린 김영삼 대통령의 국정운영은 거침이 없었다.

'역사바로세우기'라는 이름으로 과거 조선총독부 건물이었던 중앙청을 철거했다. 지난 정권에 실시를 보류했던 금융실명제의 전면 실시도 긴급명령을 발동시켜 전격적으로 발표했다. 군부 내 사조직인 '하나회'를 해체한 것도 김영삼의 칼 같은 결단이 있었기에 가능했다. 당시 많은 국민들은 그의 급진적이고 칼 같은 결단력에 환호했다.

전두환과 노태우 두 전직 대통령을 재판에 회부해서 감옥에 넣은 것도 김영삼 대통령이었다. 풀뿌리 민주주의 제도라고 하는 지방자치제도 문민정부에서 시작되었다. 그건 우리나라 민주주의의 새로운 지평을 열었다는 점에서 의미가 있다.

하지만 거기까지였다. 그는 일제 잔재와 지하 금융과 군부 사조직은 칼 같은 결단력을 발휘해서 도려냈지만 자신의 아들에게는 녹슬어 무뎌진 칼 한 번 제대로 쓰지 않았다. '소통령'으로 알려진 그의 둘째아들 김현철은 각종 이권사업과 정부인사에 노골적으로 개입함으로써 국정을 농단하고 국민 혈세를 낭비했다는 비난을 받았다.

김영삼 전 대통령은 평생을 직업 정치인으로 살아온 인물이다. 임기 말에 외화부족과 경제여건 악화로 초래된 IMF 외환위기 사태도 김영삼 전 대통령이 국가 경영에 필요한 확고한 비전이나 풍부한 역량을 갖추지 못한 데서 비롯되었다고 보는 이들이 적지 않다.

'문민정부'라는 화려한 간판을 내걸고 출발한 김영삼 정권은 집권 초반에는 국민들의 지지를 받았지만 많은 국민들을 극심한 고통속에 빠뜨리고 말았다. 그 출발이 칼국수를 좋아했던 그의 '칼 같은' 결단력이었다고 칼같이 단정 지을 수는 물론 없겠지만….

불어터진 국수는 대부분 싫어한다

당시 청와대 칼국수는 100% 순 우리밀로 만들었다고 한다. 우리밀은 영양과 위생에 있어서는 장점이 많지만 찰기가 부족해서 툭툭 잘 끊어지고 쉽게 불어터지기는 게 단점이다.

문민정부 초기에 청와대로 초청받은 사람들은 자기 과시를 즐기는 대통령의 일장 연설까지 모두 듣고도 칼국수 몇 가닥이 대통령의 입에 들어가는 걸 확인한 다음에야 비로소 젓가락을 들 수 있었을 것이다. 그 사이 자기 앞에 놓인 칼국수는 이미 퉁퉁 불어터졌을 테고….

사람들 대부분은 불어터진 칼국수를 별로 좋아하지 않는다. 박근혜 대통령도 예외가 아니었던 모양이다. 2015년 2월 23일, 청와대에서 열린 수석비서관회의에서 박근혜 대통령은 이렇게 말했다.

> "우리 경제를 생각하면 좀 불쌍하다는 생각이 듭니다. 부동산 3법도 지난해에 어렵게 통과됐는데 그것을 비유하자면 아주 퉁퉁 불어터진 국수 아닙니까. 저는 우리 경제가 참 불쌍하다고 생각합니다. 그런 불어터진 국수를 먹고도 힘을 차리고 있으니 하는 말입니다."

혹시 박근혜 대통령도 정치에 본격적으로 입문하기 전에 청와대에 초청되어 갔다가 퉁퉁 불어터진 칼국수 면발에는 손도 못 대고 이미 식어버린 국물이나 몇 숟갈 떠먹는 시늉만 했던 건 아닌지 모르겠다.

수석비서관회의에서 '퉁퉁 불어터진 국수'라고 말하면서 박근혜 대통령은 어떤 생각을 했을까. 자신을 두고 사자는커녕 칠푼이라고 독설을 퍼부었던 김영삼 전 대통령을 떠올렸던 건 혹시 아닐까.

칼국수 대통령이 남긴 말

'정치 9단'에 '칼국수 대통령'으로 불렸던 김영삼 전 대통령은 2015년 11월에 세상을 떠났다. 퇴임 후에도 가끔 칼 같은 독설을 퍼부어서 존재감을 드러내고 싶어했던 그는 야당 국회의원과 총재, 그리고 대통령 재임 시절을 거치는 동안 수많은 어록을 남겼다.

5·16 군사쿠데타 직후 민주공화당 입당을 제안 받고 그는, "군軍의 정치참여는 잘못된 것이라 참여할 수 없다."라고 하면서 단호하게 거절했다고 한다.

평생의 정치적 라이벌이었던 김대중 전 대통령과 관련된 어록도 몇 가지 있다. 1970년 9월에 열린 신민당 대선후보 경선에서 김대중 후보에게 패배한 뒤 그는 결과에 깨끗이 승복하는 모습을 보여주었다.

"김대중 씨의 승리는 우리들의 승리이며 곧 나의 승리이다. 나는 가벼운 마음으로 김대중 씨를 앞세우고 전국을 누빌 것을 약속한다." 중앙정보부가 획책한 김대중 납치사건의 진상규명을 촉구하는 국회 대정부질문에서는 "한국에는 통치가 있을 뿐이고 정치가 없다. 정치가 없는 곳에 민주주의는 없다."라고 목청을 높였다.

자화자찬하는 모습도 가끔 보여주었다. "만약 내가 하나회를 깨끗이 청산하지 않았다면 김대중이나 노무현은 대통령에 당선되지 못했을 것이다."라고 한 말이 대표적이다.

대통령 퇴임 후에는 김대중 당시 대통령을 '독재자'라고 부르면서 노골적으로 비난했던 그는 2009년 8월에 김대중 전 대통령 병문

안을 하고 나와서는 지난날을 담담하게 회고했다.

"나와 김대중 전 대통령은 젊을 때부터 동지 관계였습니다. 협력도 오랫동안 했고 경쟁도 오랫동안 했습니다. 둘이 합쳐서 오늘의 한국 민주주의를 이룩하는 데 큰 힘을 쏟았습니다."

강단 있는 민주투사로서의 면모도 김영삼 전 대통령의 어록에 잘 나타나 있다. 1979년 6월, 5·30 신민당 총재 재선 직후 그는 "대도무문大道無門, 정직하게 나가면 문은 열립니다. 권모술수나 속임수는 잠시 통할지는 몰라도 결국은 정직이 이깁니다."라고 말했다.

두 달 뒤인 1979년 8월, YH무역 여공 신민당사 농성 강제진압 항의 기자회견 자리에서 "이 암흑적인 정치, 살인정치를 감행하는 이 정권은 필연코 머지않아 반드시 쓰러질 것이다. 쓰러지는 방법도 무참히 쓰러질 것임을 예언해 준다."라고 천명했던 그는 1979년 10월, 우리나라 헌정사상 처음으로 국회의원직을 제명당한 뒤 그의 어록을 대표하는 말을 남겼다.

"닭의 모가지를 비틀어도 새벽은 온다."

1983년 5월, 광주민주화운동 3주기 단식농성 중에, 단식을 중단하고 외국으로 떠날 것을 종용하는 전두환 전 대통령과 민정당 권익현 사무총장을 향해 "나를 해외로 보낼 수 없는 것은 아니다. 나를 시체로 만든 뒤에 해외로 부치면 된다."라고 호언하기도 했다.

아이러니하게도 그는 1990년에 바로 그 민정당과 손을 잡고 소위 3당 합당을 하면서 "호랑이를 잡기 위해 호랑이 굴에 들어간다."

'칼슘의 왕'으로 불리는 멸치는 육수를 내는 데 반드시 들어가는 재료다. 김영삼 전 대통령의 정치적 기반을 다져서 유지시켜 준 것 중 하나가 바로 멸치였다는 건 누구나 알고 있는 사실이다.

라는 궁색한 변명을 내놓았다. 그리고 대통령으로 취임하는 자리에서 그는 "마침내 국민에 의한 국민의 정부를 이 땅에 세웠다."라고 말했다.

대통령 취임 후 그는 자신이 잡으려고 했던 '호랑이'가 무엇인지를 하나씩 보여주었다. 군부 사조직인 하나회 척결을 조심스럽게 말리는 이들에게 그는 "개가 짖어도 기차는 달릴 수밖에 없다."라는 말로 확실히 선을 그었다.

역사바로세우기 차원에서 중앙청 옛 조선총독부 청사를 헐어냈는가 하면, 1995년 11월에 열린 한·중 정상회담 후 회견에서 일본 각료들의 망언에 대해 "이번 기회에 (일본의) 버르장머리를 학실히 고쳐놓겠다."라고 발끈했던 그는 1998년 대통령 퇴임사에서 이렇게 지난날을 회고했다.

"영광의 시간은 짧았지만, 고통과 고뇌의 시간은 길었습니다."

굶주린 인민들은
에멘탈 치즈의 맛을 알 수 없다

인민의 식량과 권력자의 기호식품

치즈를 좋아하는 '위대한 령도자'

김정은. 명실상부한 북한의 최고 지도자다. 김정일 국방위원장 사망으로 28세에 조선로동당 제1비서, 국방위원회 제1위원장과 조선인민군최고사령관으로 추대되었다. 2012년 7월 18일부터는 명실상부한 '공화국 원수'다. 2015년 현재 우리 나이로 32세인 김정은은 북한의 최고 권력자다. 물론 '위대한 령도자'다.

정치가로서 경험이 부족한 젊은 나이에 최고지도자 자리에 올라서일까. 김정은은 할아버지와 아버지의 외모를 집중적으로 코스프레하고 있다. 비대한 체형과 올백으로 쓸어 넘긴 헤어스타일은 김일성 판박이다. 아버지를 흉내 내서 걸음도 팔자로 걷는다.

그가 2014년 한때 공식석상에서 종적을 감춘 적이 있다. 그 일을 두고 영국 일간지 데일리메일Daily Mail은 재미있는 분석 기사를 내놓았다. 김정은이 그 기간에 중국에서 위 밴드 수술과 회복 치료를 받았다는 것이었다. 이 매체는 또 김정은은 심각한 비만 때문에 여러 가지 건강 문제에 시달리고 있는데, 체중이 그토록 급속히 증가한 이유가 스위스 베른의 공립 중학교 유학 시절부터 맛을 들인 에멘탈 치즈 때문이라고 덧붙였다.

에멘탈 치즈는 칼로리가 높아서 비만을 유발하는 대표적인 식품으로 꼽힌다. 실제로 에멘탈 치즈의 열량은 100g당 255kcal에 이르기 때문에 이걸 매일 간식으로 먹을 경우 엄청난 열량을 과다섭취하게 된다.

북한의 심각한 식량난과 서방 국가들의 경제제재에는 아랑곳하지 않고 김정은은 다량의 에멘탈 치즈를 수입해서 먹고 있는 것으로 알려졌다. 북한 치즈 공장에도 에멘탈 치즈 생산을 지시했다고 한다. 그런 걸 보면 데일리 메일의 지적이 맞긴 한 것 같다.

치즈의 황제, 에멘탈 치즈의 맛

〈톰과 제리〉는 1940년부터 미국에서 제작되어 지금까지도 전 세계인의 사랑을 받고 있는 애니메이션이다. 상상력이 뛰어난 이 애니메이션에서 톰이 제리를 유혹할 때 즐겨 쓰는, 구멍이 숭숭 뚫린 치즈 덩어리를 기억할 것이다. 그것이 바로 에멘탈 치즈다.

'치즈의 황제'로 불리는 에멘탈 치즈는 스위스 베른 북동부 에멘탈 지방이 원산지다. 에멘탈 치즈는 과일 향에 짠맛과 단맛이 어우러진 게 특징이다. 스위스 전통음식인 퐁듀에는 빼놓을 수 없는 치즈이기도 하다. 스위스에서 주로 생산하기 때문에 '스위스 치즈'라고도 부른다.

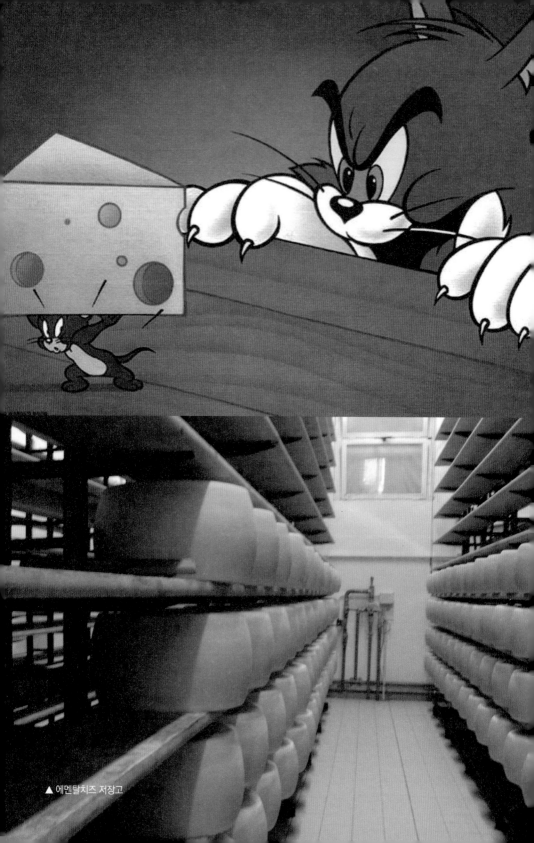

▲ 에멘탈치즈 저장고

에멘탈 치즈는 탁월한 맛과 식감 덕택에 오랫동안 전 세계 치즈 마니아들의 입맛을 사로잡아 왔다. 에멘탈 치즈를 '치즈의 황제'로 대접하는 까닭이다.

에멘탈 치즈의 가장 큰 특징은 여기저기에 송송 뚫린 구멍들이다. 숙성 과정에서 발생하는 CO_2로 생성된 그 구멍을 '치즈 눈cheese eye'이라고 부른다. 다른 치즈에도 구멍은 있지만 에멘탈 치즈의 구멍은 일정하면서도 크다는 게 특징이다.

에멘탈 치즈는 따뜻한 우유에 렌넷rennet(우유를 응고시키는 효소)을 첨가해서 고형 성분을 분리해 발효시킨다. 첫 번째 숙성기간은 21~23℃에서 5~8주, 두 번째 숙성 기간은 7~11℃에서 8~9개월 정도다. 100kg 이상의 큰 원반형으로 성형해서 숙성시켜 만든다.

김정은이 평양 공장에 에멘탈 치즈 생산을 직접 지시했다고는 하지만 평양에서 만든 치즈 맛이 본토에서 생산된 제품을 하루아침에 따라갈 수는 없었을 게 분명하다. 김정은은 어릴 때 먹었던 에멘탈 치즈의 맛을 재현하고 싶어서 공장 관계자를 프랑스 국립유가공 기술학교에 유학시키려고 했다. 하지만 그쪽 학교 측의 거절로 실패했다고 한다.

에멘탈 치즈 말고도 김정은은 곰발바닥, 알래스카 캐비어, 타조 족발 등으로 만든 요리를 즐겨 먹는다고 한다. 굶주리고 있는 북한 주민들에게 그런 음식들은 요즘말로 '듣보잡' 아닐까.

더 주지 못해서 미안해!

"정은아. 형이니까 내가 말 놓을게. 살 빼라. 너 그러다가 죽는다. 관절염 온다. 그리고 잘 들어라. 인민들은 굶어 죽어가는데 너 혼자 살 쪄서 되겠냐. 그리고 굶어 죽어가는, 우리와 똑같이 생긴 아이들, 중국에 예속되지 않고 대한민국 아이들과 같이 자랄 그 아이들은 좀 먹이자. 그래서 법륜 스님하고 같이 북한에 분유 보내기 두유 보내기 운동을 하고 있습니다. 유통기한이 있는 것들, 빼돌릴 수 없는 것들, 미사일로 만들 수 없는 것들입니다. 생각해 보십시오. 아무리 기술이 좋아도 분유로 미사일을 만들 수 있겠습니까. 뭐 만들면 좋지요. 분유로 미사일을 만든다면, 그걸 쏘면, 그게 터지면…, 와~, 분유다. 그건 좋은 거죠."

방송인 김제동이 어느 강연에서 했던 말의 일부다.

2011년 9월 27일 오후, 인천항에서는 북한 전역 9개 시도의 고아원, 특수학교 등 53개 시설 취약계층 어린이들에게 구호물품을 전달하는 선적식이 열렸다. 그날 선적한 물품은 밀가루 300톤, 두유 36만 개, 이유식 10톤, 탈지분유 2톤, 전지분유 30톤, 영양강화식품 33톤 등 20피트 컨테이너 50여 대에 달하는 분량이었다. 행사에 함께 참석한 김제동과 법륜 스님은 이렇게 말했다.

"오늘 지원되는 물품은 북한 전격의 53개 고아원 12,000

명의 아이들에게 보내는 겁니다. 어느 사회에서든 나쁜 사람들이 뺏어 먹습니다. 그래서 지원할 때는 충분히 주어서 중간에 떼먹고 나서도 아이들에게 넉넉히 돌아갈 만큼 줄 수 있어야 합니다. 아이들 이유식까지 빼앗아 먹는 어른들이 과연 자신이 사람이라고 생각할 수 있겠습니까? 최소한 이유식이나 아이들에게 지원되는 밀가루, 두유, 분유는 지원이 계속되었으면 좋겠습니다." (김제동)

"북한은 식량난으로 90년대 중반 300만 명이 굶주림과 질병으로 죽었습니다. 그동안 국제사회가 협력해 주어서 10여 년 동안 굶어 죽는 사람이 없이 지냈습니다. 그러다가 2008년도 들어와서 또다시 식량난이 발생하여 많은 사람들이 굶주림으로 희생되었고, 현재는 풀죽으로 연명하고 있는 상황입니다. 어른들도 심각한 상황인데, 아이들은 이루 말할 수가 없죠. 자식이 돌보지 못하는 노인정에 있는 노인들, 장애 아들은 더 큰 위험에 처했습니다.
어른들의 갈등인 남북관계의 긴장이 아이들에게 더 큰 고통을 안겨주고 있습니다. 귀중한 생명의 원천인 식량마저도 지원이 금지되어서 1년 가까이 지원을 못했습니다. 이 소중한 영양식을 먹고 북한 아이들도 남한 아이들과 같이 무럭무럭 자라났으면 좋겠고, 또 남한의 이 아이들이 자라서 남북의 화해와 통일에 이바지하는 그런 날이 왔으면 합니다." (법륜 스님)

그날 행사를 주최한 JTS(Join Together Society, 국제 기아·질병·문맹 퇴치를 목적으로 활동하는 NGO)의 이름으로 내걸린 현수막에는 큼직한 글씨로 이렇게 적혀 있었다.

"더 주지 못해 미안해!!"

'오늘 아침 북한 어린이들도 밥을 먹었으면 좋겠습니다'라는 주제로 열린 퍼포먼스는 많은 이들의 눈시울을 뜨겁게 적셨다.

이밥에 고깃국이 아니어도 좋다

1950년대 '천리마 운동' 시절 김일성이 북한식 사회주의의 청사진으로 인민들에게 공표한 것이 있다. '이밥(흰 쌀밥)에 고깃국'이다. 쌀밥에 고깃국을 배불리 먹게 해주겠다고 인민들에게 약속했던 것이다. 하지만 김일성 주석은 약속을 지키지 못했다.

김일성의 유훈遺訓을 이어받은 김정일 시대에 들어 북한의 경제는 오히려 더 피폐해졌다. 1990년대 중반 '고난의 행군' 기간에는 수십만 명의 인민들이 굶어서 죽기도 했다.

"3년 내에 경제를 1960~70년대 수준으로 회복시켜 이밥에 고깃국 먹고 기와집에서 비단옷 입고 사는 생활수준을 달성해야 한다."

김정은의 말이다. 2013년 4월 15일, 김일성 100회 생일을 맞아 열린 행사에서 그는 또 이렇게 역설했다.

◀ 고깃국의 종류는 주재료에 따라 매우 다양하다. 그런데 전통적으로 고깃국이라고 하면 소 양지와 무를 썰어 넣고 끓인 소고기국을 일컫는다.

"다시는 인민들이 허리띠를 조이는 일 없이 사회주의 부귀영화를 누리게 하겠다."

북한의 실정을 보면 그건 한낱 구호에 불과하다는 걸 알 수 있다. 북한 주민 상당수가 만성적인 식량부족 때문에 지금도 기아에 허덕이고 있다지 않은가.

정치의 최우선 목적은 무엇인가. 국민을 잘 먹고 잘살게 하는 것이다. 그런데 김정은의 정치는 체제와 권력 유지에 초점이 맞춰져 있다. 천문학적 비용이 소요되는 핵 개발과 연이어 터지는 미사일 시험발사가 그 증거다.

북한에서 그동안 핵 개발에 쓴 비용이 대략 65억 달러에 이른다고 한다. 이는 북한 전체 인민들에게 8년 동안 식량을 공급할 수 있는 액수다. 현실이 그런데도 김정은은 제 취향에 맞는 먹거리를 마련하려고 적잖은 외화를 들여 치즈를 수입하고, 아이들 먹거리인 우유까지 빼앗아서 치즈를 만들고 있다.

그리고 여기, 북한의 '위대한 령도자'인 김정은이 기억해주었으면 하는 사람이 있다.

치즈 산업의 메카를 이룬 지정환 신부

28세 젊은 나이에 가난한 나라 한국행을 자청했던 벨기에 사람이다. (우연의 일치일까. 김정은이 조선로동당 제1비서 자리에 오른 나이도 28세다.)

우리나라의 가난한 시골 마을을 한국치즈산업의 중심지로 만들어서 지역 산업육성과 소득증대에 크게 기여한 그의 원래 이름은 세스테벤스 디디에마리Didier t'Serstevens(1931~)다. 치즈와 피자 제품의 브랜드로도 쓰이는 그의 한국 이름을 웬만한 사람은 다 안다. 바로 가톨릭 신부 지정환이다.

지정환 신부는 1959년에 처음 한국에 왔다. 그리고 5년 뒤인 1964년에 전라북도에 있는 임실 성당 주임신부로 부임했다. 신부의 환영회가 열린 자리에서 임실군수는 이렇게 말했다.

"저는 신부님께서 이렇게 가난한 산골에 오래 계실 거라고는 생각하지 않습니다. 다만 몇 년 후에 떠나실 때는 천주교 신자들뿐 아니라 임실 주민 전체를 위해 무언가 하나쯤은 꼭 남겨 주셨으면 합니다."

지정환 신부는 그 말을 깊이 새겼다.

임실은 낮은 산과 들로 이루어진 땅이어서 어디에나 풀이 널려 있었다. 지역경제는 낙후되었고, 농민들의 소득은 보잘것 없었다. 지정환 신부는 풀이 풍성하다는 데 착안해서 산양 두 마리를 방목하기 시작했다.

그는 1966년에 산양협동조합을 설립했다. 조합원들이 기르는 산양의 수도 크게 증가했다. 협동조합을 중심으로 생산한 산양유를 공동 판매했다. 그런데 난관에 봉착했다. 판로가 충분히 마련되어 있지 않다 보니 남아도는 산양유가 쌓여갔던 것이다. 잉여 산양유의 처리 방안을 고민하던 중 지정환 신부가 생각해 낸 것이 바로 치즈 생산이었다.

하지만 치즈를 생산할 만한 기술이 없었기 때문에 3년 동안 실패를 거듭했다. 지정환 신부는 이탈리아와 프랑스의 공장과 대학에서 치즈 제조기술을 전수받고 3개월 만에 임실로 돌아왔다. 그 후 드디어 상품으로 판매가 가능한 수준의 치즈를 생산해냈다. 그것이 바로 우리나라 최초의 체더 치즈Cheddar cheese였다.

임실에서 생산된 치즈는 조선호텔을 비롯한 여러 유명 호텔에 납품함으로써 전국적인 명성을 얻기 시작했다. 유신정권에 대한 국민적 저항이 심했던 시절의 일이었다.

우리나라 천주교 각 교구의 주교와 신부들이 유신을 반대하는 투쟁의 일선에 섰다는 건 잘 알려진 사실이다. 특히 명동성당은 많은 수배자의 피신처와 집회 장소로 활용되어 '민주화의 성지'라고 불렸다.

1974년 7월 6일 지학순 주교가 유럽 순방 뒤 귀국하다가 공항에서 납치되다시피 연행되어 중앙정보부 조사를 받고 명동 성모병원에 감금되는 사건이 발생한다. 당시 박정희 정권이 지학순 주교에게 씌운 혐의는 민청학련사건과 관련한 자금제공과 내란선동, 정부전복 등이었다.

시골 성당 신부로 봉직하면서 지역주민들과 함께 치즈를 생산하고 있던 지정환 신부는 가만히 있지 않았다. 지학순 주교의 석방을 공개적으로 요구하고 나섰던 것이다.

"나는 정의가 환히 빛날 때까지 지랄하는 지정환이다. 지학순 주교를 풀어주고 나를 대신 잡아 가둬라!"

지정환 신부는 유신정권을 계속 비판하면서 시위에 앞장섰다. 그 바람에 그는 '가장 반체제적인 외국인'으로 찍히고 말았다.

"거, 지정환이라는 사람은 도대체 뭐야?"

그 소식을 들은 박정희 대통령은 비서관에게 짜증스럽게 물었다.

"전라북도 임실에 있는 신부인데, 주민들하고 함께 치즈를 만들고 있다고 합니다."

"신부면 제 할 일이나 제대로 할 것이지…, 그런데 치즈 얘기는 또 뭐야?"

"임실에는 풀이 많다고 합니다. 그래서 산양하고 젖소를 방목해서 나온 우유로 치즈 공장을 만들었다고 합니다. 조합까지 만들어 농민들한테 돈을 제법 벌게 해준다고 들었습니다."

새벽마다 '우리도 한 번 잘살아보세…' 하는 〈새마을노래〉가 전국 방방곡곡으로 울려 퍼지던 시절이었다. 지정환 신부가 하는 일이야말로 박 대통령 자신과 뜻이 같았던 것이다. 지정환 신부를 강제 추방하려고 작정했던 박정희 대통령은 비서관에게 이렇게 말했다.

"거, 지정환이라는 신부 말야…. 그 신부는 그냥 놔둬."

그 얼마 후 박정희 정부는 지방 경제를 활성화시키겠다는 명목으로 몇몇 대기업을 지방으로 분산시켰다. 유가공업체도 예외가 없었다. 경상남도에는 매일우유, 경기도에는 서울우유가 자리를 잡았

▲ '임실 치즈의 아버지' 지정환 신부의 최근 모습이다. 지정환 신부는 자신이 설립한 임실치즈공장의 소유권과 운영권을 주민협동조합에 모두 넘긴 뒤 1980년에 '무지개가족'이라는 장애인 재활센터를 설립하고 중증 환자들의 욕창 치료와 재활에 힘썼다. 그런 공로를 인정받아 2002년에 호암상 사회봉사상을 수상한 그는 상금 1억 원과 사재를 모두 털어 '무지개장학재단'을 세운 뒤 해마다 장애인 학생 20~30명에게 장학금을 지급하고 있다.

지정환 신부는 '대한민국에 특별한 공로가 있는 외국인에게 특별귀화를 허가한다'는 국적법에 따라 한국에 온 지 57년 만인 2016년 2월 3일 법무부로부터 대한민국 국적 증서를 받았다. 지정환 신부는 지금 '무지개가족'에서 일했던 사람들과 함께 전북 완주군 소양면 '별아래'에서 살아가고 있다.

다. 전라북도에 들어선 업체는 롯데유업이었다.

지역에 롯데유업이라는 대기업이 자리를 잡게 되자 자체 브랜드로 치즈를 생산해서 판매해 오던 임실군은 발칵 뒤집어질 수밖에 없었다. 지정환 신부는 임실군민을 대표해서 롯데유업으로 직접 찾아갔다.

"귀 회사는 대기업이니까 우유도 대량으로 공급할 테지요. 앞으로 혹시 귀 회사의 농장에서 생산한 우유의 물량이 달리면 우리 임실에서 생산된 우유를 사 가십시오. 품질은 제가 보증합니다. 물론 귀 회사의 우유가 남아돌면 저희가 사가겠습니다. 단, 조건이 하나 있습니다. 귀 회사에서는 치즈만은 생산하지 말아 주십시오. 치즈가 필요하다면 우리 군에서 공급해 드리겠습니다. 우리 임실 군민들에게 치즈는 목숨과도 같습니다. 귀 회사가 기왕 임실에 들어왔으니 지역민들과 함께 공생관계를 유지해 나갔으면 해서 드리는 말씀입니다."

롯데유업(현 푸르밀)은 1978년 설립된 후 지금까지 치즈는 생산하지 않고 있다.

지정환 신부는 돈을 벌겠다는 욕심으로 공장까지 세워서 치즈를 생산한 것이 아니었다. 그는 지독한 가난에 허덕이는 시골 주민들에게 삶의 터전을 마련해 주고 싶었다. 치즈를 통해 그들에게 꿈과 희망을 주고 싶었던 것이다.

전라북도 임실군은 한국 치즈산업의 메카로 불린다. 그곳에는 임실치즈테마파크가 조성되어 있다. 현재 임실에서 생산하는 원유 생산량은 연간 17,500톤에 이른다. 유가공업체도 13개가 들어서 있다. 연간 매출액도 300억 원에 달한다. 치즈체험을 하기 위해 임실을 찾는 관광객도 해마다 20만 명이 넘고, 관광수입도 매년 30억 원 이상 올리고 있다. 임실 치즈 관련 산업이 현재 지역경제에 미치는 효과는 연간 1,000억 원에 이르는 것으로 추산된다.

이런 성과는 가난한 시골 사람들의 삶의 여건을 개선하기 위해 평생 혼신을 다해 노력해 온 지정환 신부가 있었기에 가능했던 일이다.

먹여야 '령도력領導力'도 생기는 것

2005년에 640만 관객이 함께 본 〈웰컴투 동막골〉이라는 영화가 있었다. 한국전쟁을 배경으로 죽음의 포탄 속에서도 국군, 인민군, 연합군이 힘을 모아 동막골이라는 아름다운 마을을 지켜낸다는 동화 같은 이야기를 그리고 있다.

영화의 공간적 배경은 '동막골'이라는 강원도 어느 산골마을이다.

머리에 꽃을 꽂고 다니는 좀 모자라는 아가씨 여일(강혜정)은 낙오한 인민군 일행을 동막골로 안내한다. 그런데 동막골에는 이미 국군장교 표현철(신하균) 일행과 전투기 추락으로 부상당한 연합군 닐스미스 대위가 머물고 있었다. 인민군과 국군은 서로의 총구를 맞댄다. 마을 전체는 극도의 긴장감에 휩싸인다.

평생 땅을 일구며 살아온 동막골 사람들에게 총이나 수류탄은 처음 보는 물건들일 수밖에 없다. 그들은 한 민족이 전쟁을 벌이는 것도 이해하지 못한다. 동막골 사람들의 걱정거리는 멧돼지가 감자밭을 파헤친 것과 벌통 속의 벌들뿐이다.

국군과 인민군 병사들의 대치상황은 계속된다. 그러던 중 수류탄 하나가 옥수수를 저장해 둔 곳간에 떨어지는 바람에 팝콘이 눈처럼 쏟아지는 사고가 벌어진다. 동막골 주민들이 일 년 동안 먹을거리를 한꺼번에 날려버린 셈이다.

그때 촌장이 다가와서 한마디 건넨다.

"자자, 이제 그만하고 뭐를 좀 먹어요."

그 일을 계기로 국군과 인민군은 서서히 화해의 길로 들어선다. 그들은 동막골 사람들의 골칫거리였던 멧돼지의 습격도 함께 막아낸다.

산골마을이라 넉넉하지는 않지만 마을 사람들끼리 행복하게 지내는 모습을 유심히 보아 왔던 인민군 장교 리수화(정재영)가 촌장에게 이렇게 묻는다.

"뭐 그리니까네, 고함 한번 지르지 않고 부락민들을 휘어잡고 있

▲ 임실치즈 테마파크
전경 (제공: 임실군청)

▶ 임실 치즈
대표 브랜드 피자

대한민국 치즈발상지 임실군이 인증하는 임실N치즈피자

임실 Ⓝ 을 꼭 확인하세요.

▼ 치즈와 피자
(제공: 임실N치즈피자)

는 거 같은데, 거 촌장 동무의 위대한 령도력은 비밀이 뭐요?"

맨상투에 한복차림인 촌장은 빙긋 웃으며 대답한다.

"무어를 마이 멕여야지 머⋯."

김정은이 그토록 좋아한다는 에멘탈 치즈 1kg을 만들려면 그 열세 배나 되는 13kg의 우유가 필요하다. 우유는 북한 인민, 특히 영양실조에 시달리는 영유아와 아동들에게는 소중한 식량이다. 하지만 우유로 만든 치즈는 김정은을 비롯한 고위층 간부들이 즐기는 기호식품이다. 굶주린 인민들에게 치즈는 식량이 아니다. 그들에게 식량은 쌀과 옥수수다.

평양 유가공 공장을 지도 방문한 김정은은 그곳에서 생산된 에멘탈 치즈가 입맛에 맞지 않는다고 크게 분노했다고 한다.

혹시 굶주린 북한 어린이들 먹으라고 김제동과 법륜 스님이 모아서 보낸 분유를 김정은은 치즈를 만드는 데 썼던 건 아닐까. 분유에도 유단백질이 들어 있으니 그걸 물에 잘 녹이면 치즈를 못 만들 것도 없지만, 그렇게 해서는 에멘탈 치즈 고유의 맛을 재현해 내는 게 불가능할 것이 때문에, 순전히 그래서 생긴 의문이다.

화합의 음식

식지(食紙) (출처: 국립민속박물관)

100만 명이 먹을 수 있는 소고기로 남북 화해와 협력의 기틀을 마련했다. 그런 점에서 정주영 회장은 기업가와 경제인이면서 동시에 탁월한 업적을 남긴 정치인이었다.

– 정주영의 1,000마리 소떼는 100만 인분 식량이었다

거액을 받아 챙겼다가 검찰에 불려가는 자치단체장과 국회의원들이 끊이질 않는다. 왜들 그랬을까. 한마디로 '호의호식好衣好食'하겠다는 것이다. 잘 먹고 잘 살겠다는 거다.

– 주변 100리 안에 굶주리는 사람이 없도록 하라

"짐이 청와대 조리장에게 탕평채를 올리라 특별히 명하노니, 이를 당장 시행하도록 하라."

– 청와대 조리장에게 탕평채를 당장 올리라 명하노라

"정관헌이 세워졌고, 궁궐 안에 가비 향이 퍼졌다. 한 남자에게 가비는 사랑이다. 가비는 제국의 꿈이다."

– 가배차를 마시며 명성왕후와 대한제국을 꿈꾸다

온갖 채소와 고기, 고추장, 기름을 넣어 비벼먹는 비빔밥처럼 화합과 통합을 이루는 정치야말로 대부분의 국민들이 바라는 바다. 그것이 바로 비빔밥의 정치고, 정치의 비빔밥이다.

– 희생을 통한 조화와 통합과 상생의 비빔밥 정치

'자장면'을 고집하든 '짜장면'을 신봉하든 그건 전적으로 개인적 취향이나 입맛에 달린 문제다. 그런 식으로 이 땅의 식사 민주주의가 어느 정도 정착 단계에 접어들었던 것이다.

– 자장면과 짜장면의 이념적 가치가 공존하는 사회

정주영의 1,000마리 소떼는
100만 인분 식량이었다

남북통일의 정치적 초석을 다진 경제인

걸어서 군사분계선을 넘은 대통령

2007년 10월 2일 오전 9시, 노무현 대통령 내외를 실은 승용차가 군사분계선 앞에 멈췄다. 차에서 내린 대통령 내외는 노란 페인트로 그어진 군사분계선으로 천천히 다가가다 걸음을 멈추었다. 남쪽을 향해 돌아선 노무현 대통령의 얼굴은 조금 상기되어 보였다. 그는 북한을 방문하는 감회를 담담한 어조로 이렇게 밝혔다.

"국민여러분, 오늘은 중요한 일을 하러 가는 날이라서 가슴이 무척 설렙니다. 막상 이 자리에 서고 보니까 심경이 착잡합니다. 눈에 보이는 것은 아무것도 없는데 여기 있는 이 선이 지난 반 세기동안 우리 민족을 갈라놓고 있는 장벽입니다. 이 장벽 때문에 우리 민족은 너무 많은 고통을 받아왔습니다. 그리고 또한 발전이 정지되어 왔습니다. 다행히 그동안 여러 사람들이 수고를 해서 이 선을 넘어가고 넘어왔습니다. 저는 이번에 대통령으로서 이 금단의 선을 넘어갑니다.

제가 다녀오면 더 많은 사람들이 다녀오게 될 것입니다. 그러면 마침내 금단의 선도 점차 지워질 것입니다. 장벽은 무너질 것이고요. 저의 이번 걸음이 금단의 벽을 허물고, 민족의 고통을 해소하고 평화와 번영의 길로 가는 계기가 되도록 노력하겠습니다. 국민여러분, 성공적으로 일을 마치고 돌아올 수 있도록 함께 기도해주십시오. 잘 다녀오겠습니다."

그날 오전 9시 6분에 노무현 대통령은 군사분계선을 넘었다. 개성공업지구를 불과 5km 앞둔 지점이었다. 남북 분단 이후 우리 대통령의 북한 방문은 김대중 전 대통령에 이어 두 번째였다. 물론 '금단의 선'을 걸어서 통과하기는 노무현 대통령이 처음이었다.

노무현 대통령은 '여러 사람들이' 수고를 해준 덕택에 대통령으로서 금단의 선을 넘어갈 수 있게 되었다고 말했다. 당시 그의 머릿속에는 김대중 전 대통령을 비롯한 많은 사람들의 얼굴이 떠올랐을 것이다.

민간인 신분으로는 처음으로 판문점 군사분계선을 넘었던 사람, '소떼 방북'을 통해 남북 화해와 교류 협력의 물꼬를 텄던 현대그룹 정주영 회장도 그중 한 사람이었으리라.

그 아름답고 충격적인 전위예술

IMF 경제위기 속에서 출범한 김대중 정부 초기의 일이었다. 분단과 전쟁을 겪은 뒤 줄곧 적대관계를 유지해 오던 남북관계가 개선의 계기를 마련한 역사적 사건이 벌어졌다.

1998년 6월 16일, 현대그룹 정주영 명예회장이 소 500마리를 50대의 트럭에 나눠 싣고 새로 개통된 문산 통일대교를 지나 판문점 공동경비구역에 도착했다. 그는 중립국 감독위원회 회의실을 지나 군사분계선을 걸어서 넘어갔다. 민간 차원의 합의를 통해 군사구역인 판문점을 통해 민간인이 북한을 방문한 것은 정주영 회장이 처음이었다.

전 세계 언론에서는 정 회장의 소떼 방북 소식을 앞 다투어 상세히 보도했다. 미국의 CNN은 소를 싣고 북쪽으로 향하는 트럭 행렬을 생중계할 만큼 높은 관심을 보였다. 영국의 유력 일간지 인디펜던트The Independent는 또 "미국과 중국 사이에 핑퐁 외교가 있었다면 남한과 북한 사이에는 황소 외교가 있다"라는 논평을 실었다.

프랑스의 세계적인 미래학자이자 문명비평가인 기 소르망Guy Sorman은 정주영 회장의 소떼 방북 모습을 두고 이런 찬사를 보냈다고 한다.

"저것은 1991년 베를린 장벽이 무너진 이래 20세기 마지막에 벌어진 가장 아름답고 충격적인 전위예술이다."

북측에 소 500마리와 트럭을 모두 전달한 정주영 회장은 7박 8일 동안 북한에 머물렀다. 그 기간에 그는 대북 협력사업 예정지로 오랫동안 구상해 온 금강산과 원산 지역 등을 둘러보았다. 북측 관계자들하고 만나 금강산 관광개발 사업, 서해안 공단사업 및 전자 관련 사업, 제3국 건설시장 남북 공동 진출 사업, 소형차 조립 사업 등에 대해서도 구체적으로 협의했다.

같은 해 10월 27일, 나머지 소 500마리와 함께 북한을 2차 방문한 정주영 회장은 금강산 관광 사업 등 여러 가지 경제협력 사업에 심층적인 합의를 이끌어냈다.

남북화해를 이끈 1,000마리 '통일 소'

소 500마리를 싣고 1차 방북하던 날 판문점 '평화의 집'에서 정주영 회장은 이렇게 말했다.

> "청운의 꿈을 안고 아버지가 소를 판 돈 70원을 가지고 집을 나섰습니다. 이제 그때 그 소 한 마리가 500마리가 되어 지난 빚을 갚으러 꿈에 그리던 고향 산천을 찾아갑니다. 이번 방북이 단지 한 개인의 고향 방문을 넘어 남북이 같이 화해와 평화를 이루는 초석이 되기를 진심으로 기원합니다."

그의 방북은 외환위기의 어려운 경제상황에서 고통받던 국민들에게 희망을 주었다. 실향민들의 마음을 설레게 만들기도 했다. 북에 두고 온 혈육과 고향산천이 얼마나 그리웠으면 "차라리 저 소들이 부럽다."라고 말한 실향민까지 있었을까.

소떼 방북의 첫 번째 성과는 금강산 관광의 시작으로 나타났다. 1998년 11월 18일 '현대금강호'가 금강산을 향해 처음으로 출항했던 것이다. 그 얼마 전까지만 해도 꿈속에서조차 상상할 수 없는 일이었다. 2005년 6월에는 금강산을 다녀온 관광객이 100만 명을 넘어섰다.

소떼 방북을 기점으로 '햇볕 정책'을 표방한 김대중 정부의 대북 화해협력 정책은 큰 추진동력을 얻었다. 김대중 정부는 정주영 회장 덕택에 그토록 간절히 원하던 남북 경제협력과 대화의 물꼬를 틀 수 있었다. 통일농구대회를 비롯한 각종 예술 공연과 체육 분야의 교류는 우리 정부의 대북한 대화창구 역할을 했다.

소떼 방문 꼭 2년 뒤에는 분단 이후 처음으로 우리 대통령의 북한 방문과 역사적인 남북정상회담이 성사되었다. 정주영 회장이 소떼를 몰고 북한을 처음 방문했던 날로부터 만 2년에서 하루 모자란 2000년 6월 15일에는 김대중 대통령과 김정일 국방위원장이 직접 서명한 6·15남북공동선언이 발표됐다. 그해 8월에 개성공단 건립합의의 초석을 놓은 것도 정주영 회장의 소떼 방북이었다.

금창리 지하핵시설 의혹과 대포동 미사일 발사를 둘러싸고 남북한 사이에 짙은 전운이 감돌고 있던 시기에 벌어진 정주영 회장의 소떼 방북은 한반도의 전운을 씻어냈고, IMF 외환위기 극복과정에서 외국인의 투자 안정성을 높이는 데 크게 기여했다.

소 1,000마리는 소고기 1,000,000인분

소의 효용가치는 크게 두 가지로 나누어진다.

하나는, 농사일을 거드는 노동력을 얻는 것이다. 특히 우리처럼 각종 농기계가 보급되지 않은 북한에서는 지금도 소의 노동력을 빌려서 논밭을 갈고, 수확한 곡식을 실어 나른다고 한다. 다른 하나는 식량, 즉 소고기를 얻는 것이다. 우리든 북한이든 소고기는 고급 식량이다. 정주영 회장은 그때 엄청난 분량의 식량을 북한에 전달했던 것이다.

정주영 회장이 북한으로 싣고 간 소는 모두 1,000마리였다. 더 정확하게 말하면 1,001마리였다. 물론 그중에는 뱃속에 송아지가 든 소들도 많았다.

소 한 마리는 어느 정도 분량의 식량인가. 암수에 따라 차이가 있지만, 소 한 마리를 잡으면 내장을 포함해서 대략 300kg 이상의 고기를 얻는다. 그걸 부위별로 나눈 것이 바로 우리가 먹는 안심, 등심, 채끝, 목심, 우둔, 양지, 사태, 갈비, 곱창 등이다.

소고기 1kg이면 적어도 세 사람이 먹을 수 있다. 소 한 마리에서 얻은 고기로 무려 900명이 한 끼 식사를 할 수 있다는 계산이 나온다. 그러니까 정 회장이 북에 전달한 소 1,000마리는 90만 명이 먹을 수 있는 소고기였던 것이다. 게다가 뼈까지 고아서 먹는 걸 가정하면 줄잡아 100만 명 이상이 그 귀한 소고기를 먹게 되는 셈이다.

세계 모든 나라 대통령들은 취임식 자리에서 전 국민 앞에 손을

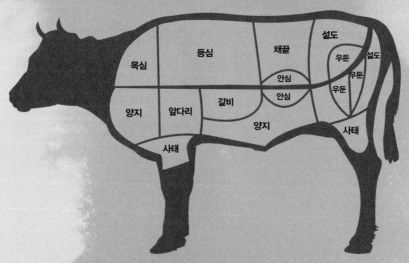

▲ 소고기의 부위별 명칭

▲ 등심구이

◀ 너비아니

▼ 떡갈비

들고 선서라는 걸 한다. 그 선서문에 우리나라에서만 채택하고 있는 항목이 있다. '조국의 평화적 통일'이 그것이다. 지구상에서 유일한 분단국가 대통령이기 때문이다.

100만 명이 한꺼번에 먹을 수 있는 소고기를 북한에 전달함으로써 정주영 회장은 그 이전에 어떤 대통령도 이루어내지 못한 남북화해와 협력과 통일의 기틀을 마련했다. 그런 점에서 정주영 회장은 기업가와 경제인이면서 동시에 탁월한 업적을 남긴 정치인이었다.

1,000마리에 추가한 소 한 마리

2007년에 북한을 방문한 노무현 대통령은 김정일 국방위원장과의 정상회담을 통해 2000년의 6·15 공동선언 정신을 재확인했다. 남북관계 발전과 한반도 평화, 민족의 공동번영과 통일을 실현하는 데 따른 제반 문제도 협의했다.

10·4 남북정상 공동선언문에는 또 남북정상회담 정례화, 이산가족 상봉 확대, 서해 공동어로수역 추진, 해주경제특구 설정 등 남북경제협력 확대, 백두산관광 실시를 위한 백두산—서울 직항로 개설 등의 합의사항이 담겨 있었다.

정주영 회장이 소떼 방북으로 초석을 놓았던 6·15남북공동선언은 서해교전 등의 물리적 충돌과 거듭된 북핵 위기에도 2000년 10월 북미 공동 코뮤니케US-DPRK Joint Communique 채택, 2002년 북일 정상회담, 한반도 비핵화의 목표를 설정한 2005년 9·19 공동성명,

2007년 10·4 남북정상 공동선언으로 이어지는 뚜렷한 성과를 낳았다. 그런데⋯.

6·15 공동선언이나 10·4 남북정상 공동선언은 현재 사실상 사문화되어가고 있는 형편이다. 이명박 정권 첫 해인 2008년 7월에 발생한 박왕자 씨 피격사건으로 금강산 관광은 완전히 중단되었다.

남북 대치상황은 정 회장의 소떼 방북 이전 단계로 후퇴했다. 이명박 정권을 지나는 동안 천안함 피격과 연평도 포격 사건이 잇따라 터졌다. 개성공단도 한때 완전히 폐쇄되는 바람에 그곳에서 공장을 운영하던 많은 기업가들의 도산이 속출했다. 남북 상호간의 비난과 비방이 끊이질 않고 있다. 휴전선에는 연일 전운이 감돌고 있다.

이미 잘 알려진 것처럼 정주영 회장이 두 차례로 나누어서 북한에 전달한 소는 1,000마리가 아니고 1,001마리였다. 2차 방문 때는 1차 때와 달리 501마리를 싣고 갔던 것이다. 그가 1,000마리에 한 마리를 추가시킨 뜻은 다양하게 해석할 수 있다.

첫째, 아버지 몰래 훔쳐 집을 나왔던 그 옛날의 소 판 돈 70원 '원금'이다. 그 70원을 자본금으로 해서 정주영 회장은 사업을 일구었고, '현대'를 세계적인 기업으로 키웠던 것이다. 둘째, 북한에 대한 지속적인 지원의 약속을 상징하기도 한다. 혹시 그 한 마리에 정 회장은 평화통일에 대한 우리 민족의 간절한 염원까지 담고 싶었던 건 아닐까.

단지 '민족의 염원' 차원이 아니라 당시 정주영 회장은 남북통일에 대한 나름의 확고한 철학을 갖고 있었다.

정주영 회장의 남북통일론

정주영 회장은 말년에 이를수록 남북통일에 대한 갈망이 더욱 커졌다. 소떼 방북은 그걸 상징적으로 보여주는 사건이었다. 또 그는 남북통일 문제 전반에 걸쳐 나름의 확고한 철학을 갖고 있었다. 그걸 정리해 보았다.

남과 북을 갈라놓은 건 이념이다. 하지만 이념은 소수의 추종자들이 새로운 정치적 기득권을 획득하고 그걸 유지하기 위해서 악용하는 수단일 뿐이다. 이념에서 비롯된 전쟁과 남북분단으로 고통받는 건 이념과 무관한 대다수 국민들이다. 외세의 영향으로 남북이 오랫동안 분단되어 있는 것도 민족의 수치다.

우리 정치인이나 지식인들은 기회 있을 때마다 남북의 평화적 통일을 외치지만 실상은 그 일을 적극적으로 추진하지 않고 있다. 그들은 통일 비용이 막대하게 들어간다는 것을 내세운다. 하지만 그건 생각이 짧은 것이다. 분단 비용도 그에 못지않기 때문이다. 매년 증가하는 천문학적 국방비는 차치하고 학업에 매진해서 세계와 경쟁해야 할 젊은이들이 그 소중한 시기에 군복무를 해야 하는 현실도 국가적으로 엄청난 손실이다.

남북통일이 이루어지면 경제적으로 천문학적인 시너지효과를 낼 수 있다. 북한에는 유연탄, 철광석, 동, 희토류 등 중요 광물 자원이 약 7,000조 원어치 매장되어 있다. 그걸 막대한 외화를 지불하고 수입해서 쓰고 있는 게 우리나라의 현실이다. 더구나 통일이 지체되는 동안 그 소중한 자원은 모조리 중국으로 넘어가게 될 것이다. 나중에 통일이 된다 해도 그때 가서는 광물 자원 사업의 기득권을 되찾기가 어렵다.

북한 주민들이 갖고 있는 양질의 노동력에도 주목해야 한다. 북한사람들은 세계에서 가장 근면하고 생산성이 높은 노동력을 가지고 있다. 남한이 가지고 있는 기술, 자본, 경험, 세계 시장 진출 기반, 경영 능력을 북한의 노동력과 결부시키면 상상을 초월할 만한 시너지효과를 내서 전 세계에서도 초일류 경쟁력을 갖출 수 있다.

남북통일은 민간 차원에서 적극 추진해야 한다. 정치적으로는 체제 유지를 우선시하는 북한 정권에서 갖가지 딴지를 걸 게 뻔하다. 하지만 민간교류는 다르다. 비정치적인 스포츠, 문화, 관광 같은 분야의 교류를 활발히 추진해야 한다.

역사 흐름의 대세는 통일로 가고 있다. 문제는 얼마나 빨리, 그리고 어떤 과정을 거쳐 어떻게 통일이 되느냐 하는 거다. 그리고 결국 그것은 전적으로 우리 민족의 손에 달려 있다.

박근혜 대통령이 청와대 춘추관에서 열린 신년기자회견 자리에서 '통일은 대박'이라고 힘주어 강조한 적이 있다. '통일은 대박'이라고 했던 대통령도 그 옛날 정주영 회장의 남북통일론을 떠올렸던 건 아닌지 모르겠다.

주변 100리 안에
굶주리는 사람이 없도록 하라

음덕양보陰德陽報한다는 것

군수조후병갑청덕선정비郡守趙侯秉甲淸德善政碑

경상남도 함양에 가면 신라시대 대학자인 최치원 선생이 조성했다는 '상림' 숲이 있다. 그 한쪽에는 역사인물공원을 조성했다. 거기에는 최지원, 정여창, 박지원 등의 흉상이 있다. 그동안 함양군을 거쳐 간 군수들의 공덕비도 줄지어 서 있다.

그중 눈에 띄는 비석이 하나 있다. 바로 '郡守趙侯秉甲淸德善政碑'다. 비석 앞에 놓인 보조석에는 이런 글귀가 적혀 있다.

> '조선말 조병갑 군수는 유민을 편케 하고 봉급을 털어 관청을 고치고 세금을 감해주며 마음이 곧고 정사에 엄했기에 그 사심 없는 선정을 기리어 고종 24년(1887) 비를 세웠다.'

설마…. 믿을 수가 없다. '조선말 조병갑 군수'라면 정읍 고부 군수를 지냈던 그 악명 높은 조병갑이라는 말인가. 조병갑이 어떤 조병갑인데…. 다산 정약용의『목민심서』'해관 6조'에는 이렇게 적혀 있다.

'고을 수령은 이임할 때 교활한 아전에게 수백 냥을 주어 자신의 선정비를 세우게 한다. 이 돈을 비채碑債라고 하니 제 손으로 자기 비를 세우는 것이다.'

모두 알고 있는 것처럼 조병갑은 조선말 탐관오리의 대명사로 알려진 인물이다. 고부 군수로 부임한 조병갑은 만석보를 쌓아 수세 명목으로 농민들로부터 엄청난 세금을 거둬들였다. 그는 불효, 음행, 잡기 등 터무니없는 죄목을 뒤집어 씌워 군민들을 옥에 가둔 다음 돈을 받고 풀어주었다.

조병갑의 가렴주구로 수많은 고을 주민들이 삶의 터전인 농토를 잃고 소작인으로 전락했다. 굶어 죽어가는 이가 속출했지만 농민들은 어디 하소연할 데조차 없었다. 사흘 굶어 담 아니 넘을 이 없고, 열흘 굶어 군자 없다고 했던가. 결국 농민들은 농기구 대신 죽창과 횃불을 들었다. 동학농민혁명으로 이어진 고부농민봉기는 굶주림에서 시작되었던 것이다.

물론 조선시대에 조병갑처럼 고을사람들을 수탈하고 굶긴 수령들만 있었던 건 아니다.

구례 운조루의 '타인능해他人能解'

지리산 반야봉과 노고단에서 내려오는 산줄기를 든든하게 등에 지고 앞으로는 너른 들과 섬진강을 펼쳐놓고 거기에 안온하게 둥지를 튼 집이 있다. 전남 구례군 토지면의 운조루다.

구름 위를 나는 새가 사는 빼어난 집을 뜻하는 운조루雲鳥樓는 사랑채에 걸린 누마루 당호다. 조선 영·정조 때 낙안군수를 지냈던 류이주라는 이가 건축했다. 지어진 지 200년 넘게 지난 그 가옥은 중요민속자료 제8호로 지정되어 있다.

운조루는 전형적인 배산임수背山臨水 터에 자리를 잡았다. 그 자리는 또 금가락지가 떨어진 땅이라는 금환락지金環落地의 풍수를 갖고 있다. 한강이남 3대 길지로 알려진 까닭이다.

그 옛날 보릿고개를 넘기기 힘들었던 이웃들에게 고을 수령이 지은 운조루는 단비 같은 가옥이었다. 그 가옥에 있는 쌀뒤주를 두고 이르는 말이다.

운조루 쌀뒤주는 통나무 속을 파내어 만든 원통형으로 생겼다. 뒤주 아래에 달린 작은 마개를 보면 '他人能解'라고 적혀 있다. '누구나 이 쌀뒤주를 열 수 있다'는 뜻이다. 뒤주에 든 쌀을 아무나 퍼갈 수 있도록 했던 것이다.

쌀뒤주에 달린 타인능해 마개를 옆으로 돌리면 쌀이 흘러나온다. 한 사람이 한 번에 가져갈 수 있는 쌀의 양은 보통 한 되에서 두 되 정도다. 쌀뒤주가 웬만큼 비워지면 주인은 또 쌀을 채워두었다. 배고픈 이들은 거기에서 쌀을 갖다가 주린 배를 채울 수 있었다.

당시 류 씨 집안에서 해마다 수확한 쌀은 200가마 정도였다고 한다. 그중 약 40가마가 타인능해를 통해 배고픈 이들의 손에 쥐어졌다. 적지 않은 양이다. 그뿐 아니다. 쌀뒤주는 행랑채 쪽에 두었다. 뜨내기 과객이든 양식이 떨어진 동네 소작인이든 눈치 보지 않고 쌀을 가져갈 수 있도록 배려한 것이다. 가난한 이들을 생각하는 마음 씀씀이가 돋보인다.

운조루의 굴뚝은 여느 집들처럼 지붕 위로 높이 솟아 있지 않다. 마당 구석에 작은 굴뚝이 나 있을 뿐이다. 밥을 지을 때마다 피어오르는 굴뚝 연기를 보면 배고픈 이웃들이 더 힘들어할까 염려해서 굴뚝의 높이를 최대한 낮췄던 것이다.

운조루가 있는 지리산 지역은 한국전쟁 직후 좌우익의 생사를 건 싸움이 계속됐던 곳이다. 그 와중에도 운조루는 화를 면할 수 있었다. 이념을 떠나 타인능해가 보여준 나눔의 정신을 존중했기 때문일 것이다.

경주 최 부잣집의 노블리스 오블리제

경북 경주시 교동에 있는 최 부잣집의 시조는 최진립이다. 그는 임진왜란과 정유재란에 참전해서 공을 세운 무관이다. 전쟁 후에는 오위도총부도사, 공조 참판, 삼도 수군통제사 등의 관직을 지냈다. 최진립은 병자호란 때 참전했다가 전사했다.

최진립의 아들 최동량은 물려받은 재산으로 농토를 크게 키웠다. 최 부잣집의 나눔이 시작된 것은 최진립의 손자 최국선 때부터다. 그는 1671년 조선 현종 때 흉년이 들어 농민들이 빌려 간 쌀을 못 갚게 되자 아들 최의기 앞에서 담보문서를 모두 불살랐다고 한다.

최 부잣집에는 오랜 세월 집안을 다스려 온 '육훈六訓'이 있다.

첫째, 과거를 보되 진사 이상 벼슬을 하지 말라.

둘째, 만 석 이상의 재산은 사회에 환원하라.

셋째, 흉년기에는 땅을 늘리지 말라.

넷째, 과객을 후하게 대접하라.

다섯째, 주변 100리 안에 굶는 사람이 없도록 하라.

여섯째, 시집온 며느리들은 3년간 무명옷을 입어라.

'육훈'의 핵심은 과욕을 삼가고 검소하게 살되 가진 재산은 이웃과 나눠 쓰라는 것이었다. 최 부잣집에서는 보릿고개에 이르면 식구들도 쌀밥을 먹지 못하게 했다고 한다.

'육훈' 중에서도 '주변 100리 안에 굶어 죽는 사람이 없게 하라'는 다섯 번째 가르침이 특히 눈에 띈다. 경주 교동에서 사방 100리라고 하면 동으로는 경주 동해안 일대에 닿는다. 서쪽으로는 영천까지고, 남쪽 100리 거리에는 울산이 있다. 북쪽으로는 포항까지다.

최 부잣집에서 한 해에 거둬들이는 쌀은 자그마치 3천 석에 이르렀다고 한다. 그중 1천 석은 집안에서 먹고, 1천 석은 과객 접대용으로 썼다. 나머지 1천 석은 사방 100리 안에 굶어 죽는 사람이 없도록 하라는 육훈에 따라 모두 나눠주었다.

최 부잣집에 과객이 많을 때는 하루에 100명을 넘었다고 한다. 그렇게 많은 과객들이 한꺼번에 몰려들면 끼니를 해결할 수 있는 말린 청어 한 마리와 쌀을 들려주어서 주변의 노비들 집에서 묵게 했다. 최 부잣집에서 내준 쌀과 관목어를 들고 찾아온 과객에게 노비는 밥과 잠자리를 내주었다. 그 대가로 노비들은 최 부잣집 소작료

▲ 경주 최부자집 곳간

▼ 경주 최부자집의 육훈

육훈(六訓) 여섯가지 행동지침	육연(六然) 여섯가지 수신(修身)
■ 과거를 보되 진사이상 벼슬을 하지마라	■ 자처초연 (自處超然) 혼자 있을 때 초연하게 지내라
■ 만석 이상의 재산은 사회에 환원하라	■ 대인애연 (對人靄然) 다른 사람을 온화하게 대하라
■ 흉년기에는 땅을 늘리지 말라	■ 무사징연 (無事澄然) 일이 없을 때는 맑게 지내라
■ 과객을 후하게 대접하라	■ 유사감연 (有事敢然) 유사시에는 과감하게 대처하라
■ 주변 100리 안에 굶는 사람이 없도록 하라	■ 득의담연 (得意淡然) 뜻을 얻었을 때 담담히 행동하라
■ 시집 온 며느리들은 3년간 무명옷을 입어라	■ 실의태연 (失意泰然) 실의에 빠져도 태연히 행동하라

▼ 운조루 쌀뒤주에 적힌
타인능해 마개

▼ 운조루 쌀뒤주

를 면제받았다.

최 부잣집이 명문 집안을 이룰 수 있었던 건 재산이 많아서가 아니라 '육훈'에 적힌 나눔의 정신을 대대로 실천해 왔기 때문일 것이다.

폼 나게 입고 맛난 거 먹기

김기춘 전 청와대 비서실장 10만 불, 허태열 전 대통령 비서실장 7억 원, 유정복 인천시장 3억 원, 홍문종 새누리당 의원 2억 원, 홍준표 경남지사 1억 원, (실명이 빠진) 부산시장 2억 원, 이병기 대통령 비서실장, 이완구 국무총리….

온 나라를 발칵 뒤집어 놓았던 소위 '성완종 리스트'에 적힌 것들이다. 고인이 거기에 명확하게 밝히지 않은 금액까지 합산하면 적어도 15억 원은 되지 않을까. 스스로 목숨을 끊기 직전에 작성한 메모를 두고 진위를 제대로 따지겠다면서 수사를 차일피일 미루는 검찰의 행태가 볼썽사납다.

성완종 리스트에 적힌 이들 말고도 거액의 '뒷돈'을 받아 챙겼다가 검찰에 불려가는 자치단체장과 국회의원들이 끊이질 않는다. 깨끗한 돈이 아니라는 걸 알면서도 그들은 왜 받았을까. 한마디로 '호의호식好衣好食'하겠다는 것이다. 그 돈으로 폼 나게 입고 맛나게 먹겠다는 거다. 잘 먹고 잘살겠다는 거다.

고부군수 조병갑처럼 예나 지금이나 재산을 불려서 호의호식하

▶ 만석보유지비(萬石洑遺址碑)

▼ 동학혁명군의 백산봉기
(출처: 동학혁명기념관)

는 데는 정치권력만큼 요긴한 게 없는 모양이다.

『金樽美酒千人血玉盤佳肴萬姓膏』

金樽美酒 千人血 玉盤佳肴 萬姓膏

(금준미주 천인혈 옥반가효 만성고)

燭淚落時 民淚落 歌聲高處 怨聲高

(촉루락시 민루락 가성고처 원성고)

금 술잔의 향긋한 술은 만백성의 피요 옥 쟁반의 맛있는 고
기는 만백성의 기름이라

촛농이 떨어질 때 백성의 눈물 또한 떨어지니 노랫소리 높은
곳에 원망하는 소리 드높구나

판소리 〈춘향가〉 중 변학도의 생일잔치에 잠행한 암행어사 이몽
룡이 탐관오리들의 만행을 비꼬아 즉석에서 지은 한시다. 누구나 알
고 있는 것처럼 백성들의 '천인혈'로 빚은 '금준미주'에 '만성고'로
만든 '옥반가효'를 즐겼던 남원고을 수령 변학도는 결국 봉고파직되
고 만다.

동학농민혁명 봉기에 가담한 농민군이 〈춘향가〉의 이 대목을 진
군가로 불렀다는 설이 있다. 탐관오리를 척결하고 봉건시대를 종식
시키고자 하는 결의를 그 노래로 다졌던 것이다.

청와대 조리장에게
탕평채를 당장 올리라 명하노라

정치인들에게 추천하는 음식 한 가지

大탕평 혹은 代탕평과 待탕평

제18대 대통령선거를 앞둔 2012년 10월 23일, 광주시 북구에서 '새누리당 광주·전남 선거대책위원회 출범식'이 열렸다. 그 자리에서 새누리당 박근혜 후보는 힘주어 강조했다.

> "지역화합과 국민통합을 위해서는 꼭 실천해야 할 두 가지가 있다고 생각합니다. 하나는 지역균형발전이고, 다른 하나는 공평한 인재등용입니다. 저는 앞으로 모든 공직에 있어 대탕평 인사를 실천하는 대통령이 될 것을 약속드립니다."

박근혜 후보의 '국민행복 10대 공약'의 맨 끝자리에는 실제로 '지역균형발전과 대탕평 인사'가 포함되어 있었다. 하지만 박근혜 후보가 대통령이 되고 나서도 그때의 '대탕평 인사' 약속을 반드시 지킬 거라고 믿은 사람은 과연 얼마나 될까.

박근혜 정부 출범 2년을 조금 넘긴 2015년 3월 기준으로 국가

의전서열 10위 안에 드는 11명(국회부의장 2명) 중에는 영남출신이 8명, 충청출신이 2명이다. 호남출신은 고작 1명이다. 검찰총장을 비롯한 5대 권력기관장은 영남 싹쓸이다. 각 부처 장관과 같은 국가 고위직의 출신지역 분포도 이와 크게 다르지 않다.

그냥 '탕평'에서 더 나아간 '대탕평' 인사를 통해 지역균형발전을 도모하겠다고 후보 시절에 굳게 약속했던 박근혜 대통령의 공약은 어디서 깊은 잠에 빠져 있는 걸까. 혹시 그날 힘주어 강조했던 대탕평은 '大탕평'이 아니라 '代탕평(탕평을 대신하는 그 무엇)'이거나 '待탕평(탕평할 날을 기다리라는)'이었을지도 모른다는 생각이 드는 것이다.

영조의 탕평책蕩平策과 탕평채蕩平菜

'탕평'은 싸움이나 시비, 논쟁 따위에서 어느 쪽에도 치우치지 않는 것을 이르는 말이다. 조선 후기 영·정조대에 당파간 정치세력의 균형을 도모하고 인재를 고르게 등용해서 정사를 올바로 펴나가기 위해 시행한 정책이 바로 우리가 알고 있는 '탕평책'이다.

'탕평蕩平'은 『상서尙書』에 나오는 말이다. '無偏無黨 王道蕩蕩 無黨無偏 王道平平(무편무당 왕도탕탕 무당무편 왕도평평)'이 그것이다. 본래는 임금의 정치가 편사偏私가 없고 아당阿黨이 없는 대공지정大公至正의 지경에 이른 것을 뜻한다.

탕평이라는 말은 특정 시대에만 사용된 것이 아니다. 군주가

▲ 영조 어진(英祖 御眞) (출처: 문화재청)

펼치는 정치의 지공무사至公無私를 강조하는 보편적인 의미로 쓰여 왔다.

조선 21대 임금으로 즉위한 영조는 당쟁의 폐단을 지적하고 탕평의 필요성을 역설하는 교서를 내렸다. 영조는 노론과 소론의 화목을 권장하고 각 당파의 인물을 고루 등용했다.

영조의 뜻을 발전적으로 계승한 임금이 정조다. 정조는 당파보다 능력 있는 인물을 우선시해서 등용했다. 관리 임명에 노론과 소론을 가리지 않았다. 남인을 영의정에 앉히는가 하면, 서얼 출신의 학자도 능력이 있으면 요직에 등용했다.

영조 임금은 성균관 입구에 탕평비까지 세웠다. 자신의 침소 이름을 '탕탕평평실蕩蕩平平室'로 정하고 그걸 적은 편액을 입구에 걸기도 했다고 전해진다. 이는 특정 당파의 정권독점을 배제함으로써 왕권을 강화하기 위한 것이었다.

청와대 대통령 집무실 출입문이나 내부 벽 어느 한 곳에 이 '탕탕평평실蕩蕩平平室'을 적어서 걸어 놓았더라면 박근혜 대통령의 대탕평 '공약公約'이 '공약空約'으로 변하는 걸 막을 수 있었을까. 아니면, 이건 좀 엉뚱한 발상일지 모르지만, 일주일에 한 번이라도 좋으니 청와대 조리장이 큰맘 먹고 밥상에 탕평채를 요리해서 내놓거나….

청포묵과 고기와 미나리와 김의 조화

탕평채蕩平菜는 우리나라의 전통 궁중요리다. 영조 임금 때 탕평책을 논하는 자리에서 함께 나누어 먹은 음식이라고 해서 붙여진 이름이라고 한다. 탕평채는 채 썬 청포묵 무침인데, 주로 늦은 봄부터 여름 사이에 먹어야 제맛을 볼 수 있다.

탕평채 조리법은 이렇다. 청포묵을 얇고 가늘게 채 썬다. 숙주와 미나리는 각각 끓는 물에 데쳐서 찬물에 헹구어 무친다. 소고기는 양념해서 볶고, 계란은 황백으로 나누어 얇게 지단을 부쳐 가늘게 채 썬다. 김은 구워서 부순다.

큰 그릇에 숙주, 소고기 볶음, 미나리, 파, 다진 마늘, 깨소금, 참기름, 실고추 등을 넣고 골고루 섞은 다음 청포묵과 김을 넣고 간장, 식초, 설탕으로 간을 맞추어 접시에 담는다. 지단과 실백을 고명으로 얹어 마무리한다.

탕평채에 들어가는 청포묵의 흰색은 서인을, 소고기의 붉은색은 남인을, 미나리의 푸른색은 동인을, 김의 검은색은 북인을 각각 상징했다. 서로 다른 색깔과 향을 가진 재료들이 골고루 섞여 조화로운 맛을 내는 탕평채야말로 영조가 추구했던 탕평책과 뜻이 같았던 것이다.

▲ 동인, 서인, 남인, 북인의 상징

▼ 탕평채

그날 탕평채라도 나누어 먹었더라면…

2005년 8월 26일, 여름휴가 일정을 마친 노무현 대통령은 여야 대연정 카드를 꺼냈다. 당시 야당이었던 한나라당을 향해 거국내각 구성을 공개적으로 제안했던 것이다. 그건 과거 어느 정권에서도 시도한 적이 없는 획기적 제안이었다. 2005년 9월 7일 노무현 대통령과 한나라당 박근혜 대표의 여야 영수회담이 청와대에서 열렸다.

노: 제가 제안한 대연정은 민생경제 부분을 한나라당이 직접 맡아 보라는 것입니다.

박: 굳이 그렇게까지 하지 않아도 대통령께서 경제에 전폭적인 관심을 가져주시면 되는 일 아닐까, 저는 그렇게 생각합니다.

노: 제 말씀은 현 정부가 나라 경제를 잘못 이끌고 있다고 비판만 할 게 아니라 한나라당이 직접 나서서 민생경제부분을 운영해 보라는 것입니다.

박: 그 연정이라는 게 평소 정치 노선도 같고 친화력이 있어야 가능한 일이라고 생각합니다. 그렇지 않으면 엄청난 혼란만 줄 뿐입니다.

노: 처칠도 했고, 링컨도 했는데 우리라고 못할 게 뭐가 있습니까?

박: 프랑스 동거정부는 얼마나 혼란스러웠습니까? 노선과 지향점이 달라서 실패로 끝나지 않았습니까? 아무튼 연정하

자는 말은 앞으로 꺼내지 말아주셨으면 합니다.

노: 필요가 없으면 안하겠지만 결단이 필요하면 다시 말씀
드리겠습니다.

박: 더는 말씀하지 않기를 바랍니다.

당시 노 대통령이 제안했던 거국내각은 장관 한두 명 정도가 아
니라 총리와 경제 분야 장관 자리까지 야당에게 모두 넘겨서 국정을
함께 운영하자는 파격적인 탕평책이었다. 그건 고질적인 지역주의
를 극복하고 정쟁을 막아서 민생경제를 살리기 위한 고육책이기도
했다. 하지만 박근혜 대표는 그걸 일언지하에 거절했다. 권력은 함
부로 나눌 수 있는 게 아니라면서….

혹시 그날 노 대통령과 박 대표가 점심식사라도 함께하면서 탕
평채를 나누어 먹었더라면 결과가 달라지지 않았을까. 부질없는 생
각이고 추측일지도 모르겠다. 인도의 수상의 지냈던 인디라 간디 여
사도 그랬다지 않은가. 주먹을 꼭 쥔 손하고는 악수를 나눌 수 없는
법이라고….

우리 사회의 고질적이고 뿌리 깊은 병폐 중 하나로 자주 거론되
는 것이 지역차별 문제다. 이념적으로 남북이 분단된 비좁은 땅이
지역색에 따라 영남과 호남 등으로 또 한 번 갈라져 있는 것이다. 그
뿐 아니라 대통령이나 국회의원 선거 결과를 보면 그 분열상이 더욱
심각하게 나타나고 있는 게 현실이다.

이런 병폐에서 벗어나려면 각계각층의 지속적인 노력이 필요하
다. 정부나 기업의 요직에 인재를 기용할 때는 지역적 편견을 버려

야 한다. 공평하고 객관적인 관점에서 그 사람의 능력을 우선적으로 고려하는 것이다. 그래야 정부든 기업이든 조직의 역량을 극대화시킬 수 있을 것이기 때문이다. 그런 일을 맨 먼저 실천해야 하는 사람이 바로 대통령인 건 아닌지 모르겠다.

세상은 줄곧 탕탕평평蕩蕩平平하지 않았다

어릴 적 예천 외갓집에서 겨울에만 먹던 태평추라는 음식이 있었다

객지를 떠돌면서 나는 태평추를 잊지 않았으나 때로 식당에서 메밀묵무침 같은 게 나오면 머리로 떠올려보기는 했으나 삼십 년이 넘도록 입에 대보지 못하였다

태평추는 채로 썬 묵에다 뜨끈한 멸치국물 육수를 붓고 볶은 돼지고기와 묵은지와 김가루와 깨소금을 얹어 숟가락으로 홀홀 떠먹는 음식인데 눈 많이 오는 추운 날 점심때쯤 먹으면 더할 수 없이 맛이 좋았다 입가에 묻은 김 가루를 혀끝으로 떼어먹으며 한 번도 가보지 않은 바다며 갯내를 혼자 상상해본 것도 그 수더분하고 매끄러운 음식을 먹을 때였다

저 쌀쌀맞던 80년대에, 눈이 내리면, 저 눈발은 누구를 묶으

려고 땅에 저리 오랏줄을 내리는가? 하고 붉은 적의의 눈으로 겨울을 보내던 때에, 나는 태평추가 혹시 귀한 궁중음식이라는 탕평채가 변해서 생겨난 말이 아닐까, 생각해본 적이 있었다

허나 세상은 줄곧 탕탕평평蕩蕩平平하지 않았다 한쪽으로 치우치지 않고 탕평해야 태평인 것인데, 세상은 왼쪽 아니면 오른쪽으로 기울기 일쑤였고 그리하여 탕평채도 태평추도 먹어보지 못하고 나는 젊은 날을 떠나보내야 했다

그러다가 술집을 찾아 예천 어느 골목을 삼경三更에 쏘다니다가 태평추, 라는 세 글자가 적힌 식당의 유리문을 보고 와락 눈시울이 뜨거워진 적 있었던 것인데, 그 앞에서 열리지 않는 문을 두드리다가 대신에 때마침 하늘의 문이 열리는 것을 보고 말았던 것인데,

그날 밤 하느님이 고맙게도 채 썰어서 내려 보내주시는 굵은 눈발을 툭툭 잘라 태평추나 한 그릇 먹었으면 하고 간절하게, 간절하게 참 철없이도 생각해본 적이 있었던 것이다

안도현 시인의 〈예천, 태평추〉라는 제목의 시다.
탕탕평평蕩蕩平平하지 않은 세상에 시인은 할 말이 많았던 모양이다. 왜 아니겠는가. 태평추든 탕평채든 눈시울이 뜨거워지도록 맛나

게 먹어도 역사는 거꾸로 흐르고 있으니…. 탕평해서 태평해지는 세상을 바라는 건 시인의 말처럼 또 얼마나 간절하면서도 철없는 바람인가.

한겨울에 내리는 굵은 눈발을 툭툭 잘라 태평추 한 그릇을 먹으면서 시인은 어쩌면 그 옛날 영조 임금이 쩌렁쩌렁한 소리로 호통치는 소리를 듣고 있었는지도 모르겠다.

"짐이 청와대 조리장에게 탕평채를 올리라 특별히 명하노니, 이를 당장 시행하도록 하라."

가배차를 마시며
명성왕후와 대한제국을 꿈꾸다

향기에 가려진 뜨거움과 어둡고 쓴맛

저잣거리 방탕아의 아들

저잣거리를 함부로 쏘다니는 건달이었다. 가는 곳마다 사람들의 멸시와 천대의 손가락질을 받기 일쑤였다. 죽일만한 가치도 없는 방탕아로 낙인이 찍혀 있었다. 하지만 그는 아랑곳하지 않았다. 오히려 '상갓집 개'라는 치욕적인 별명까지 기꺼이 받아들이며 후일을 도모했다.

저잣거리 방탕아의 둘째아들이 개똥이다. 그는 무능력한 아버지 때문에 어린 시절을 불우하게 보내야 했다. 하지만 오래가지 않아 기다리던 때가 왔다.

철종이 후사를 남기지 못한 채 세상을 떠났다. 파락호로 행세하며 후일을 도모해 왔던 그는 둘째아들 개똥이를 신정왕후(1808~1890)의 양자로 입적시킨 다음 신정왕후와 함께 열두 살 철부지 개똥이를 임금의 자리에 올렸다. 그 개똥이가 바로 조선의 제26대 임금인 고종이자 대한제국 고종황제(1852~1919, 재임기간: 1863~1907)다.

고종의 아버지인 '그'는 물론 흥선대원군 이하응(1820~1898)이다. 어린 아들을 보위에 올린 대원군은 수렴청정하며 국사를 다스리는 일에 직접 관여했다. 그는 한때 임금의 아버지로서 날아가는 새도 떨어뜨린다고 할 만큼 임금보다 더 큰 권력을 휘둘렀다.

아버지가 뒤에 있는 한 고종은 용포를 걸쳤을 뿐 무기력한 임금이었다. 고종이 조선의 임금다운 권력을 손에 넣기 시작한 것은 보위에 오르고도 10년이나 지나서였다.

개항 이후 고종은 러시아와 일본 사이에서 중립 노선을 천명했다. 하지만 힘을 앞세우고 거세게 밀려드는 외세와 조선 내부의 다양한 기운 사이에서 끊임없이 갈팡질팡할 수밖에 없었다. 그런 식으로 발만 동동 구르다가 결국 나라를 잃고 말았다.

일부에서 고종황제를 대단히 무능력한 임금으로 평가하는 까닭이다.

가배와 양탕국과 드립 커피

개화의 바람이 조선 땅에 광풍처럼 휘몰아쳤다. 개화파와 수구파의 대립은 날로 심해지고 있었다. 그게 결국은 대원군과 명성왕후(1851~1895) 사이에 목숨까지 내건 권력 다툼으로까지 이어졌다. 고종은 조선을 집어삼키려고 벼르는 러시아, 일본, 청국뿐 아니라 아버지와 아내 사이에도 끼어 있었다.

"임금 노릇도 더 이상은 못 해먹겠다!"

고종은 가끔 그렇게 탄식했다. 정사를 책임 진 군주로서 조선을 지켜내야 했던 그의 심정이야 어느 하루인들 평온한 날이 있었으랴. 목청껏 소리라도 지르고 싶었을 것이다. 용상을 박차고 차라리 저잣거리로 나가는 꿈을 꾸었을지도 모른다.

그 어려운 시기에 고종의 지친 심신을 달래준 이가 아내 명성왕후였다.

그는 아내인 명성왕후와 함께 서양에서 들여온 가배차를 마셨다. 고종이 조선사람 중에 가배차를 처음 마셨다고 단정할 수는 없다. 하지만 적어도 조선의 임금으로 가배차를 처음 마신 이가 고종이라는 것만은 분명한 듯하다.

'가배'는 '커피coffee'의 음역어다. 한자로는 '咖啡(가비)', '加非(가비)', '珈琲(가배)', '珈琲茶(가배차)', '加皮茶(가피차)' 등으로 쓴다. 민가에서는 서양인이 끓인 국이라는 뜻으로 커피를 '양탕국'이라고 불렀다. 그때 고종이 마신 가배차는 볶은 원두를 갈아서 뜨거운 물에 추출했을 테니, 오늘날의 드립 커피drip coffee와 같았을 것이다.

고종의 전담 바리스타, 손탁 여사

우리나라에 커피가 처음 들어온 시기는 1890년쯤으로 알려져 있다. 고종 임금이 1896년 아관파천으로 러시아 공관에 머무는 동안 커피를 처음 마셨을 거라는 의견도 있다. 그런데 실제로는 그보다 조금 앞섰을 것이다. 고종과 명성왕후가 손탁 여사하고 맺은 인연 때문이다.

안토니트 손탁Antoniette Sontag(1854~1925)의 한국 이름은 손탁孫澤이다. 성을 음역하고 한자어를 붙여서 그렇게 부르고 썼을 것으로 추정된다. 손탁은 1885년에 초대 조선 러시아 공사로 임명되어 온 웨베르Karl Waeber, 韋貝의 처형이다. 베베르는 조선에 올 때 한국어 통역사 자격으로 손탁 여사를 대동했다.

조선에 파견된 지 얼마 지나지 않아 러시아 공사 웨베르는 처형인 손탁을 경운궁의 양식 조리사로 추천한다. 그 일을 계기로 손탁 여사는 고종과 명성왕후를 처음으로 알현했다. 손탁 여사는 고종 내외에게 자신이 직접 요리한 요리와 함께 서양문화를 소개하면서 친분을 쌓았다. 그때 서양인들의 식습관대로 손탁 여사가 커피도 함께 내주었으리라고 보는 것이다.

명성왕후가 시해된 뒤 러시아공사관으로 파천한 고종 임금을 가장 가까이서 수발한 사람도 손탁 여사였다. 고종은 그 무렵 극도의 노이로제 증세를 보였다. 특히 가까이 있는 조선 사람들에 대한 불신이 컸다. 수라상을 차리는 일조차 조선 사람이 아닌 손탁 여사에게 맡길 정도였다. 서양요리를 자주 먹다 보니 자연스럽게 커피에도 맛을 들이게 된 것이다.

감사의 표시로 고종은 1902년에 덕수궁 근처에 있는 황실 소유의 부지 일부를 손탁 여사에게 하사했다. 그 자리에 손탁 여사는 2층 양옥 건물을 짓고 자신의 이름을 딴 손탁호텔의 문을 열었다. 바로 그 손탁호텔 1층에 들어선 것이 '정동구락부貞洞俱樂部'라는 이름의 커피숍이다. 그곳에서 우리나라 최초로 커피를 팔았다.

손탁 호텔 Sontar

1902년 독일 여인 ...
근대 서양식 호텔. ...
전까지 최초로 커...
있었다. 정동 29...
건물로 지어졌다. ...
호텔주 손탁에 대...
자연스레 국내 고...
들의 정치와 사...

피 판매에 대한 기록이나 유물은 발견되지 않았지만 서구문물에 익...

삼요...

▲ 손탁 호텔 (출처: 왈츠와 닥터만 커피박물관)

▼ 국내에서 가장 오래된 다방으로 알려진 전주시 소재 삼양다방

당시 손탁 여사는 고종의 절대적인 신임을 얻고 있었기 때문에 정치계나 관계에 적잖은 영향력을 행사했다. 손탁호텔은 정치와 외교의 주 무대가 되기도 했다. 호텔을 찾은 주요 인사들에게 커피를 자주 타주면서도 훗날 조선 사람들 모두가 그걸 하루도 빠짐없이 즐기게 될 거라는 사실을 손탁 여사는 아마 상상하지 못했을 것이다.

검고 뜨겁고 순수하고 달콤하다

아침에 출근해서 습관적으로 한잔, 업무 중간에 잠깐 쉬거나 동료들하고 잡담을 나누면서 한잔, 점심식사를 마친 다음에 입가심으로 한잔, 오후에는 나른하고 졸려서 각성제로 한잔….

> "악마같이 검고 지옥처럼 뜨겁고 천사처럼 순수하고 사탕처럼 달콤하다."

커피를 이르는 말이다.

커피가 우리 생활 속에 뿌리를 깊이 내린 지도 꽤 오래되었다. 우리나라 사람들이 가장 자주 먹는 음식은 밥이나 김치일 것 같은데 사실은 커피라고 한다. 어느 통계자료에 따르면 전국의 프랜차이즈 커피 전문점 숫자만 해도 벌써 1만 개가 넘는다.

전 세계에서 생산되는 커피의 품종은 대략 15가지 내외다. 그중 음료로 마시기 위해 유통되는 품종은 아라비카, 로부스타, 리베리카

세 가지다.

가장 큰 비중을 차지하는 게 우리가 익히 들어 알고 있는 아라비카arabica다. 아라비카는 아프리카 에티오피아가 원산지인데 지금은 콜롬비아 등 중남미에서 주로 재배하고 있다. 맛과 향이 뛰어나서 세계 커피 생산량의 70%를 차지한다. 카페 커피의 대부분은 아라비카다.

로부스타robusta의 원산지는 콩고다. 동남아시아 여러 국가에서도 재배된다. 로부스타는 아라비카보다 알갱이 크기가 작은 대신 카페인 함량은 상대적으로 높다. 쓴맛이 강하고 향이 적어서 주로 인스턴트 커피에 많이 쓰인다. 전 세계 커피 생산량의 약 23%를 차지한다.

리베리카liberica는 품질이 떨어져서 유통되는 양은 2~3% 정도에 불과하다.

우리가 즐겨 마치는 커피의 종류는 크게 둘로 나누어진다. 믹스 커피(자판기 커피 포함)와 카페 커피다.

1990년대 들어 본격적으로 대중화된 믹스 커피는 커피와 프림과 설탕을 섞어서 간편하게 타 마실 수 있도록 만들어졌다. 그 전에는 입맛에 따라 스푼으로 각각의 양을 조절했다. 믹스 커피나 자판기 커피에 모두 들어가는 프림은 우유가 아니라 코코넛에서 추출한 식물성경화유지다. 이건 식물성유지라 해도 비만과 각종 심혈관계 질환을 일으키는 주범으로 알려져 있다.

프림 탄 커피를 마시고 찐 살은 지구 일곱 바퀴 반을 돌아도 안 빠진다는 우스갯소리가 있다. 믹스 커피를 끊었더니 체중 2~3kg이

▲ 커피 원두

◀ 커피 추출

▼ 커피머신을 통한
에스프레소 추출

금세 내려가더라고 말하는 이들도 적지 않다. 그런 이유에서인지 한동안 전 국민이 즐겨 마시던 믹스 커피 소비량이 최근 몇 년 사이에 급속히 감소하고 있다고 한다.

우리나라 사람들이 아메리카노로 대표되는 카페 커피를 지금처럼 자주 마시기 시작한 건 아마 10여 년 전부터일 것이다. 웬만한 한 끼 식사 값에 버금가는 카페 커피는 종류도 맛도 다양하다. 그런데 우리가 흔히 알고 있는 건 대략 여섯 가지다.

카페 커피의 원조격은 에스프레소espresso다. 에스프레소는 본디 이탈리아에서 제조한 커피 머신의 이름이다. '빠르다'는 뜻을 가진 에스프레소는 빠른 시간에 추출하기 때문에 맛과 향이 진한 대신 쓴맛이 강하다. 에스프레소를 추출할 때 생기는 거품을 크레마crema라고 한다. 이 그레마가 곱고 오래도록 남아 있는 게 고품질 커피다.

카페 커피를 대표하는 건 역시 아메리카노americano일 것이다. 추출한 에스프레소 원액에 뜨거운 물을 부어서 연하게 희석시킨 커피가 아메리카노다. 유럽 사람들이 즐겨 마시는 에스프레소가 쓴맛이 너무 강하다고 미국인들이 뜨거운 물에 희석시켜 마시는 걸 보고 이탈리아 사람들이 그런 이름을 붙였다고 한다. 일종의 미국식 커피인 것이다.

카페라떼caffe Latte는 이탈리아어로 우유 커피다. 추출한 에스프레소에 우유를 첨가해서 만들기 때문에 맛이 부드럽다. 커피와 우유를 1:4 비율로 혼합하는데, 우유가 0.5cm 정도 맨 위에 층을 이루고 있는 것이 특징이다. 이탈리아에서는 이 카페라떼를 아침에만 마신다.

카푸치노cappuccino는 뜨거운 우유를 섞은 에스프레소(카페라떼)에

▲ 카페라떼

▼ 카푸치노

우유 거품을 첨가하고 그 위에 코코아나 계피 가루를 뿌려서 만든다. '카푸치노'라는 이름은 프란체스코 수도회인 카푸친 작은형제회에서 비롯되었다고 한다. 이들은 두건cappuccio이 달린 갈색의 성직자복을 입었는데 그 색깔이 우유와 에스프레소가 섞인 카푸치노의 색깔과 비슷하다고 해서 그런 이름이 붙여진 것이다.

카페모카cafe mocha는 에스프레소와 우유에 초콜릿 시럽을 넣어서 만든 커피다. 아몬드나 땅콩 등으로 장식한다. '카페모카'라는 이름은 예멘의 모카에서 수입한 커피콩에서 유래되었다고 한다. 예멘의 모카 커피콩 특유의 초콜릿 향을 되살리기 위해서 초콜릿 시럽을 첨가하기 시작했다는 것이다.

카라멜마끼아또caramel macchiato도 있다. 이건 에스프레소와 우유 거품 위에 카라멜을 얹어 만든 커피다. '마끼아또'는 이탈리아어로 '점을 찍는다'는 뜻이다. 달달한 커피의 대명사격이다.

가비의 쓴맛이 달기만 하구나

일본 낭인들에게 처참하게 살해당한 명성왕후는 시신마저 불태워졌다. 한 나라의 군주였던 고종은 그 일로 큰 무력감과 슬픔에 빠졌다.

아내가 그리웠던 고종은 현상금까지 걸고 명성왕후의 사진이라도 구하고 싶어서 백방으로 노력했다. 하지만 결국 뜻을 이루지 못하고 말았다. 오늘날까지 명성왕후의 실제 모습을 두고 논란만 무성하게 된 까닭이다.

"나는 아직 왕후를 보내지 않았다. 하여 장례조차 치르지 않았다. 지금은 조선을 지키는 일만 생각할 것이다."

영화 〈가비〉에서는 고종의 당시 심경을 그렇게 그렸다.

"정관헌이 세워졌고, 궁궐 안에 가비 향이 퍼졌다. 한 남자에게 가비는 사랑이다. 가비는 제국의 꿈이다."

아관파천 후 다시 경운궁으로 돌아온 고종은 대한제국을 선포하고 황제로 즉위했다. 죽고 없는 '명성왕후'도 '명성황후'로 격을 높였다. 아내에 대한 애통한 마음과 추모의 정 때문에 고종은 후궁도 들이지 않았다.

"나는 가비의 쓴맛이 좋다. 왕이 되고부터 무얼 먹어도 쓴맛이 났는데, 가비의 쓴맛은 오히려 달게 느껴지는구나…."

영화의 한 장면에서 본 것처럼 고종황제는 그런 식으로 종종 한탄하곤 했을 것이다.

왜 아니겠는가. 가배차는 있으되 그걸 함께 마셔줄 동반자는 벌써 이 세상 사람이 아닌 것을…. 쓴맛이 오히려 달게 느껴진다고 한탄했지만, 고종황제에게 가배차는 더 이상 향기로운 음료일 수 없었

▲ 고종황제 어진(高宗皇帝 御眞)
(출처: 문화재청)

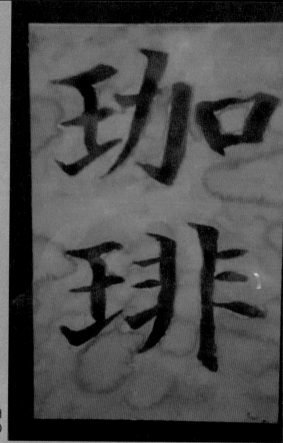

▶ 가배
(출처: 왈츠와 닥터만 커피박물관)

▼ 정관헌

으리라. 사랑하는 아내와 조선을 한꺼번에 잃은 국왕에게 가배차는 사약과 한가지로 여겨졌으리라.

그래도 고종이 대한제국을 세울 만큼 용기를 낼 수 있었던 건 그의 곁에 쓰디쓴 가배차라도 있었기 때문일 것이다.

정관헌에서 명성황후를 그리워하다

덕수궁에 가면 조선 궁궐하고는 도무지 어울리지 않는 서양식 건물이 몇 채 있다. 정관헌靜觀軒도 그 가운데 하나다. 정관헌은 1900 년에 고종이 덕수궁 함녕전 뒤뜰에 지었다. '정관헌'이란 이름은 '고요하게 내다보는 곳'이라는 뜻을 갖고 있다. 정면과 좌우측에 테라스가 있어서 고요하게靜 밖을 내다볼觀 수 있게 설계되었다.

세상을 떠난 누군가가 못 견디게 그리우면 생전에 그와 함께했던 건 무엇이든 애틋한 감정을 불러일으키게 마련인가. 궁궐 내에 정관헌을 지은 걸 보면 고종은 대한제국을 선포하고도 생전에 아내인 명성왕후와 함께 즐겼던 가배차의 맛을 잊지 못했던 것 같다.

러시아 건축가 사바친A.I. Sabatin이 한식과 양식을 절충해서 설계했다는 정관헌은 정면 7칸, 측면 5칸 규모의 단층 건물이다. 외관상 서양식 건물처럼 보이는데 팔작지붕 등 우리나라 전통 목조건축의 요소도 군데군데 엿보인다. 내부구조는 베란다와 홀이 연결된 형태이다.

지붕을 떠받치는 기둥은 나무와 석조를 나누어 썼다. 처마 끝을 향해 서 있는 나무기둥 상부에는 청룡과 황룡, 박쥐, 꽃병 등과 같은 한국 전통 문양이 새겨져 있다. 베란다와 홀의 경계를 이루는 석조 기둥의 상층부에는 서양식 나뭇잎과 이오니아식 문양이 보인다. 금속으로 만든 베란다 난간 경계 부분은 박쥐, 사슴, 소나무, 당초문 등이 정교하게 장식되어 있다.

고종황제는 이 정관헌靜觀軒에서 커피를 마셨다. 외교 사절들에게 연회를 베풀었다. 한때는 그곳에 태조, 고종, 순종의 영정과 어진을 모시기도 했다. 한동안 카페로도 운영되었다.

커피처럼 어둡고 뜨거웠던 시절

1919년 1월 21일 아침에 고종황제는 경운궁에서 눈을 감았다. 왕세자인 영친왕과 이방자李方子(나시모토 마사코)의 결혼식을 나흘 앞두고였다. 일부에서는 스스로 목숨을 끊은 것이라고 주장했다. 하지만 독살되었다고 믿는 사람들이 훨씬 많았다. 그만한 까닭이 있었다.

고종황제는 음료를 마시고 30분도 안 되어 심한 경련을 일으키다가 숨을 거두었다. 시신의 팔다리는 퉁퉁 부어 있었다. 통이 넓은 한복 바지를 찢어야 옷을 벗길 수 있을 정도였다. 치아는 모조리 빠져 있었고, 혀도 닳아 없어졌다고 한다. 나인 2명도 잇따라 사망했다.

고종황제는 격동의 시대를 살다 갔다. 임금이었지만 임금의 권력을 제대로 갖지 못했다. 허울뿐인 제국의 황제였다. 불운한 임금이고 황제였다. 그의 재위 기간은 갓 내린 진한 커피처럼 어둡고 뜨거운 시절을 감내해야 하는 나날의 연속이었다.

커피는 기호식품이다. 커피를 즐기는 까닭은 개인의 취향에 따라 제각각이다. 인류가 최초로 커피를 발견한 건 그것이 주는 각성 효과 때문이었다고 한다.

혼돈의 연속인 시대의 어둠 앞에서도 '깨어 있기 위해', '잠들지 않기 위해' 고종황제는 커피를 마셨던 건 아닐까. 철부지 소년 개똥이가 한 나라의 임금이 되고, 대한제국을 선포하고 스스로 황제의 자리에 올랐어도 정관헌에서 혼자 마시기엔 참 쓸쓸한 가배차였을 것이다.

악마같이 검고 지옥처럼 뜨거운 게 커피라고 했다. 지독한 외로움에 시달리는 세상 모든 이들에게 커피만큼 위안을 주는 음료가 또 있을까. 커피가 오늘날 많은 사람들에게 널리 사랑받고 있는 까닭이다. 가족이나 연인과 함께하는 자리에 커피가 놓이는 것은 또 그것이 천사처럼 순수하고 사탕처럼 달콤하기 때문일지도 모를 일이고….

희생을 통한 조화와 통합과 상생의 비빔밥 정치

비빔밥 같은 정치, 정치 같은 비빔밥

오방색이 어우러진 꽃밭

비빔밥은 하얀 쌀밥에 다양한 색채의 나물과 소고기와 계란노른자를 비벼서 먹는 음식이다. 잘 가꾸어진 꽃밭처럼 보인다고 해서 비빔밥을 '화반花飯'이라고도 부른다.

그건 또 음양오행에 나오는 청색, 적색, 황색, 백색, 흑색의 오방색이 잘 조화된 음식이다. 청색 계열로는 시금치와 애호박나물, 채 썬 오이, 볶은 은행이 있다. 고춧가루에 무친 무생채, 소고기육회, 고추장, 볶은 당근, 채 썬 대추 등은 적색이다. 계란 노른자와 황포묵은 황색이고, 밥과 도라지 무침·계란 흰자는 백색이다. 흑색 계열로는 고사리나물과 표고버섯 무침이 있다. 그런 다섯 가지 색채가 어우러져 하나의 꽃밭을 이루는 것이다.

고기와 각종 나물을 적절한 비율로 뒤섞어서 특별하고 고유한 맛을 내는 비빔밥은 시각적으로도 매우 예쁘지만, 인체에 필수적인 영양소도 골고루 포함되어 있는 음식이다. 동양학에서 말하는 균형, 조화, 중용의 기본 원리를 갖춘 데다 색채까지 곱고 다채롭기 때문에 비빔밥을 훌륭한 음식이라고 말하는 전문가도 있다.

비빔밥은 저칼로리 음식이어서 나이와 계층과 지역을 가리지 않고 많은 사람들에게 사랑받고 있다. 유명 외국인들까지 첫손가락에 꼽는 웰빙 한식이기도 하다.

1997년 11월, 팝의 황제 마이클 잭슨이 전라북도에 있는 무주리조트를 방문했다. 김대중 대통령과의 개인적인 인연으로 판문점에서 세계평화 콘서트를 개최하기 위해서였다. 그때 마이클 잭슨은 고추장 대신 간장으로 양념한 전주비빔밥을 처음 먹었다. 그 맛에 매료된 그는 방한할 때마다 전주비빔밥을 찾았다고 한다. 신라호텔에서는 '마이클 잭슨 비빔밥'이라는 메뉴를 개발해서 외국인들의 호평을 받기도 했다.

이밖에도 패리스 힐튼, 니콜라스 케이지, 기네스 펠트로 같은 할리우드 스타들도 한국의 비빔밥에 매료되었다고 밝힌 적 있다.

전주비빔밥은 우주 식량으로도 개발되어, 러시아 의생물학연구소의 공식인증을 받아 우주 정거장과 화성탐사 프로젝트 추진 현장에도 공급될 예정이라고 한다. 그뿐 아니라 비빔밥은 세계 유명 항공기의 기내식으로도 선정될 만큼 인종을 가리지 않고 사랑받는 우리나라 전통 음식이다.

▲ 우주식 전주비빔밥

비빔밥의 여섯 가지 유래

'골동품骨董品'이라고 하면 옛날에 쓰던 물건을 가리키는 말로 생각하기 쉽다. 그런데 '골동骨董'의 본디 뜻은 '여러 가지 물건을 한데 어지럽게 섞어 놓은 것'이다. 비빔밥의 옛 이름이 '골동반骨董飯'이었던 건 밥과 여러 가지 반찬과 양념을 섞은 음식이기 때문이다.

비빔밥의 유래에 대해서는 여러 의견이 분분하다.

궁중음식설이 있다. 조선시대 임금들이 점심으로 먹는 가벼운 식사로 골동반이라는 게 있었는데, 비빔밥은 거기에서 비롯되었다는 견해다. 정반대 의견도 있다. 대표적인 서민음식 중 하나로, 농번기에 주로 먹었다는 것이다. 농번기가 닥치면 농부는 누구나 할 것이 바쁘게 일했다. 구색을 갖춘 상차림을 준비할 만한 시간적 여유가 없으니 큰 그릇 하나에 밥과 몇 가지 반찬을 담아 비벼서 나누어 먹었다는 것이다.

몽진음식이었다는 견해도 나름 설득력이 있어 보인다. 나라에 전쟁 같은 변란이 일어나면 임금이 피란을 했는데, 그때는 궁궐에서처럼 음식을 격식에 따라 차릴 수 없어서 임금뿐 아니라 여러 신료들도 밥에 몇 가지 나물을 비벼서 식사를 했을 거라는 의견이다. 동학혁명과 관련짓는 이도 있다. 동학농민군이 전쟁터에서 그릇 하나에 이것저것 비벼 먹은 데서 비빔밥이 생겼다는 것이다.

묵은 음식을 처리하는 과정에서 자연스럽게 밥을 비볐을 거라고 보는 이들도 있다. 그들은 섣달 그믐날에 묵은해의 음식을 없애고 새해를 맞이하는 우리의 전래 풍습에 주목한다. 음복설도 있다. 제

▲ 거제 멍게비빔밥

▲ 경주 곤달비비빔밥

◀ 안동 헛제삿밥

▼ 전주비빔밥 한상 차림

사를 마친 후 제상에 올린 나물들을 간장에 비벼 먹은 데서 비빔밥이 유래되었다고 보는 것이다. 경상도 지방의 헛제삿밥이 대표적인 예라고 할 수 있다.

임금의 점심 식사에서 비롯되었다는 궁중음식설을 예외로 치면, 비빔밥의 유래에 관한 여러 가지 의견에는 공통점이 하나 있다. 농번기를 맞은 농부들이나 동학농민군 음식이든, 아니면 새해맞이나 제사 음식이든 모두 혼자 먹는 음식이 아니었다는 사실이다. 비빔밥은 본디 여럿이 모여 함께 나누는 음식이었던 것이다.

밥과 반찬의 비빔과 조화

밥 따로, 나물반찬 따로, 고기반찬 따로, 국 따로….

우리나라 전통 상차림의 가장 두드러진 특징이다. 그런데 유독 비빔밥만은 예외다. 밥과 반찬을 하나의 그릇에 담아 비벼서 먹는 음식이기 때문이다. 각자 독특한 빛깔과 맛을 지닌 밥과 반찬들이 한데 어우러져 새로운 맛을 내는 것이다.

비빔밥은 유래나 만드는 방법은 다양하지만 음식 자체가 갖고 있는 의미는 같다. '모두 하나가 되는 것'이다. 비비는 과정이나 다 비벼진 비빔밥을 보면 세대나 계층 혹은 지역에 따라 각기 다른 성향이나 이념을 가진 사람들이 한데 어우러져 조화, 화합, 융합, 협동하는 모습이 자연스럽게 떠오른다.

한국인의 보편적 정서와 문화를 상징적으로 보여주는 음식이 비빔밥일지도 모른다. 실제로 우리 전통문화의 특성을 '비빔'에서 찾는 이도 있다. 여러 가지 재료를 한데 모아 뒤섞는 것은 다양한 개성을 지닌 개체들을 하나로 모으는 조화와 융합의 정신을 말해준다는 것이다. 품앗이나 두레 같은 전통문화가 대표적인 예다.

요즘에도 그런 모습을 찾을 수 있다. 언젠가부터 전국 각지에서 열리는 큰 행사장에서는 수백 명이 한꺼번에 먹을 수 있는 대형 비빔밥 비비기 퍼포먼스를 벌이곤 한다. 똑같은 맛을 내는 비빔밥을 거기 모인 사람들 모두가 함께 나누어 먹음으로써 화합을 강조하기 위해서다. 한 그릇 안에서 비벼져 나온 똑같은 음식을 먹었으니 우리 모두 한 식구라는 의미를 부여하고 싶은 것이다.

비빔밥은 이제 음식이나 언어적 비유의 차원을 뛰어넘는 상징적 예술 행위가 된 듯한데, 그 음식에 담긴 상징적 의미 때문에 정치적으로도 자주 활용되어 왔다.

▲ 대형 비빔밥 비비기 퍼포먼스 (제공: 전주시청)

지난 2000년과 2007년에 열린 역사적 남북정상회담은 민주진보 성향을 가진 대통령의 방북으로 성사되었다는 것 말고도 공통점이 한두 가지가 아니다. 북측 대표자가 김정일 국방위원장이었다는 것, 남북 화해와 공동번영의 정신을 담은 합의문을 작성해서 발표했다는 것, 2박 3일 일정이었다는 것, 두 번째 날 만찬은 남측에서 준비했다는 것….

한 가지 더 있다. 바로 그 두 번째 날 남한에서 주최한 답례 만찬의 식사로 비빔밥을 먹었다는 것이다. 남북이 분열과 반목을 끝내고 앞으로는 하나가 되어 서로 화해하고 협력하자는 뜻을 그 비빔밥 속에 담고 싶어했던 것이다.

비빔밥으로 만찬을 모두 끝낸 뒤 그 자리에 참석한 남북의 인사들은 서로의 손을 맞잡고 우리의 소원은 통일을 목청껏 불렀다.

정치인들은 비빔밥을 좋아한다

혹시 우리나라 정치인들 중 몇몇 특급 호텔 레스토랑에서 쇠고기 스테이크나 킹크랩 요리에 고급 와인을 곁들여 마시는 걸 즐긴다고 말한 사람이 있었던가. 지위 고하를 막론하고 그들 대부분은 좋아하는 음식으로 김치찌개나 된장찌개, 아니면 냉면이나 라면 같은 음식을 즐긴다고 말한다. 즐겨 마시는 술도 삼겹살 안주에 소주 아니면 막걸리다.

그런데 이명박 전 대통령은 좀 특이한 비빔밥을 즐겨 먹었던 모양이다. 멸치비빔밥이다. 그의 부인 김윤옥 여사는 다음과 같이 회고하고 있다.

> 한식이 웰빙식임을 잘 보여줄 수 있는 음식으로 저는 언제나 비빔밥을 가장 먼저 꼽습니다. 비빔밥 한 그릇 안에는 한식의 여러 모습이 다 들어 있습니다. 밥과 반찬이 한데 있고, 채식 위주의 나물에 고기며 달걀도 더해지니 한 그릇으로도 식물성과 동물성이 8:2로 영양 균형에 부족함이 없습니다. 발효음식인 고추장 맛이 전체를 조화시켜 훌륭한 맛을 만들어 냅니다. 첫 임신을 했을 때 어찌나 비빔밥 생각이 나던지요. 배부른 동안에도 내내 찾는 음식 1순위가 비빔밥이었어요. 그래도 남편의 비빔밥 사랑에는 대지를 못합니다. 남편은 마른멸치도 조리하지도 않은 채로 비벼 먹기도 하는데, 비리지 않을까 싶어 쳐다보는 가족들에게 몸에 좋은 것을 나만 먹어 미안하다며 자랑까지 한답니다. 반찬을 남김없이 먹을 수 있으니 비빔밥만한 친환경 음식이 따로 없다고 덧붙이지요. 그때그때 있는 반찬을 활용해서 새로운 맛을 만들 수 있는 음식이 바로 비빔밥입니다. (191쪽)

이명박 전 대통령의 부인 김윤옥 여사의 '멸치비빔밥'에 담긴 속뜻은 뻔하다. 대통령을 지낸 내 남편은 그만큼 소탈한 사람이었다는…. 그리고 한 가지 더, 그만큼 소통과 화합을 중요하게 생각하는 사람이라는 걸 강조하고 싶었던 것이다.

이명박 전 대통령처럼 우리나라의 많은 정치인들 중에는 비빔밥을 즐겨 먹는다고 말하는 이들이 적지 않다. 비빔밥에 담긴 '비빔'의 상징적 의미를 정치적 지향성과 연계시키려는 의도에서다.

그들은 남북 분단국가인 데다 정치적으로 지역감정이 엄연히 존재하기 때문에 사회 계층별 통합이 화두인 우리나라의 현실을 감안해서 자신이 국민통합의 적임자임을 비빔밥을 통해 우회적으로 강조하려는 것이다.

밥 따로 나물 따로 비빔밥

2007년 8월 9일, 한나라당 대통령후보 합동연설회를 앞두고 전라북도 전주시 어느 식당에서 강재섭 대표, 박관용 경선관리위원장, 김형오 원내대표, 그리고 경선후보 4명(이명박, 박근혜, 홍준표, 원희룡)이 모두 참석한 비빔밥 오찬회동이 열렸다. 그날 식사 자리에서는 이런 이야기가 오갔다고 한다.

> "오늘 이 자리는 특별한 안건이 있어서라기보다 우리가 기왕 전주에 왔으니까 비빔밥이나 한 그릇같이 먹자고 마련했습니다. 아시다시피 비빔밥은 잘된 밥, 나물, 고추장, 참기름 등 네 가지가 필요합니다. 모처럼 우리 한나라당 후보 네 분이 다 참석하셨는데 비빔밥은 잘 비벼야 제맛이 납니다. 밥 따로 나물 따로 하면 잘 안 비벼집니다." (강재섭 대표)

"제가 선관위원장 임무를 잘 수행하느냐의 핵심은 경선 후에 다시 하나가 되는 것입니다. 마지막 장에 멋지게 손을 잡으면 눈물이 날 것 같습니다. 인간이니까 쉽게 되지 않겠지만 그 멋진 모습이 자기 정치인생의 꽃이라고 생각해 주시기 바랍니다. …아, 그런데 이명박 후보와 박근혜 후보가 참석했다고 오늘 우리가 먹는 비빔밥을 두 분 이름 가운데 글자를 따서 '명근 비빔밥'이라고 부르는 사람도 있는 모양입니다." (박관용 위원장)

"그럼 홍준표 후보와 원희룡 후보 두 분은 어떻게 하지요?" (박근혜 후보)

"아, 그건 '원홍 비빕밥'이라고 하면 되지 않겠습니까?" (이명박 후보)

"명근 비빔밥하고 원홍 비빔밥을 합치면 한나라 비빔밥이 되겠습니다, 하하." (강재섭 대표)

다들 유쾌하게 웃었지만 차마 분위기를 썰렁하게 만들 수 없어서 적어도 두 사람은 자신의 이름을 앞에 두지 않은 것에 대해 속으로 불만을 곱씹고 있지 않았을까 싶다.

그래서였을까. 박관용 위원장의 기대와 달리 이명박 후보의 대선후보 확정 뒤에도 박근혜 후보와 이명박 후보는 한동안 '밥 따로 나물 따로'여서 좀처럼 서로 잘 비벼지지 않았다.

비빔밥은 아무나 요리하나

"제가 가장 자신 있게 요리할 수 있는 음식은 비빔밥이에요. 비빔밥은 섞기만 하는 건 나중 일이고, 정성이 많이 들어가 잖아요. 비빔밥은 각기 다른 재료들이 고추장, 참기름과 섞이면서 완전히 다른 요리가 되지요."

제18대 대통령선거를 앞둔 2012년 11월 26일, '국민면접 박근혜'라는 TV 프로그램에 출연했던 한나라당 박근혜 후보는 그렇게 말했다.

"당정청은 삼위일체, 한 몸입니다. 박근혜 정부가 성공해야만 대한민국이 성공할 수 있고 새누리당의 미래도 있습니다. 제가 다른 건 몰라도 비빔밥은 참 잘 만듭니다. 화합의 비빔밥을 만들어서 당원들과 함께 나눠 먹도록 하겠습니다."

박근혜 대통령과 원유철 원내대표가 가장 자신 있게 할 수 있는 요리가 비빔밥이라고 말한 데는 약간의 의문이 든다. 비빔밥은 그렇게 쉽게 만들 수 있는 요리가 아니기 때문이다. 한식의 수많은 요리 중에서도 손이 유독 많이 가는 게 바로 비빔밥이다.

예를 들어 보자. 잘 알려진 전주비빔밥을 만들기 위해서는 소고기육회, 콩나물무침, 미나리무침, 표고버섯나물, 고사리나물, 도라지무침, 애호박나물, 참나물무침, 무생채 등의 반찬이 필수적으로 들어간다. 비빔밥을 잘한다고 하려면 고기나 채소를 손질해서 씻고, 갖가지 양념에 무치거나 버무려서 이런 나물과 무침을 스스로 만들 수 있어야 한다. 그뿐인가.

오이와 당근을 알맞게 채 썰어서 볶아내야 한다. 계란도 흰자와 노른자로 나누어서 지단을 부쳐야 하고, 다시마도 기름에 바삭하게 튀긴 다음 가루를 내야 한다. 황포묵도 알맞게 채 썰어야 하고, 잣은 갓을 일일이 떼어내고, 밤도 정성스럽게 까서 곱게 채 썰어야 한다. 은행도 프라이팬에 식용유를 두르고 소금을 넣어 파랗게 볶아내야 한다. 호두는 뜨거운 물에 담가 두었다가 속껍질을 벗겨야 한다. 그걸로 끝나는 게 아니다.

사골국물로 고슬고슬하게 지은 밥을 그릇에 담고 각종 나물과 무침을 색을 맞춰가며 얹어야 한다. 그 한 가운데에 육회를 올리고, 계란 노른자도 정성스럽게 얹어야 한다. 잣, 밤, 은행, 호두, 깨소금을 고명으로 장식할 줄도 알아야 한다.

이렇게 복잡하고 까다로운 과정을 스스로 감당할 수 있어야 비빔밥을 잘 만든다고 자신 있게 말할 수 있는 것이다.

비빔밥을 짠다는 것

전라북도 전주는 아주 오래전부터 '맛의 고장'으로 일컬어져 왔다. 전주의 맛을 대표하는 음식 중 하나가 바로 전주비빔밥이라는 것 또한 널리 알려진 사실이다. 그곳을 찾는 국내외 관광객들 대부분은 전주비빔밥 식사를 필수 코스 중 하나로 꼽는다.

전주비빔밥의 전통적 가치와 맛을 계승·발전시키기 위해서 전주시에서는 여러 가지 노력을 기울이고 있다. 그중 하나가 '전주비빔밥 명인名人' 지정이다.

현재 전주시에서 지정한 전주비빔밥 명인은 모두 두 사람이다. 그들은 40년이 훨씬 넘는 세월 동안 전주비빔밥을 만드는 데 모든 정성을 기울여왔다. 비빔밥 한 그릇에도 수많은 예술 분야의 장인匠人다운 섬세한 손길이 필요하다는 것을 보여주는 대목이다.

전라북도에서 지정한 수많은 무형문화재 중에 특이한 것이 하나 있다. 바로 '전통음식(전주비빔밥)'이다. 전주비빔밥 기능보유자는 비빔밥을 '만든다'고 하지 않고 '짠다'고 말한다. 그는 어째서 굳이 그런 표현을 쓰는 걸까.

'짠다'의 기본꼴인 '짜다'는 여러 가지 뜻이 있다. '실이나 끈 따위를 씨와 날로 엮는다', '계획이나 방안을 구상하여 세운다' 등을 먼저 떠올릴 수 있다. 타동사로는 '비틀거나 눌러서 뺀다', '온 정신을 기울여 만들어 낸다'와 같은 뜻으로도 쓰인다.

비빔밥을 '짠다'고 하는 말에는 이런 모든 뜻이 복합적으로 들어 있다. 오랜 세월을 두고 비빔밥을 '짜' 온 그 기능보유자의 울퉁불퉁

▼ 전주시 지정 비빔밥 김년임 명인
전라북도 지정 무형문화재 제39호 전통음식(전주비빔밥)
농림수산식품부 지정 대한민국 식품 명인 제39호(전주비빔밥 조리가공)

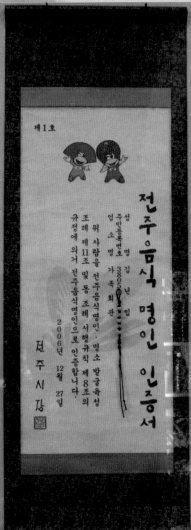

한 손마디를 보면 그걸 실감할 수 있다. 머리를 짜고 온몸을 쥐어짜서 만든 여러 가지 반찬을 장인다운 손길로 정성스럽게 짜야 비로소 제대로 된 비빔밥 맛을 볼 수 있다. 비빔밥은 단순한 음식이 아니라 하나의 예술 작품인 것이다.

박근혜 대통령이나 원유철 원내대표가 '명인' 수준까지는 아니어도 최소한의 격식이나마 제대로 갖춘 비빔밥을 정말로 잘 만들 수 있을 거라고 믿는 사람은 그리 많지 않을 것이다. 보릿고개 넘기기가 힘에 부쳤던 그 옛날 어느 가난한 집 어머니가 큰 양푼에 보리밥을 담고 거기에 열무김치와 고추장을 넣고 비빈 다음 숟가락 몇 개 꽂으면 자식들 대여섯 명이 달려들어 허기진 배를 채우던, 바로 그런 비빔밥이라면 또 모를까.

그렇다면 둘 중 하나다.

하나는, 어떤 비빔밥인가 하는 것이다. 앞서 전주비빔밥을 예로 들었지만, 그것 말고도 비빔밥은 여러 종류가 있다. 쌀밥에 열무김치, 고추장, 계란 프라이만 넣고 참기름을 뿌려서 비벼도 훌륭한 비빔밥이 될 수 있다. 콩나물하고 양념장만 비벼서 먹는 비빔밥도 있다. 이런 정도 비빔밥은 웬만한 사람들은 다 만들 줄 안다.

다른 하나는, 비빔밥의 상징적 의미다. 박근혜 대통령이 가장 자신 있게 요리할 수 있는 음식이 비빔밥이라고 말한 건 우리 사회의 지역별 계층간 빈부간 갈등과 반목을 해소하고 비빔밥처럼 국론을 한 곳으로 통합할 수 있는 정치요리사가 바로 자신임을 강조하기 위해서였을 것이다. 원유철 원내대표의 경우도 그런 차원에서 한 말이라면 어느 정도 수긍할 수 있지 않을까 싶다.

희생을 통한 조화와 상생의 상징

비빔밥은 스포츠 단체경기와 꼭 닮은 점이 있다. 축구든 야구든 농구든 어느 팀이 출중한 경기력을 갖추려면 우선 선수들 각자의 기량이 뛰어나야 한다. 그런데 그것만으로는 충분하지 않다. 팀워크가 견고하게 다져져야 비로소 강팀이 되는 것이다.

제대로 된 비빔밥에는 고기, 나물, 고명, 고추장을 비롯한 양념 등 30가지가 넘는 재료가 들어간다. 맛있는 비빔밥을 만들기 위해서는 먼저 좋은 쌀로 밥을 고슬고슬하게 잘 지어야 한다. 각각의 반찬도 간을 적절하게 맞추어 맛있게 만들어야 함은 물론이다.

기량이 뛰어난 선수들이라도 자신만 돋보이고 싶어서 개인플레이를 일삼는다면 어떻게 되겠는가. 팀워크가 와르르 무너져서 강팀의 면모를 보이는 게 불가능할 것이다. 비빔밥에서도 한두 가지 반찬이 한쪽에 뭉쳐 있거나 지나치게 많이 들어가면 맛이 떨어질 게 분명하다.

비빔밥에는 중요한 정신 하나가 담겨 있다. 희생을 통한 조화와 상생이다. 단체경기에서 팀워크를 끌어올리기 위해서는 선수들 각자의 희생과 양보가 필수적이다. 비빔밥도 마찬가지다. 여러 가지 반찬의 양을 적절히 맞춰야 하고, 그 반찬들을 밥이나 다른 반찬들과 골고루 섞어야 한다. 그렇게 해서 흔히 말하는 '원 팀'을 이루어야 비로소 맛있는 비빔밥이 되는 것이다.

정치도 골고루 잘 비벼야 한다

어느 스포츠 종목의 팀을 지휘하는 감독의 역할은 매우 중요하다. 각자의 기량을 충분히 발휘할 수 있도록 선수들을 적절하게 배치해서 최상의 경기력을 갖춘 하나의 팀으로 만들어야 하기 때문이다. 비빔밥도 누가 어떻게 비비느냐가 중요하다. 기본적으로는 밥과 반찬이 골고루 섞이도록 비벼야 맛깔스러운 비빔밥을 먹을 수 있다.

비빔밥을 국가에 비유하면 국민들은 밥과 반찬과 고명과 양념에 해당된다. 대통령과 국회의원을 비롯한 정치인들은 그걸 비비는 사람이라고 할 수 있다.

혼자 먹는 비빔밥이라면 정치인 자신의 입맛에 따라 고추장이나 참기름을 듬뿍 넣어서 맵고 느끼한 맛이 나게 비벼도 상관없다. 고추장이나 참기름 대신 간장이나 들기름을 넣고 비빌 수도 있다. 반

찬 몇 가지를 빼도 괜찮다. 하지만 여러 사람이 나누어 먹을 비빔밥은 그렇게 비비지 말아야 한다.

모든 국민이 함께 맛있게 먹을 수 있도록 정치도 잘 비벼서 해야 한다. 국민들의 마음을 잘 읽고 비벼서 통합을 이루어야 하는 것이다.

비빔밥 정치, 정치 비빔밥

우리 정치인들은 기회 있을 때마다 비빔밥을 즐겨 먹는다고 말한다. 자신 있게 만드는 요리로 비빔밥을 꼽는 이들도 적지 않다. 비싼 음식이 아니어서 서민적 이미지를 부각시키고, 한편으로는 비빔밥같이 소통하고 통합하는 정치의 적임자임을 우회적으로 보여주려는 것이다.

실상도 말과 같으면 얼마나 좋을까. 그렇게 말하는 사람들 중에는 오히려 자신과 생각이 다른 정치인들과 불통으로 일관하는 이들이 적지 않다. 자신의 정치적 기득권 유지에 연연하지 않고 국민들의 다양한 목소리를 진지하게 듣고, 그들의 간절한 바람을 모아서 정성스럽게 비빌 줄 아는 정치인들을 우리는 원한다.

정치인들 각자의 식성이나 정치적 소신을 버리라는 게 아니다. 앞서 지적한 것처럼 비빔밥의 맛은 희생에서 나온다. 각각의 반찬은 비빔밥의 조화된 맛을 내는 데 필요하다면 기꺼이 으깨져서 다른 반찬과 뒤섞이기를 주저하지 않는다. 문제는 그걸 비비는 정치인들이다.

지위고하를 막론하고 그 어떤 정치인이든 국민의 한 사람이다.

올바른 정치는 그런 인식에서 출발한다. 비빔밥을 비비려고만 할 게 아니라 때로는 그 비빔밥에 비벼지는 반찬의 일부를 자처할 줄 아는 정치인만이 국민이 원하는 정치를 할 수 있다.

국민들이 땀흘려가며 지은 밥에 여러 가지 반찬을 맛깔스럽게 얹어서 차려내 온 비빔밥에서 제 입맛에 맞지 않는다고 나물 몇 가지를 멋대로 집어내서는 안 된다. 고추장하고 참기름을 과도하게 듬뿍 퍼 넣고 비벼서 혼자만 맛있게 먹겠다는 생각도 버려야 한다. 정치인이 비비는 비빔밥은 국민 모두가 함께 나눠 먹는 음식이기 때문이다.

넓게 보면 정치인들 각자는 자신만의 독특한 맛을 내는 반찬이거나 양념이기도 하다. 그런데 그들 대부분은 계파와 파벌로 나뉘어져 고유의 맛을 상실해 가고 있다. 반찬과 양념을 밥하고 골고루 비비는 것처럼 생각이 다른 정치인들하고도 대화와 타협을 통해 잘 비벼야 국민들도 맛깔스러운 비빔밥을 먹을 수 있는 것이다.

오방색을 모두 갖춘 비빔밥은 우주가 담긴 음식으로까지 칭송받고 있다. 그릇에 놓인 밥에 온갖 채소와 고기, 고추장, 기름을 넣어 비벼먹는 비빔밥처럼 화합과 통합을 이루는 정치는 시대를 막론하고 대부분의 국민들이 바라는 바다. 그것이 바로 비빔밥의 정치고, 정치의 비빔밥이다.

자장면과 짜장면의 이념적 가치가
공존하는 사회

서로의 입맛을 존중하는 식사 민주주의

국민식사 짜장면의 위상

'북한의 소녀시대'라는 모란봉악단이 2015년 10월 25일, 조선노동당 창건 70주년을 맞아 '주체 예술의 위력을 만천하에 과시'한 공로로 김정은 북한노동당 제1비서로부터 훈장과 함께 '인민배우' 칭호를 받았다고 한다.

우리에게도 '인민배우'와 비슷한 게 있다. '인민' 대신 '국민'을 붙여서 국민배우는 안성기, 국민가수는 조용필, 국민타자는 이승엽 하는 식이다. 대다수 국민이 그 분야의 최고로 인정한다는 뜻일 테니 음식이라고 '국민'을 못 붙일 까닭이 없다.

국민술은 누가 뭐래도 소주다. 국민안주는 삼겹살, 국민야식은 치킨이다. 그렇다면 국민식사는 뭘까? 밥이라고? 그건 너무 당연해서 아니다. 그럼 라면? 그것도 맞다. 밥하고 라면 말고 또 있다고? 바로 짜장면이다. 짜장면은 중국에서 온 거 아닌가? 설령 그렇다 해도….

짜장면은 중국 산동반도 사람들이 볶은 토속 면장에 국수를 비벼 먹은 데서 유래되었다. 오늘날 우리가 먹는 짜장면은 1900년대 초 인천에 거주한 화교들이 조리해서 먹기 시작했다는 게 정설인 것 같다. 우리나라 최초의 중국음식점으로 알려진 '공화춘'도 인천에 문을 열었다고 한다.

짜장면만큼 친숙한 음식이 또 있을까. 이 땅의 우리들 대부분에게는 가히 추억 그 자체다. 지금도 초·중·고등학교 졸업식이 있는 날 전국 각지의 중국집은 문전성시를 이룬다. 짜장면을 배달하는 철가방도 아파트 단지마다 줄을 잇는다. 과거에 비해 먹거리가 다양하고 풍부해졌는데도 그 기세가 꺾일 줄 모른다.

통계에 따르면 우리나라에는 대략 2만 개가 넘는 크고 작은 중국음식점이 있다. 그곳에서 만들어 파는 짜장면이 하루 600만 그릇에 이른다. 국민 여덟 사람 중 하나는 짜장면을 거의 매일 먹는 셈이다. 가히 '국민식사'로 손색이 없지 않은가.

짜장면은 대표적인 배달음식이기도 하다. 철가방 하면 짜장면이다. 물론 수량만 놓고 따지면 치킨이 압도적 우위를 차지한다. 저녁마다 아파트 엘리베이터에 닭튀김 냄새가 진동하는 것만 봐도 단번에 알 수 있다. 하지만 그건 야식이나 맥주 안주로다. 점심 식사로 배달시켜 먹기로는 짜장면이 지금도 수위를 굳건히 지키고 있다.

자장면과 짜장면은 맛이 다르다

짜장은 레시피에 따라 간짜장, 삼선짜장, 유니짜장, 사천짜장 등

▲ 피자와 더불어 가히 국민야식으로 등극한 치킨은 '치맥'이라는 신조어에서 알 수 있듯 맥주를 좋아하는 이들로부터 널리 사랑받고 있다. 대구광역시에서는 해마다 '치맥축제'를 개최하고 있다.

▼ 국민안주 삼겹살. 술꾼들이 삼겹살을 지금처럼 소주 안주로 마음껏 먹기 시작한 건 아마 1980년대 중반쯤부터일 것이다.

으로 나누어진다. 간짜장은 고기와 채소와 춘장을 볶아서 만든다. 삼선짜장은 고기 대신 각종 해물을 쓰고, 유니짜장은 고기와 채소를 곱게 다져 넣는다. 사천짜장은 고추기름으로 맵게 조리한다. 짜장과 면을 함께 볶아서 큰 쟁반에 담아 내오는 '쟁반짜장'도 중국집 정식 메뉴에 올라 있다.

중국음식점의 상호도 몇 가지로 분류된다. ○○루, ○○원, ○○향 같은 건 비교적 고급 중화요릿집에서 쓴다. 중화루, 북경루, 이화원, 백리향 따위의 이름들이 여기에 해당된다. ○○성도 많이 쓰인다. 그럴 경우에는 자금성, 사천성, 만리장성처럼 중국의 유적지 명칭을 그대로 따다가 쓰는 게 보편화되어 있다.

서민들에게 친숙한 상호는 뭐니뭐니해도 ○○반점이다. 홍콩반점, 산동반점, 광동반점 등 주로 중국의 지명에 '반점'을 붙인다. 주택가 배달 전문 중국집 이름으로는 대명반점, 형제반점 같은 토속적인(?) 이름을 쓰는 경우도 적지 않다. 이 '반점飯店'은 '식당'의 중국식 이름이라고 생각하기 쉬운데 중국 여러 도시를 가보면 그건 주로 고급 호텔 이름으로 쓰인다.

문제는 상호가 아니라 '짜장면'이라는 이름이다. 짜장면의 본디 이름은 '작장면炸醬麵'이다. 중국식으로 발음하면 '자지앙미엔' 혹은 '짜지앙미엔'이다. 그걸 줄여서 부르다 보니 '자장면'이나 '짜장면'이 된 것이다. 굳이 따지자면 둘 다 우리말이 아니다. 하긴 그 넓은 중국 땅 어디를 가도 지금 우리가 먹는 것과 똑같은 짜장면은 찾기 어렵다.

우리 식으로 개량해서 즐겨 먹어 왔고, 또 범국민적 사랑까지 받

▲ 인천 짜장면박물관의
공화춘 현판

◀ 잘 비벼진 짜장면

▼ 짜장면 한 그릇

고 있으니 짜장면도 이제는 우리 음식이라고 할만하다. 그 이름도 마찬가지다. 자장면이든 짜장면이든 한자로 바꾸는 게 불가능하다. 이미 우리말이 된 것이다. 그런데도 한동안 자장면만 표준어로 인정해 왔다.

1986년 당시 국어연구소에서는 'zh음은 ㅈ으로 쓴다'는 외래어 표기법을 근거로 '炸醬麵(zhajiangmian)'의 표준어를 '자장면' 하나로 정했다. 하지만 그건 원칙에만 집착했을 뿐 보통 사람들의 언어 습관하고는 너무 동떨어진 결정이었다.

한편으로는 된소리인 '짜'를 순화시키겠다는 속셈도 있었겠지만, 그걸 곧이곧대로 믿는 국민들은 별로 많지 않았다. 표준어를 지정해서 공표하는 언어 권력자들이 국민들의 여망을 무시하고 오로지 자신들의 입맛과 발음 습관에 맞는 '자장면'만 일방적으로 강요하는 거라고 생각했다.

'짜장면' 회복을 위한 투쟁

한동안 '짜장면'이라는 말은 함부로 쓸 수 없었다. 마이크를 잡은 아나운서들은 꼬박꼬박 '자장면'이라고 발음했다. TV방송 자막에도 '짜장면'은 쓸 수 없었다. 컴퓨터로 문서를 작성할 때도 '짜장면'이라고 쓰면 대번에 붉은 밑줄이 그어졌다. 여러 사람이 모인 자리에서 '짜장면'이라는 말을 무심코 내뱉었다가 '자장면'으로 황망하게 정정하는 일까지 비일비재했다.

2009년 5월에는 공영방송인 SBS TV에서 '자장면'과 '짜장면'의 표기법을 놓고 설문조사를 실시했다. 당시 응답자 대부분은 '짜장면'으로 부르고 있을 뿐 아니라 '짜장면'을 당연히 표준어로 인정해야 한다고 생각하고 있다는 게 확인되었다.

물론 사전에 검열을 받지 않고 그런 설문조사 결과를 방송했다는 이유로 담당 프로듀서가 피해를 입었다는 말은 들리지 않았다.

'짜장면' 지킴이를 자처한 중국음식점들도 전국 각지에 수두룩했다. 특히 배달을 전문으로 하는 동네 중국집 사장들은 '자장면'만 표준어라는 사실을 잘 알면서도 메뉴판에 '짜장면'이라고 쓰는 걸 주저하지 않았다. 철가방에도 마찬가지였다.

어떤 중국집에서는 메뉴판에 짬뽕을 '잠봉'이라고 적음으로써 무언의 시위를 벌이기도 했다. 네티즌들 사이에서도 '짬뽕은 표준어로 인정하면서 왜 짜장면은 못 쓰게 하느냐'는 질타가 이어졌다. 심지어 '짜장면 명칭을 되찾자'는 온라인 청원방까지 생겼다.

그런 사회적 분위기에서도 고급 중화요릿집 사장님들은 확실히 체제 순응적이었다. 그들은 대부분 메뉴판에 '자장면'이라고 표기하는 걸 주저하지 않았다. 금박을 입힌 고급 메뉴판에 '쟁반자장면', '삼선자장면', '간자장'이라고 적었다. 심지어는 종업원들에게까지 손님을 대할 때는 반드시 '자장면'이라고 발음하도록 강요하는 곳도 있었다. 어쩌다가 부모를 따라온 아이들이 '짜장면'을 시키면 '자장면'이라고 친절하게 정정해주는 일까지 벌어지기도 했다.

그렇지만 이미 대세는 '짜장면' 쪽으로 기울고 있었다. 그건 평

Noodles 식사(면류)

97. **옛날쟁반자장**
醬麵 Special noodles with black bean sauce
옛날식 자장소스와 면을 함께 볶아 맛을 낸 자장면
₩ 13,000(2人分) ₩ 16,000(3人分)

98. **유니자장면**
肉泥炸醬麵 Noodle with black bean sauce
돼지고기를 갈아만든 자장면
₩ 6,000

99. **삼선자장면**
三鮮醬麵
Noodle and seafood with black bean sauce
해물과 야채를 볶아 만든 자장면
₩ 7,000

100. **삼선짬뽕**
三鮮炒麻麵
Noodle soup & seafoods, vegetables
with hot red pepper
해물과 야채를 곁들인 얼큰한 맛

▲ 지금도 '자장면'을 고집하는 메뉴판

▼ 요즘 중국집에서 쓰는 플라스틱 배달통. 과거에는 철판으로 만든 철가방으로 짜장면을 배달했다.

범한 시민들 대부분의 열망이기도 했다. 하지만 표준어를 정하는 국가 기관은 요지부동이었다. 원칙을 바꾸는 것은 최대한 신중해야 한다는 걸 명분으로 내세우며 버텼던 것이다.

그런 궁색하기 짝 없는 입장 발표가 오히려 국민들의 거센 반발을 부추겼다. 마치 그 옛날 전두환 정권의 '4·13호헌조치'가 전국적인 대규모 민주항쟁을 불러왔던 것처럼….

8·31 짜장면 광복절

'짜장면'의 표준어화 요구에 미동도 하지 않던 관계기관에서는 학계는 물론 전국의 넥타이부대까지 나서서 '짜장면' 표준어화를 거세게 요구하고 나서자 더 이상 버티지 못하고 2010년 2월에 '짜장면'을 관계기관대책회의의 심의 안건으로 올렸다.

그 후로도 1년 반이 넘도록 뭉그적거린 끝에 짜장면이 표준어로 인정받은 게 2011년 8월 31일이다. 국가 권력으로부터 오랫동안 부당하게 탄압을 받아왔던 '짜장면'이 비로소 햇빛을 보기 시작한 것이다.

누구나 알고 있는 것처럼 1945년 8월 15일은 우리나라가 일제로부터 국권을 회복한 날이다. 그걸 광복절로 기린다. 2011년 8월 31일은 '짜장면'을 25년 만에 되찾은 날이다. 말하자면 '짜장면 광복절'인 셈이다.

그 옛날 군사정권의 핵심 중 한 사람이 소위 6·29선언이라는 걸 발표함으로써 대통령을 국민이 직접 선출할 수 있는 길이 열렸던 것처럼, 그날부터 국민 누구나 '짜장면'이라고 부르고, '짜장면'을 자유롭게 먹을 수 있게 되었다.

'짜장면'은 물론 6월 항쟁처럼 목숨을 건 투쟁으로 쟁취한 이름은 아니었다. 하지만 그건 적어도 이 땅의 '짜장면' 회복을 위해 공권력의 무수한 탄압을 꿋꿋하게 견뎌 온 수많은 사람들의 노고가 있었기에 가능했다는 건 부정할 수 없다. 무언의 시민혁명이었다고나 할까.

한 네티즌은 자신의 페이스 북에, "몰상식과 비논리에 투쟁하여 되찾은 이름이기에, 짜장면 광복절은 가슴 벅찬 시민혁명으로 역사에 기록돼야 한다!"라는 글을 올리기도 했다.

어쨌든 이제는 누구나 남의 눈치를 안 보고도 '짜장면'이라고 당당하게 쓰고 주문할 수 있는 세상을 맞이했다. 울며 겨자 먹기로 '자장면'을 썼던 중국음식점 사장들 중에는 메뉴판을 아예 새로 제작하는 이들이 많았다. 출입문이나 음식점 외벽에 '자장면'이라고 쓴 것도 모두 바꿨다. 제작 경비를 절약하기 위해 메뉴판이나 철가방에 적힌 '자장면'의 '자'에 획 하나를 더해서 '짜'로 바꾼 집도 물론 적지 않았다.

짜장면 빛깔은 선명하지 않다

'짜장면'이 대세로 굳어진 것과는 달리 '자장면'을 고집하는 곳은 지금도 있다. 주로 규모가 크고 내부시설을 으리으리하게 꾸민 고급 중화요릿집들이다. 물론 '자장면'도 표준어로 인정되고 있으니 그걸 잘못이라고 단정할 수는 없다.

호텔 중식당 같은 데서 유독 '자장면'을 고집하는 가장 큰 이유는 '자장면'이 '짜장면'보다 어감이 부드러워서 고급스러운 품격을 드러내는 데 도움이 될 거라고 믿기 때문일 것이다. 그렇게 생각하는 중화요릿집 사장이나 매니저들은 소주를 '쏘주'나 '쐬주'라고 부르는 사람들을 천박하게 여길지도 모른다.

어쨌든 그들은 '쟁반자장', '유니자장면', '삼선자장면'이라고 적은 화려한 장식의 메뉴판을 지금까지도 고집해 오고 있다. 그런데 그건 가격도 만만치 않아서 웬만한 서민들은 사 먹을 엄두조차 내기 어렵다.

반면 어렵게 되찾아 꽃피운 '짜장면'의 가치를 지키려는 전국의 중국집에서는 저마다 특색 있는 짜장면 레시피를 개발해 왔다. 된장이나 캬라멜 색소의 양을 조절하기도 하고, 매운맛을 특히 강조한 짜장면도 새롭게 출시해서 마니아들의 사랑을 받았다. 이제는 서민들도 과거보다 더욱 다양해진 짜장면을 입맛에 따라 마음껏 골라 먹을 수 있게 되었다.

지갑이 얇은 서민이나 젊은이들은 동네 중국집으로 가서 짜장면을 먹으면 되고, 자장면이 품격 있다고 믿는 특권층 사람들은 그렇게 부르면서 자장면을 즐기면 되었다. 입맛이나 취향, 경제적 여건이 다른 상대방을 못마땅하게 생각하면서도 두 진영은 서로를 그런대로 인정하면서 공존해 왔다.

그렇다. '자장면'을 고집하든 '짜장면'을 신봉하든, 어느 것을 즐겨 먹든 그건 전적으로 개인적 취향이나 입맛에 달린 문제일 것이다. 그런 식으로 이 땅의 식사 민주주의가 어느 정도 정착 단계에 접어들었던 것이다.

그러므로 이제 와서 굳이 '자장면'을 고수하면서 그걸 즐겨 먹는 이들을 향해 기득권을 뺏기지 않으려고 온갖 수단방법을 가리지 않는다고, 겉 다르고 속 다른 이중인격자들이라고 새삼스럽게 비난을 해대는 건 적절하지 않다.

반대의 경우도 마찬가지다. 짜장면은 자장면에 비해 빛깔이 지나치게 선명하기 때문에 자유 민주주의의 숭고한 가치를 훼손시킬 염려가 있다거나, 자라나는 청소년들이 다양한 레시피로 만든 짜장면을 너무 자주 먹으면 올바른 역사관을 정립하기가 불가능하다는 식으로 몰아붙이는 것 또한 결코 올바른 태도가 아닐 것이다.

자유 민주주의는 각자의 다양한 가치를 서로 존중하는 데서 출발하고, 또 지속적으로 발전하는 것이기 때문이다.

▲ 어느 중화요리집 내부

중화요리집을 줄여서 사람들은 중국집이라고들
부른다.

도움을 받은 책

MBN 청와대의 밥상 제작팀, 《대통령의 밥상》, 고래미디어, 2012.

강대석·이춘성·최영기, 《대통령의 맛집》, 21세기북스, 2010.

강준식, 《대통령 이야기》, 예스위캔, 2011.

고동희·박선영, 《치즈로 만든 무지개》, 명인문화사, 2007.

구본창, 《패자의 역사》, 채륜, 2008.

김윤옥, 《김윤옥의 한식 이야기》, 수류산방, 2010.

김환표, 《쌀밥 전쟁》, 인물과 사상사, 2006.

박양신, 《정치인 이미지 메이킹》, 새빛에듀넷, 2008.

박은봉, 《한국사 상식 바로잡기》, 책과함께, 2007.

방신영, 《조선요리제법》, 열화당, 2011.

송국건, 《도대체 청와대에선 무슨 일이?》, NemoBooks, 2007.

송영애, 《식기장 이야기》, 채륜서, 2014.

윤태영, 《기록》, 책담, 2014.

이근배, 《청와대 요리사》, 풀그림, 2007.

이명박, 《대통령의 시간》, 알에이치코리아(RHK), 2015.

전주전통문화연수원, 《전주비빔밥》, 열린박물관, 2014.

전지영,《청와대 사람들은 무얼 먹을까》, 현재, 2002.

주영하,《식탁위의 한국사》, Humanist, 2013.

한식재단,《맛있고 재미있는 한식이야기》, 한국외식정보, 2012.

함규진,《왕의 밥상》, 21세기북스, 2010.

황교익,《한국음식문화 박물지》, 따비, 2011.

음식이 정치다

1판 1쇄 펴낸날 2016년 3월 10일

지은이 송영애

펴낸이 서채윤
펴낸곳 채륜
책만듦이 김승민
책꾸밈이 이현진

등록 2007년 6월 25일(제2009-11호)
주소 서울시 광진구 천호대로 798 현대 그린빌 201호
대표전화 02-465-4650 | **팩스** 02-6080-0707
E-mail book@chaeryun.com
Homepage www.chaeryun.com

책값은 뒤표지에 있습니다.
ISBN 979-11-85401-11-9 03300

이 도서의 국립중앙도서관 출판예정도서목록(CIP)은 서지정보유통지원시스템 홈페이지 (http://seoji.nl.go.kr)와 국가자료공동목록시스템(http://www.nl.go.kr/kolisnet)에서 이용하실 수 있습니다. (CIP제어번호 : CIP2016004380)

〈이 책은 한국출판문화산업진흥원의 2015년 우수출판콘텐츠 제작 지원 사업 선정작입니다.〉